U0457253

当代美国丛书

当代美国军事

CONTEMPORARY AMERICAN MILITARY

（修订版）

朱成虎　孟凡礼／主编

社会科学文献出版社
SOCIAL SCIENCES ACADEMIC PRESS (CHINA)

新世纪以来美国的力量变化轨迹

（代前言）

黄　平*

在《当代美国丛书》（修订版）出版之际，有关“美国是否正在走向衰落?”的讨论也正在美国、中国和世界其他国家和地区热烈展开。本篇短文将简单描述进入新世纪以来美国力量变化的一些轨迹，希望对已经并将继续展开的有关“美国是否正在走向衰落?”的讨论有一定参考，并权作为本丛书系列的代前言。

应该说明的是，观察和描述一个国家的“综合国力”变化，还需要更全面的数据支撑、更长期的观察、更广阔的视野。同时，还需要进一步纳入尚不能用数据说明的重要纬度，例如制度维度、文化维度和历史维度。

美国是一个极具自然资源禀赋的国家，国土面积居世界第三位，森林面积居世界第四位，人均可耕地面积居世界第五位，探明石油储量居世界第十二位，天然气储量居世界第五位，煤炭储量更是高居世界第一。

按照《全球足迹网络2010年度报告》统计，美国整体的生态承载能力仅次于中国，远超过法、德、英、日、意任意一国，甚至超过这些国家的总和。但另一方面，美国的生态需求也超过这些国

---

* 黄平，中国社会科学院美国研究所研究员、所长。美国研究所何兴强、王玮博士参与了起草，周婧、谢韫博士参与了资料数据的搜集工作。

家的总和，生态承载能力与生态需求之间有较大的缺口。以人均资源进口为标准，美国和中国大体处在同一水平，对进口资源的依赖性相对较低；德国和法国对进口资源的依赖性相对较高；日本、英国和意大利对进口资源的依赖性最高。单就进口资源依赖度而言，美、日、欧发达国家整体上不如俄、中、印新兴经济体，但美国的情况好于欧盟和日本。

从经济活动看，美国国内生产总值在2000年时高居世界榜首。到2003年，欧盟国内生产总值首次超过美国，美国退居次席，再后是日本、中国。按照现价美元计算的数据显示，美国国内生产总值占世界的份额从2000年的30.7%下降到了2009年的24.3%。根据购买力平价计算的数据显示，美国国内生产总值占世界的份额已经从2000年的23.6%下降到2010年的20.2%，预计到2015年还会进一步下降到18.4%。两组数据都揭示出这样一个趋势：尽管美国经济规模仍然在扩大，但它在全球经济中的份额正在缩小。

美国人均生产总值从2000年的35327美元增加到了2010年的47484美元。在这一指标上，美国在2000年时小幅落后于日本，在当前则小幅领先于日本；它还一直领先于欧盟，且领先的优势仍在缓慢扩大。相对于新兴经济体，美国依然有着明显的领先优势，但同十年前相比优势正大幅缩小。例如，2000年度美国人均生产总值相当于印度的80倍、中国的40倍、俄罗斯的20倍，2010年时变成了相当于印度的40倍、中国的10倍、俄罗斯的5倍。从购买力平价法计算的人均国民收入看，大体也表现出同样的趋势。

2000～2009年间，美国的出口额累计增加了60%，达到1.6万亿美元的规模，相当于整个欧盟的出口量，也与中国的出口量大致相当。在如此高的出口总额下，美国的出口依存度并不高。十年间，美、日、欧出口总额占国内生产总值的比例均维持在一成左右，与俄、中、印“出口导向型经济”形成了明显的对比。以国际贸易对经济增长的贡献看，美国、欧盟和印度连年逆差，稍逊于连年顺差的俄罗斯、日本和中国。但是，美国贸易逆差占国内生产总

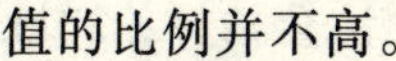

值的比例并不高。

从吸收外商直接投资总额看，美国依然是外商投资的首选地。2000～2009年间，美国在任何单独年份吸收的外商直接投资都高于日本、中国、俄罗斯、印度及欧盟主要国家。外资规模除了反映一国的投资环境外，也能反映出国内投资水平。美国自20世纪80年代以来，私人储蓄开始小于私人投资，国内储蓄不足以提供足够的资金来满足其总的投资需求。为了维持经济增长，美国需要吸引更多的国际投资。

在就业问题上，尽管美国在2000～2008年间失业率从未超过6%，但从2009起连续三年接近或超过9%，就业问题已经成为美国当前最紧迫的社会问题之一。在关系民生的物价水平上，美国和欧盟在十年间大致维持了价格水平的基本稳定，既没有俄罗斯、印度的通货膨胀压力，也没有日本的通货紧缩压力。

根据联合国开发计划署的统计，2000～2010年美国的基尼系数为0.408，在所有发达经济体中属于很高的，贫富差距是美国一直没有能够解决的顽疾。

2000～2007年间，美国政府债务占国内生产总值的比例一直维持在35%左右，但2008年突破40%，2009年进一步突破50%，2010年更是超过了90%。至于财政赤字占国内生产总值的比重，美国在2008年突破了通常所说的警戒线（3%），2009年更是达到或接近10%。按照国际货币基金组织的预测，美国的赤字率在2010年虽有所回落但仍然接近7%，甚至到2011年也会超过5%。在国家财政状况方面，美、欧大致相当并优于日本，但逊于中、俄。

从军费开支看，2009年美国维持了6610亿美元的规模，占全球军费开支总额的43%，相当于排名世界第二至第十五位的14国军费开支的总和。美国军费占国内生产总值的比重也从2000年的2.96%提高到2009年的4.68%。相比较而言，主要大国中只有俄罗斯维持过高于或接近美国比例的军费支出。美国现有的核武器数量仍然庞大，据美国科学家联合会和自然资源保护协会估计，2011年美国实际布置的战略核弹头为1968枚，发射装置为798个。

常规力量方面，美国一直维持着一支规模庞大的军队。截至2010年6月30日，美国武装力量人员共计161万，其中海外驻军就接近30万，分散驻扎在数百个海外军事基地（高峰时达823个）。2004年起，美国开始在全球范围内建立供美军机动部署的小型军事基地，旨在提高部队的战斗力和灵活性。

就太空探索能力而言，忧思科学家联盟的统计显示，2000～2010年间全球范围内发射卫星总数为651颗。其中，美国单独发射了258颗卫星，超过俄、中、法、德、英、意、日、印单独发射卫星数量的总和。从新增卫星的用途看，美国有1/3的新增卫星都有军事用途。2000～2010年间的新增卫星中，对美国有军事用途的新增卫星数量约为中国的5倍。

在科技发展方面，美国研发投入的总额及其占国内生产总值的比例一直位居世界前列；从版权与许可费的收入来看，美国高居世界第一；从发表的科技期刊文章的数量来看，十年间美国的科技论文数量遥遥领先于世界各国。世界经济论坛的国际竞争力报告亦显示，在创新能力、企业的研发费用、科研机构的质量、科学家和工程师数、每百万人口拥有的专利数量、产学研结合能力等指标上，美国均名列世界前茅。

在反映一国凝聚力的民众满意度上，皮尤研究中心的调查显示，2005年超过半数的美国受访者表示不满意“国家的当前情况”。这一比例大致相当于同期英国、印度民众的反应，虽低于法、德、俄、意等国的民众满意度（各有70%以上表示不满意），但显著高于中国民众（中国民众的满意度超过72%）。调查还显示，2002～2008年间，美国民众对“国家发展方向”的满意程度呈下降趋势，从41%一路降到23%，2009年民众满意度虽有所提高（36%），但2010年又出现了下跌的趋势（30%）。美国民众对国家发展方向的满意度不仅远远低于中国（2006年以来一直在80%

以上，2009 年和 2010 年都达到 87%）、印度（2007 年以来也在 40% 以上，2009 年达到 53%）等新兴经济体，而且即使在发达国家中也是偏低的。

到此，我们可以提出以下几个简短的判断作为下一步研究和进一步讨论的“问题”。

第一，美国综合国力的形成是一个历史过程，因此也需要从比较长的时间来观察其变化，虽然一些事变或突变（例如“9·11”）也对综合国力的变化有重要作用。

第二，美国的综合国力变化有绝对值变化和相对值变化之差别。在绝对值方面，美国在很多方面还在继续走高；在相对值方面，也是有的在提高，有的在降低或减弱。

第三，判断美国的综合国力变化，还需要把它与其他国家和地区加以比较。从与欧、日、中、俄、印的比较来看，在一些领域，确实存在力量此消彼长的现象，虽然从短期看许多方面还并不十分明显，尤其在科技和军事领域，目前尚无国家和地区对美国构成严重挑战。

第四，从对国家（或地区）的综合力量变化的一般描述、比较层面看，虽然多极化趋势已依稀可见，但目前尚未出现“几足鼎立”（特别是美、欧、亚三足鼎立）的世界格局。欧盟的整合还在进行之中，且本身并没有构成一个国家的力量形态，而亚洲各国尤其是中、日、印就更是远远没有形成统一的区域性力量。

第五，在有所变化的领域（其中许多还在发生过程之中），只能列出一些事实差别，但由于没有深入分析，目前的描述还推不出其中的因果关系。

2010 年 5 月 1 日

（本文全文原载黄平、倪峰主编《美国问题研究报告（2011）》，北京，社会科学文献出版社，2011 年 6 月出版）

目 录

第一章
军事战略

进入 21 世纪，美国军事战略主要围绕反恐这一主要任务展开。2000 ~ 2008 年间小布什政府主要实行“先发制人”战略，2008 年以来奥巴马政府宣布从伊拉克撤军，并对美国军事战略进行所谓“战略再平衡”调整，将战略重心逐渐东移。

第一节　基本概念

美国战略分为四个层次。第一层次是国家安全战略（National Security Strategy），它是由美国总统签署的国家最高级别的战略，涉及对美国面临威胁的判断、确保国家安全的措施等。根据美国国防部 2002 年版《军事与相关术语词典》，国家安全战略是“平时和战时为达成国家目标而发展和使用国家的外交、经济和信息力量以及武装力量的艺术和科学”。

第二层次是国防战略（National Defense Strategy），由国防部部长发表。该战略提及面临的威胁，但更多的是就美国的国防力量建设提出具体要求，主要体现在《国防战略报告》，以及始于 20 世纪 90 年代的《四年防务评估报告》中。根据美国国防部 2005 年颁发的《美国国防战略报告》，国防战略“概述保卫国家和国家利益的多层主动防御方法，努力营造有利于尊重国家主权的条件和有利于自由、民主和经济机会的国际安全秩序”。

第三层次是国家军事战略（National Military Strategy）。它由参

谋长联席会议签署，主要涉及美军建设和战备情况。根据美国国防部2002年版《军事与相关术语词典》，国家军事战略是“平时和战时分配和应用军事力量达到国家目标的艺术和科学”。

第四层次是战区战略（Theater Strategy）。它是由美军各大战区司令部制定的，主要涉及美军在各战区的建设和运用情况。根据美国国防部2002年版《军事与相关术语词典》，战区战略是“通过在某一战区内使用武力、威胁使用武力，或不使用武力的行动来制定整体战略概念和行动方案的艺术和科学，旨在实现国家和盟国或临时联合体的安全政策和战略目标”。

国家安全战略考虑综合运用政治、经济、外交、信息和军事力量达成国家目标，层次最高；国防战略考虑采取多层主动防御手段营造尊重主权的有利条件和安全的国际秩序，位于国家安全战略之下；国家军事战略仅考虑如何分配和应用军事力量达成国家的特定目标，位于国防战略之下；战区战略考虑制定何种战略概念和行动方案来实现安全政策和战略目标，位于军事战略之下。这四种战略自上至下构成指导关系，自下至上构成服务关系。

美国军事战略是美国战略体系的组成部分，与其他战略密切相连、相辅相成。其中，国家安全战略和国防战略是制定国家军事战略的依据，规定着国家军事战略的内容和方向。美国一般认为，军事战略有三个要素，即军事目标、军事战略方针和军事实力。美国战略问题专家小阿瑟·莱克在其所著《制定军事战略的方法》一文中指出：“通过从含义上探讨军事战略已得出如下公式：军事战略＝军事目标＋军事战略方针＋军事实力。”

军事目标是指通过军事行动和利用各种军事资源来完成的特定使命或任务，比如慑止侵略、保卫国家安全、收复失地等，它的最终目标是国家政策的目标。军事战略方针是在分析战略态势的基础上确定的军事行动方案，是使用军事力量的各种途径，以实现军事目标，比如采取“遏制”、“报复”、“威慑”等途径以实现战略目标。军事实力是贯彻军事战略方针的手段，也是实现军事战略各项目标所必需的部队、装备以及支援战争的人力、物力、财力等。

军事目标和军事战略方针决定着军队建设和兵力部署，但军事目标和军事战略方针又受现有军事实力的制约。如果军事实力不符合军事战略方针的要求，或者不能实现军事战略的各项目标，那么就可能出现战略与实力失调，军事战略就存在着风险，国家安全就会处于危险的境地。所以，军事战略三要素必须取得平衡。

第二节 小布什政府时期

冷战结束后，美国在世界上一超独霸，其国家安全环境在国际上处于“四无”的有利地位，即“除使用战略核武器外，无任何国家能对美国发动全面军事挑战；无任何国家能在常规军事技术及其运用方面与美国匹敌；无任何主要的联盟对美国的利益持敌对立场；无任何对美国至关重要的地区被敌对势力所控制”。[①]

但是，发生于2001年的“9·11”事件对美国民众与政府的国家安全观念造成了重创，推动了美国国家安全战略和军事战略的调整。美国对其所处的安全环境进行了重新评估，认为：美国的安全环境进入“新的危险时期”，恐怖组织的分布范围将更广，战场空间将更加分散，关键军事技术的获取将更加难以阻止，尤其是恐怖主义与大规模杀伤性武器的结合将成为美国最大的现实威胁。由于当代国际恐怖主义活动的特征是其组织的亚国家性和行动的跨国性，这就加大了美国辨识敌人的难度，“遏制”无从谈起，“威慑”战略也难以奏效。

一 主要内容

2001年10月出台的《四年防务评估报告》开宗明义强调：本土防卫是美国国防最优先的目标，美国社会长期秉持的安全观念必

---

① 翟晓敏：《冷战后的美国军事战略》，国防大学出版社，1999，第2页。

须有所改变。[①] 报告认为，当前战略安全环境已发生了巨大变化：一方面对手众多，既有国家也有非国家实体；另一方面攻击突然。美国现实和未来面临的威胁性质、规模、方式很难确定。报告认为，美国面临的现实威胁，是由“各种敌对势力的发展”和“先进军事技术的扩散”引起的，具有“不确定性和突发性”。“敌对势力”不仅包括传统上的“无赖国家”、“地区霸权大国”，更包括“与美为敌的各类非政府组织”，如恐怖分子等。他们不与美军作正面较量，而是针对美国无法承受重大伤亡、高度依赖信息网络等弱点，使用价格低廉、毁伤效果巨大的“非常规打击手段”，对美进行“不对称”攻击，以小代价获得大战果，而且随着经济全球化的不断发展，美国的“贸易、金融、商业等民用系统”也正日益成为潜在攻击目标。“美国在地缘上的安全优势已不复存在，不对称攻击将对美国本土和海外基地构成重大威胁。”[②]

基于以上认识，2002 年 5 月，小布什在德国访问期间首次提出了“先发制人”战略，在同年 6 月 1 日西点军校毕业典礼上，小布什再次阐述了这一战略主张，并且把国际恐怖主义与所谓的专制政权捆绑在了一起。他认为，通过大规模报复的威胁来遏制对手的做法对恐怖网络是不起作用的，因为后者不用“保卫自己的国家和人民”。如果“专制者掌握大规模杀伤性武器而且可能把它交给国际恐怖分子”，遏制暴君也是没有用的。美国不能坐等这样的威胁彻底形成并且出现在地平线上。美国要对能弄到大规模杀伤性武器的恐怖分子和专制政权采取“先发制人”的军事打击。在 2002 年 8 月和 9 月发布的《国防报告》和《美国国家安全战略》中，小布什政府以官方文件的形式，把“先发制人”作为新的军事战略方针

① U. S. Department of Defense, Quadrennial Defense Review 2001, http://www.Defenselink.mil/pubs/pdfs/qdr2001.pdf.

② U. S. Department of Defense, Quadrennial Defense Review 2001, http://www.Defenselink.mil/pubs/pdfs/qdr2001.pdf.

正式确立下来。《国防报告》声称，“保卫美国需要预防，有时是先发制人”，“唯一的防御就是将战争引向敌人，最好的防御就是有效的进攻”。《美国国家安全战略》也指出：“如果需要，美将行使自卫权，先发制人地打击恐怖分子，防止他们对我们的国家和人民造成伤害。”

所谓“先发制人”，即在敌对双方斗争中，一方先发动进攻，夺取主动权，以制服对方。“先发制人”战略在美国 2002 年 7 月公布的《国土安全国家战略报告》中得以充分体现，即“在威胁到达我们的边境之前即予以查明并加以消灭，以此保卫美国、美国人民和我们在国内外的利益。在美国不断努力谋求国际社会支持的同时，我们在必要时也会毫不犹豫地单独采取行动，通过对这类恐怖分子实施先发制人的打击来行使我们的自卫权，防止他们伤害我们的人民和我们的国家”。[①]

2004 版《美国国家军事战略》对“先发制人”军事战略进行了进一步的明确和细化，确定了三个支柱性的军事目标：第一，保卫美国以抵御外来攻击和侵略。美国本土面临的威胁主要来自恐怖组织和“无赖”国家，特别是当它们拥有大规模杀伤武器时，威胁更大，这就要求美国必须有足够的防御纵深。因而，美国认为确保本土安全必须同时关注以下几点：在海外和接近威胁的源头对其进行打击；确保战略通道的安全；防范国土遭受直接攻击；在全球范围内创造有利的反恐环境。第二，防止冲突与突然袭击。美国认为必须通过慑止侵略和胁迫行为来防止冲突与突然袭击。这一目标的实现在很大程度上依赖于美军的海外存在。此外，美军认为防止冲突与突然袭击还需要加强美军和合作伙伴国家军队联合作战的能力。第三，战胜对手。美国认为一旦威慑失败，必须果断采取行动战胜对手，即使在没有国际社会支持的情况下，必要时美国也

① 转引自周建明《美国的防务转型及其对中国的影响》，山东人民出版社，2006，第 188 页。

会毫不犹豫地单独采取行动。这三个战略目标是一个相互关联的整体：保护美国是美军的首要任务；战胜对手是保护美国和防止冲突与突然袭击的能力支撑；防止冲突与突然袭击则为前两者创造了条件。

二 主要特点

综合来看，小布什政府时期美国军事战略呈现出以下特点。

（一）注重本土防御，追求绝对安全

“9·11”恐怖袭击事件的发生，彻底摧毁了美国自建国以来所拥有的本土可以免受外来袭击的安全感，使美国不得不对军事战略进行调整，改变了以往“轻国内、重国外”的军事战略，开始实行“内外并重，国内优先”的军事战略方针，并从理念上开始把本土安全置于军事安全战略的首要地位，并加强本土防御，努力追求本土的绝对安全。

美国防部2001年《四年防务评估报告》强调为保卫本土安全要建立一支“轻型、机动、更具打击力”的军队，以对付恐怖组织或敌对国家的突然袭击。为此，美军将强化打击恐怖活动的信息搜集与侦察，防止核武器、生化武器等落入恐怖组织手中。此外，军方还必须设法保护石油和天然气的储存设施和供输系统、信息和通信设备以及银行、金融、电力、交通、供水等设施。2002年美军专门成立了“国土安全办公室”和“北方司令部”，并征召5万多名国民警卫队和预备役人员加入保卫本土安全的行列。2004年《美国国家军事战略》报告明确要求，美军将通过海外军事行动、制定和实施国土防御计划和对政府机构的支持确保美国不受直接攻击。为应对“无赖国家”和恐怖主义的威胁，美军必须接近威胁源打击敌人、保护美国的战略通道、实施国内防御行动、在全球创造反恐环境等，特别是要实施“全纵深防御”。总之，就是要构筑从靠近威胁源到美国本土的全纵深防御体系，对敌主动发起攻击，进行预防性打击。

（二）主动塑造世界，防范大国挑战

在2006年版《国家安全战略报告》中，布什政府宣称美国要主动到国外去打击恐怖分子，而不是坐在家中等其上门；美国要塑造世界，而不是被世界塑造；要主动影响国际局势，而不是被其影响。[①] 美国认为："大国和新兴强国所做出的选择将会影响美国及其盟国和伙伴未来的战略地位和行动自由。美国将设法通过加强合作、维护双方安全利益的方式对这些选择施加影响。同时，美国及其盟友和伙伴还必须防止出现大国或新兴强国未来选择敌对道路的可能性。"[②]

"印度、俄罗斯和中国在内的大国和新兴强国的选择，将成为决定21世纪国际安全环境的主要因素。"[③] 美国认为俄罗斯、中国、印度是处于十字路口的国家，称印度是正在崛起的大国和关键的战略伙伴；俄罗斯仍是转型中的国家；中国是军事上最大的潜在对手。对处于十字路口的国家，"美国将确保这些国家能够以建设性的行为体和利益共享者的身份纳入国际体系。它还将努力确保没有其他大国能够主宰地区和全球安全事务"。[④] 总之，美国要从战略上来引导这些国家沿着有利于美国的方向发展。另外，美国还强调要加强对这些大国和新兴强国的"威慑性防范"。美国认为："影响大国和新兴强国的选择需要采取一套均衡的方法，既要寻求合作，又要谨慎防范，防止出现合作方法本身不能阻止未来冲突的可能性。"[⑤]

---

① 美最新版《国家安全战略》"两条路""三要三不"，新华网，2006年3月17日。

② 军事科学院世界军事研究部译《美国国防部2006年四年防务审查报告》，军事科学出版社，2006，第29页。

③ 军事科学院世界军事研究部译《美国国防部2006年四年防务审查报告》，军事科学出版社，2006，第30页。

④ 军事科学院世界军事研究部译《美国国防部2006年四年防务审查报告》，军事科学出版社，2006，第32页。

⑤ 军事科学院世界军事研究部译《美国国防部2006年四年防务审查报告》，军事科学出版社，2006，第32页。

为此，美国强调要在潜在对手周边投子布势，慑止对手敌对性的行动，并防止其在军事上坐大。2006 年美国《四年防务评估报告》要求美军在太平洋地区至少部署半数以上的航空母舰，使美军具备从远距离向被拒止地区投送兵力并实施持久作战的能力；将 60% 的潜艇向太平洋移动，以便随时展开作战行动。为应付未来亚太地区可能面临的挑战，要求美军加快采购攻击型潜艇，加速新一代远程轰炸机的部署，将新一代远程轰炸机的部署时间从原计划的 2037 年提前到 2018 年，以增强海空军对整个亚太地区的控制能力。在武器装备采购方面，传统武器的采购仍然占主体，还要加快发展隐形装备、太空、雷达、水下作战能力、无人机等装备。①

（三）继续坚持联盟战略，主张自愿联盟

联盟战略是美国军事战略的重要组成部分，是美国参与国际事务、处理国际危机和冲突、左右地区和世界局势、维护其全球和地区利益的重要手段。虽然布什政府的“单边主义路线”与其传统联盟战略客观上存在不可回避的矛盾，但是美国仍然继续强调联盟的重要性。2003 年 4 月 16 日，10 个东欧国家签署了加入欧盟的协议，“大欧洲”初步成形。随着欧洲一体化程度的增强，英、法、德等欧洲大国要求在其中发挥作用的愿望越来越强烈。但欧洲大国间相互牵制，使作为整体的欧盟力量尚不足以对美国形成决定性的威胁。多数国家基于实现自身利益的条件考量，在许多方面有求于美国。所以，传统盟友现在及今后很长一段时期内，不会因伊拉克战争问题等分歧与美国彻底决裂。所以，2006 年的美国《四年防务评估报告》强调，拥有众多盟国是美国最大的优势和资源之一，而要实现新报告提出的战略设想，就必须保持与日本、澳大利亚和韩国等长期盟友的密切合作关系。

---

① 参见薛高连《布什执政时期的美国军事战略调整》，《军事历史研究》2008 年第 3 期。

美国开始主张自愿联盟的原则，因此在采取军事行动中表现出某些时候以基于现实利益的实用性联盟取代基于长远战略考虑建立的联盟组织发挥作用。在美国新世纪军事战略调整中，联盟战略仍是对外实施军事干预的重要战略支柱，但在具体做法上作了较大的调整，从固定的盟国合作转变为针对特殊问题形成特定的联盟合作。2003 年伊拉克战争中，西班牙、丹麦、波兰等国家派兵支援美英作战，而法国、德国、加拿大等美国盟友则持不赞成或反对意见。这也在一定程度上体现了自愿联盟的原则。美国明白，成功实施政治、军事、外交行动必须有盟友的支持，就此而言，联合国的授权至关重要；而北约仍是欧洲稳定的重要保证，所以联合国、北约等组织不会被美国抛弃，但也不会如过去那样倚重。

（四）调整反恐策略，灵活应对威胁

随着美国反恐的不断深入，恐怖主义活动出现了一些新的变化。一是恐怖活动全球化。互联网和通信技术的发展为国际恐怖网络的建立提供了条件，而且由于经济全球化的发展，恐怖分子实施恐怖行动的目标在地球上的任何地方都可以找到。现在的恐怖组织都是复杂网络的一部分，大多不受国界、地域的限制，从而形成一种国际恐怖主义互联网。如本·拉登支持和领导了一个以“基地”组织为核心、由伊斯兰极端分子组成的多国联盟，这种松散的网络结构的形成有利于恐怖组织根据环境的变化和需要，迅速从一个地区转向另一个地区重新部署活动，大大增强了人员的流动性和成员远距离行动的机动性。二是恐怖组织的攻击方式多样化。恐怖组织对目标的攻击方式的调整，主要体现在使用的工具和实施攻击的载体出现了新的变化。恐怖分子在“9·11”事件中使用民航飞机袭击民用目标，表现出一种全新的思维，证明恐怖分子获得了致命行动的新能力。在恐怖分子接受使用民用工具的训练时，很难判定他是否在为恐怖袭击做准备，只是到了攻击的最后一刻，其目的才表现出来。这种袭击非常难于防范，实施攻击的载体也发生了重大变化。过去，恐怖活动多由职业恐怖分子所为，但现在恐怖组织更多地使用业余恐怖分子（包括妇女和儿童），且越来越多地利用自杀式攻击，令人防不胜防。另外，生物技术、纳米技术以及其他所谓“新概念”技术的出现，将会使进攻者在暴力工具和手段运用上有更大的选择自由，使防御者更加防不胜防。三是恐怖主义的袭击对象多元化。恐怖主义活动的对象由重要的军政目标向人员密集、防范薄弱的民用目标转变，如居民区、公交工具、交通枢纽、大型餐饮娱乐场所甚至学校等民用设施，追求恐怖活动的“品牌效应”和“让更多人死、让更多人怕”的轰动效应，以求达到其政治目的。

针对恐怖主义活动的这些变化，在2006年版《四年防务评估报告》和《国家安全战略报告》中，美国政府对其反恐战略进行了调整。一是从以打击敌对政权为主的大规模作战转向重点打击分散性的恐怖组织的小型化、特种化作战。“9·11”事件后，美国反恐战争主要针对其所谓支持恐怖主义的敌对政权实施大规模作战。鉴于伊拉克战争的经验，报告没有提出再打一场伊拉克式的战争，而是主张在全球范围内以小型化、特种化的战争打击分散的恐怖主义分子。二是从固定地区转向全球性的战场。报告提出，美军不能仅限于在4个前沿地区（欧洲、东北亚、东亚沿海地区和中东/西南亚地区）作战，而应该面向全球作战。三是从主要依赖军事力量转向各种力量的综合运用。报告认为，反恐不仅仅是用军事力量打击恐怖分子，还包括运用各种手段消除滋生恐怖行动的环境和暴力极端主义的意识形态。报告第一次承认，保卫美国本土、反恐战争、稳定行动和战后重建行动超出了国防部的职责范围，在完成这些任务时应加强美国政府各部门的合作。四是从主要依靠美国自身力量转向更加重视国际合作。报告总结的反恐战争经验，第一条就是认为要有健全的组织和足够的资源来加强盟友关系。报告专门用一章内容论述合作反恐问题。为更好地和伙伴国进行合作，报告还特别要求防务系统人员学习外语与外国文化。[①]

（五）谋求绝对优势，转变建军模式

2000 年发表的《2020 年联合构想》明确描述了对军队的期望："美军部队的根本目的以前是、今后仍然是打赢国家的战争。本文件所描述的变革的根本目的是，建立一支在所有军事行动中都能占据主导地位的军队——平时使敌人不敢轻举妄动，战时能决战决胜，在各种冲突中表现卓越。"[②] 2001 年《四年防务评估报告》明确指出："美国在政治、外交与经济上的领导地位，对全球和平、自由与繁荣有直接贡献。美国的军事力量对于实现这些目标是必不可少的。"[③] 2002 年 9 月发表的《美国国家安全战略报告》强调："目前正是重申美国军事力量的关键作用的时候。我们必须建立和维持一支超越挑战的防务力量。""我们的目标必须是为总统提供更多的军事选择，以阻止针对美国、盟友的侵略或任何形式的胁迫行为。"[④]

基于此，2001 年美国《四年防务评估报告》先后提出"基于能力"的建军模式。布什政府认为，冷战时期，由于对手是明确的，军队建设采取"基于威胁"模式；而未来的对手不明确，但对手可能运用的能力则是可以预测的，因此军队建设要转而采用"基于能力"模式。并且美军把以能力为基础的建军模式明确为"1－4－2－1"型。2004 年美国《国防战略》报告提出，美军要保护美国本土（1）；在海外四个地区（欧洲、东北亚、东亚沿海和中东/

---

① 参见薛高连《布什执政时期的美国军事战略调整》，《军事历史研究》2008 年第 3 期。

② 军事科学院外国军事研究部：《备战 2020——美军 21 世纪构想》，军事科学出版社，2001，第 185 页。

③ 黄柏富：《"9·11"事件后美国国家安全战略文件选编》（上），军事谊文出版社，2002，第 13 页。

④ 黄柏富：《"9·11"事件后美国国家安全战略文件选编》（上），军事谊文出版社，2002，第 677～678 页。

西南亚）威慑敌对行动（4）；在同时发生的两场战争中迅速击败敌人（2）；并至少在其中一场中取得决定性胜利（1）。所谓“1-4-2-1”型，就是要求按以上指标来确定部队的结构规模。

“基于能力”的规划模式“更加看重对手将如何作战，而不是看谁是对手及将在什么地方发生战争”。[①] 其目的是让美军关注对手可能已经拥有或将要发展的不断增加的能力。为此，要求美军通过转型，获取8个方面的能力，即“加强情报能力；保护关键的作战基地；强化从太空、国际水域或空域、网络等国际公共空间实施攻击的能力；在反进入或区域性拒止的环境中，远距离投送并维持美国部队；采取各种措施使敌人无处藏身；实施网络中心战；提高进行非常规作战的能力；增加与国际、国内伙伴合作的能力”。[②]

（六）退出反导条约，降低核武门槛

核威慑战略是美国军事战略中的重要组成部分。布什政府执政后，对核政策进行了调整。首先是于2001年12月13日宣布退出《反弹道导弹条约》，加快国家导弹防御系统和战区导弹防御系统的建设，布什政府又于2002年1月出台了《核态势评估报告》，将美国战略威慑的“三位一体力量结构”从“洲际弹道导弹+战略轰炸机+潜射弹道导弹”调整为“常规与核进攻性战略打击力量+主动与被动防御+反应迅速的国防基础设施”。调整的目的是让总统在处理危机中有“多种选择方案”。《核态势评估报告》明确将俄罗斯、朝鲜等7国列为核攻击对象，取消了“不对无核国家使用核武器”的承诺，提出了三种可以使用核武器的场景，即对能够经受常规武器进攻的目标、对核武器和生化武器进攻实施报复以及军事局势发生巨变。同年12月，美国又公布了《抗击大规模杀伤性武器国家战略》，首次明确提出在抗击大规模杀伤性武器的攻击时将

---

① 黄柏富：《“9·11”事件后美国国家安全战略文件选编》（上），军事谊文出版社，2002，第33页。

② 《美国国家军事战略》（英文版），2004，第20页。

使用核武器，从而大大降低了核武器的使用门槛，表明美国正在实施“全方位核威慑”战略。

布什政府明确了美国使用核武器发动“先发制人”打击的四种情况：一是如果敌人使用或者有意使用大规模杀伤性武器对美国、盟友、联军部队或民众发动袭击；二是敌人即将使用生物武器发动攻击，只有使用核武器才能确保对其力量进行摧毁；三是需要对敌人的包括大规模杀伤性武器在内的军事设施、存有生化武器的地下加固堡垒，或者敌人赖以对美国及其盟友发动大规模杀伤性武器攻击的指挥、控制设施发动打击；四是需要展示美国拥有使用核武器遏制敌人使用大规模杀伤性武器的能力和意图。

三　主要影响

小布什政府提出的“先发制人”战略很快付诸实施，对国际战略形势、地区力量格局及有关国家产生了重要影响。它扰乱了国际秩序，践踏了国际准则，加剧了国际安全困境，增大了防止大规模杀伤性武器扩散的难度。其影响主要体现在以下几个方面。

（一）“先发制人”战略加剧了国际安全困境

“先发制人”战略的实施表明美国为实现新世纪的帝国战略将一意孤行到底，将使世界各国人人自危，使潜在敌人采取自杀式报复，使多边安全合作受到破坏，也使国际社会增添新的矛盾摩擦和大国关系面临更大的变数而更加动荡不安。而且，布什政府以“先发制人”为核心的战略调整，被其他国家纷纷效仿，进一步加剧了国际体系的安全困境。“先发制人”战略给俄罗斯、日本、欧盟等国家或地区带来了巨大震动，各国也纷纷抛出了不同版本的“先发制人”战略。可见，布什政府的这种“先发制人”战略虽然一方面会对国际恐怖主义和大规模杀伤性武器研发和扩散产生一定的震慑作用，但在根本上没有关注这些问题产生的根源，结果不仅容易激化矛盾，威胁世界和平，而且将为国际社会解决争端开启危险的先例。美国提出“先发制人”战略，只会加剧一些国家和非国家行为体同美国的矛盾，甚至可能促使更多的人和组织走上极端恐怖主义的道路，加剧了美国霸权与反对霸权力量之间的矛盾。布什政府“先发制人”战略的提出和实施，破坏了现有国际秩序的稳定性和多边机制的有效性，也给新世纪国家间良性关系的建立和发展带来了阴影。在美国“先发制人”战略的带动和影响下，世界的不安全因素急速增加，世界各地的恐怖活动更加频繁，甚至出现了“越反越恐”的局面。所以，“先发制人”战略在全球化的时代里，不仅不能消除威胁，反而会造成仇恨的恶性循环，造成国际社会的动荡和纷争。

（二）“先发制人”战略践踏了国际准则

“先发制人”战略具有鲜明的霸权性。因为“先发制人”战略的攻击对象是由美国来认定的，只要美国政府认为对方对美国国家利益构成威胁时，美国就可以运用武力进行军事打击。这严重有悖于以“相互尊重主权和领土完整”为核心的国际法准则，对传统的集体安全和《联合国宪章》中的原则构成重大挑战。《联合国宪章》规定，使用武力或进行战争只有以下两种情况才是合法的：一是受到他国武力攻击时的合法自卫；二是由联合国安理会授权而采取的行动。但国际法中规定的国家拥有自卫权并不表示一国以防御为名主动发动战争就是合法的。再者，现代国际法已经把“和平”外交作为解决国与国之间冲突的手段，而布什政府的“先发制人”战略违反了战争法则。“先发制人”战略实质上是美借反恐之机行称霸之道的理论，是美国独霸世界野心恶性膨胀的体现。实践证明，它践踏了联合国宪章的宗旨和原则，否定了国际组织和国际法庭的调停与仲裁，背离了国际法有关战争的多项准则，混淆了民间组织行为与国家行为的法定界线，抛弃了美国亲自倡议建立起来的由机构、法律、行为准则维系的国际公约和协议，使联合国等国际安全机制的权威受到挑战。美英等国未经联合国安理会授权发动伊拉克战争，是继科索沃战争之后，又一次破坏了当代国际关系中于1648年出台的《威斯特伐利亚和约》所确立的国家主权原则，践踏了现行的国家主权独立原则、集体安全原则和以《联合国宪章》为代表的现行国际法体系。联合国秘书长安南曾就此指出，“先发制人”理论对传统的集体安全和《联合国宪章》中的原则构成重大挑战。

（三）“先发制人”战略激发了新一轮的国际军备竞赛

“先发制人”战略目标追求美国“绝对安全”，“绝对安全”必须要求美军拥有绝对优势的能力，进而引发力量的不平衡和不对称。这种谋求绝对优势的不对称作战，大大刺激了国际安全环境中的紧张与对抗，使得军事安全领域中传统和非传统威胁复杂交织在一起。这种不对称性势必引起世界各国增加本国的军费投入，发展高新技术，更新武器装备，必将直接挑起新一轮的军备竞赛，使国际战略平衡遭到严重破坏。因为在美国这种游戏规则下，主权国家人人自危。为了维护自己的安全和独立，必然扩充军备，增加军费，而这又反过来刺激美国，使其认为是对自己的一种挑战和威胁，如此恶性循环，必将给未来的国际局势和世界和平布满阴影。美国国家导弹防御计划的重新启动和部署，导致了全球的核试验和军备竞赛，使国际军控和裁军进程更加艰难，后患无穷。

（四）“先发制人”战略增加了防止大规模杀伤性武器扩散的难度

美国“先发制人”战略改变了一些国家和地区的安全理念，使得这些国家和非国家行为体寻求拥有大规模杀伤性武器，来获得自身的安全。因为被美国认为的所谓一些“无赖国家”“邪恶轴心国家”和“暴政国家”都非常清楚，一旦有核武器或者是大规模杀伤性武器，美国对它们就不会轻易进行“先发制人”打击。因此“先发制人”战略极易导致大规模杀伤性武器扩散。美国凭借其强大的军事实力，如果在今后随心所欲地对敌人发动先发制人的军事行动，客观上会迫使一些敌对国家千方百计地尽快获取大规模杀伤性武器，一旦大规模杀伤性武器被恐怖分子获得，那将给美国乃至全世界人民带来灾难性的后果，到那时，美国将不得不品尝“先发制人”战略带来的苦果。

综合来看，小布什政府在政治上强调美国应积极发挥全球领导作用；在对外政策上，表现出了以我画线和单边主义的鲜明特点；在军事上打着反恐和防止大规模杀伤性武器扩散的旗号，提出了“先发制人”战略，并迅速将反恐行动扩大化，着手进行全球战略部署调整，强化联盟战略，力图依靠其强大的军事力量有效维护美国国家安全和支撑其领导全球的战略目标。小布什时期的美国军事战略是冷战后美国前三届政府军事战略的延续和继承，也是美国新世纪全球战略的集中反映。它以保卫本土、威慑前沿和打赢两场同时发生的大规模冲突为中心，以调整全球军事布局和发展新型威慑为手段，以军队转型和国防改革为目标，作战方式向联合作战转变，建军模式向“基于能力”转变，军事转型向“全面推进”转变，部队建设向适应任务需要转变，显示了前所未有的战略主动性和超前性，表现出了更强烈的进攻性、冒险性和单边主义、霸权主义色彩。

第三节　奥巴马政府时期

小布什执政时期的美国对外政策和军事战略以反恐为中心，在其2009年初离任之时伊拉克国内局势依然动荡不安，阿富汗战争短期内仍然难以看到获胜的希望。不仅如此，小布什执政后期，由于过度关注别国民主问题以及南奥塞梯问题，美俄关系也趋于恶化；伊朗核问题和朝鲜核问题仍然没有获得解决的希望。因此，小布什在离开白宫的时候，留给继任者的遗产更多的是“债务”而不是“债权”。奥巴马在竞选期间主打“变革”口号，不仅要变革小布什总统的各种政策内容，也要改变小布什时期处理内政、外交问题的方式和方法。

自2009年1月入主白宫以来，奥巴马总统在诸多内政、外交政策上的确采取了“变革”政策，美国军事战略的调整自然也不例外。奥巴马政府先后于2010年2月、2010年5月发布《四年防务评估报告》和《国家安全战略报告》。2011年2月8日，美参谋长联席会议主席迈克尔·马伦上将发布了题为“重塑美国军事领导力”的《国家军事战略报告》。这份报告是将奥巴马政府2010年版《四年防务评估报告》和《国家安全战略报告》两个重要纲领性文件具体化后，归结而出的军事建设指针。报告主要涉及的是美军的未来任务、能力建设及战备部署情况。这也是2004年以来美国军方提交的第一份有内容更新的军事战略报告，反映了时隔7年后美军对安全环境的判断及美军任务的转变，规划了美军的发展方向。从这些文件中可以清晰地看出美国军事战略的调整，奥巴马政府的军事战略逐渐成形。

一 全面评估国际安全环境，重新界定安全利益

美国2010年版《四年防务评估报告》对美国面临的国际安全环境进行了全面评估，重新界定了美国的安全利益。与2006年的版本相比，新报告除继续关注反恐、反扩散等内容之外，在军事理念、战略重点等方面均有新的变化与突破。报告称，美国面临的安全环境复杂不定，且不断快速变化。当前的地缘政治呈现四大发展趋势——新兴大国的强势崛起、非国家行为体的日益强大、大规模杀伤性武器的持续扩散以及全球性问题的与日俱增。这四大趋势将塑造未来数十年的国际安全环境。此外，2010年版《四年防务评估报告》还首度阐明奥巴马政府对美国安全利益的全新界定，即“安全、繁荣、普世价值、合作性的国际秩序”。

首先，新兴大国的强势崛起是影响美国战略决策的核心因素。新版报告把新兴大国的崛起放在了四大趋势的首要位置。新报告称全球政治经济和军事力量的分配变得更加扑朔迷离。两个新兴大国——中国和印度——崛起将继续重塑国际体系。新版报告还称，新兴大国是否能够以及如何完全融入全球体系，是21世纪需要界定的问题并关系美国的核心利益。新报告对大国崛起的高度重视再

次印证了美国政府与战略界达成的一种共识，即恐怖主义只能伤及美国的皮肉，而大国的挑战才可能危及美国的筋骨。

其次，非国家行为体的日益壮大给美国安全带来严峻的挑战。非国家行为体一般包括政府间国际组织、非政府间国际组织、跨国公司、民族解放运动、分离主义组织、恐怖主义组织等。在全球化的大背景下，非国家行为体大量介入国际社会不仅大大拓展了国际社会的空间，而且对长期以来主导国际关系的国家行为体提出了挑战。

再次，大规模杀伤性武器的持续扩散继续威胁全球和平与安全，进一步加剧恶性军备竞赛。新报告称，尽管美国与俄罗斯在削减战略核武器部署数量方面取得了一些进展，但其他国家仍在寻求核武器发展计划。目前美国最担心的是，拥有大规模杀伤性武器的国家爆发动乱甚至崩溃，这将导致大规模杀伤性武器及其材料与技术的快速扩散，进而引发全球性危机对美国及其他所有国家构成直接威胁。

最后，全球性的非传统安全威胁与日俱增。新报告认为，其他重大的全球性问题的发展趋势也可能使安全环境复杂化，其中包括资源需求的快速增长，沿海地区城市化进程的加快，全球气候变化的影响，新型流行性疾病的爆发，以及某些地区的文化冲突和人口压力。上述这些全球性问题的相互交织与作用可能引发或者激化未来的冲突。

2011 年版《国家军事战略报告》也首先对美军面临的总体战略态势进行概述，认为尽管主权债务问题对美国构成了重大安全风险，但美国仍将是世界上首屈一指的军事和经济大国。不过，美国面临的安全环境在过去 7 年间持续发生着变化。今天的世界更是充满挑战、安全状况瞬息万变：变化中的权力分布，预示着世界正向“多层次”的方向演变；世界局势将越发显示出的特点是，一些基于外交、军事和经济实力的，不断变化的利益驱动型联盟，正取代着旧有的对立集团间的刚性安全竞争；愈来愈多的国家和非国家行为体，展现出重要影响力，挑战着全球公共空间（包括海洋、大气层、太空）以及网络空间的自由；恐怖分子、犯罪网络和海盗行为，则使国际体系中的暴力行为增加，考验着主权国家的反应能力；人口增长、水资源短缺、气候变化等全球性问题，也是造成不稳定的重要因素。2011 年版《国家军事战略报告》提出了美国的安全战略目标，包括继续采取积极进攻方式对付恐怖主义和暴力极端主义；将战略力量向亚太地区倾斜；美国要继续维持中东地区的安全与和平；美国在欧洲地区的战略态势要改变；美国将寻求建立“有选择的安全伙伴关系”，与非洲和拉美国家建立新型伙伴关系；美国将领导盟友与伙伴保护全球“公共空间”安全；国防部要与国内和国外相关部门单位合作，共同应对大规模杀伤性武器扩散问题。

二　改变打赢两场战争战略，强调打赢“混合战争”

冷战后美军一直奉行同时打赢两场局部战争战略，将其作为建军备战的指导思想。然而 2010 年 2 月 1 日美国国防部长盖茨在颁布新版《四年防务评估报告》时，称美军准备“同时打赢两场常规战争”的战略思想已经落伍，不能反映美军未来可能面临的诸多挑战。而新版报告也明确指出美国目前面临的是多元化威胁，未来战争形态将是战争主体多元化的常规战争与非常规战争界限日益模糊的“混合战争”。美军必须适应这种新的战争形态，提高在不同环境下执行多样化任务的联合作战能力。为了保护和拓展国家利益，美国国防部在新版《四年防务评估报告》中设定的战略目标主要有四个，即打赢当前战争、预防和慑止冲突、应对多样性突发事件以及加强全志愿部队建设。其中，以打赢当前战争为核心。在总结过去和展望未来的基础之上，美国防部提出了美军所面临的六项战略任务，即保卫美国本土安全，成功遂行平暴、维稳和反恐行动，加强盟友安全能力建设，在拒止环境中威慑和击败敌之进犯，防止大规模杀伤性武器扩散以及对抗大规模杀伤性武器，有效开展网络空间作战。

为了应对多元化威胁，2011年版《国家军事战略报告》明确了美军需要发展的主要能力，包括应对恐怖主义和非正规战争的能力；慑止和击败敌国侵略行为的能力；在反进入/区域拒止（A2/AD）挑战下投送兵力的能力；应对大规模杀伤性武器的能力；在网络空间和太空空间有效行动的能力；维持可靠的、安全的、有效的核威慑的能力；防卫国土，并向民事机构提供支持的能力；维持海外存在的能力；能够执行维稳和反叛乱任务的能力；执行人道主义危机、灾难救援等任务的能力。

三　调整国家反恐战略策略，推崇“巧实力”理念

“9·11”事件以来，美国主导的反恐战争并没有导致国际恐怖主义威胁的下降，反而有逐年增多的趋势，美国仍面临着严峻的恐怖主义威胁。奥巴马批评布什政府在反恐策略上仍采用“20世纪的僵化思维方式”“用侵略和占领对付21世纪无国界的恐怖主义”，霸权主义、单边主义甚嚣尘上，美国四处树敌。布什政府悍然发动了伊拉克战争，使美军在伊拉克泥足深陷，无论是财力还是军力都陷入了窘境。奥巴马认为，布什政府孤注一掷地将重心放在伊拉克战争上，削弱了美国的安全保障、国际地位、军事资源，而卡尔扎伊政府软弱无力，只能控制首都地区，塔利班正在积蓄力量，以致武力冲突升级。阿富汗被希拉里称为“潜力有限，整体腐败的毒品国家”，距奥巴马民主制度的目标甚远。

针对伊拉克战争后“先发制人”战略暴露出的不足，奥巴马上任不久就开始调整反恐战略，收缩反恐战线。奥巴马2009年初上任后很快便公布了从伊拉克撤军和向阿富汗增兵的计划，并于2月17日宣布向阿富汗增兵1.7万人，3月27日又公布对阿富汗新战略，大力推动该地区国家和国际社会共同解决阿富汗问题。同时为减轻国内反战压力和美负担，在2010年《国家安全战略报告》中明确提出，将在2011年底撤回所有驻伊拉克部队，并将于2011年7月开始在兼顾安全形势的前提下开始从阿富汗撤军。

2010年5月27日奥巴马政府发布了第一份《国家安全战略报告》。奥巴马在该报告中将军事作为外交努力无效情况下的最后手段，这与布什政府时期的“先发制人”战略相比是个重大转变。在这份报告中，奥巴马的新国家安全战略认为世界充满了多种威胁，放弃了布什政府“反恐战争”的说法。负责国内安全与反恐事务的美国总统助理布伦南说：“我们发现美国有越来越多的个人，受到极端主义或事业的蛊惑。总统的国家安全战略明确承认，本土的单个激进分子对美国构成威胁。”他还指出：“我们从未、也不会与伊斯兰教作战。”奥巴马政府的新国家安全战略试图摆脱布什政府时期不受欢迎的单边主义政策，并呼吁将美国的合作对象从传统盟友扩展到中国、印度等正在崛起的大国。该报告说，美国将和中国在共同关切的问题上进行合作。

针对小布什政府执政时的教训，奥巴马政府更加突出软实力的作用，注重“通过榜样的力量，而非力量的榜样来领导世界”。奥巴马表示，“必须寻求一项新战略，娴熟运用、平衡和组合美国实力的所有组成部分，即我们的军事和外交，我们的情报和执法能力，我们的经济和道义力量”来维护美国的领导地位。因此，新政府在“硬对抗”之前，更强调“软实力”和“巧实力”的运用。奥巴马的外交与安全团队上任伊始，即提出了“巧实力”（smart power）的外交理念。这种“巧实力”包括了硬实力和软实力，即综合运用美国国家的所有手段，包括政治、经济、外交、军事、法律与文化领域的所有资源，为美国对外政策的总目标服务。

四　高度重视全球公地安全，强化网空作战力量

奥巴马政府非常重视全球公地安全，这一点在政府的许多文件或报告中均有充分体现。在2010年版《四年防务评估报告》中，强调全球公域的安全与稳定正面临严峻挑战，美国海外与国内的网络空间频繁遭受攻击和入侵，海盗活动与日俱增，反卫星武器的研发与试验，以及太空大国数量的不断增加。由于这些敌人有可能具

备争夺甚至剥夺美国海、空、天和网络控制权的能力，美军必须做到防患于未然，进行必要的应急准备。

在2011年版《国家军事战略报告》中，美国认为“所有国家的安全和繁荣都依赖于海洋、太空和网络”，“美军在全球公地的自由行动越来越受到国家和非国家行为体的挑战”。对此，该战略报告将“确保美军在全球公地的自由进入和调动”视为“国家安全的核心要素”和“美军的永久使命”。2010年5月，美国高调宣布成立网络司令部，并于11月正式投入运转。2011年2月又出台了《国防网络安全战略》，5月公布的《网络空间国际战略》更是将网络战推向了新高度，宣布“网络攻击就是战争”，表示如果网络攻击威胁到美国国家安全，将不惜动用军事力量。用美国防部某高官的话讲，就是“如果你关掉我的电网，我们也许会向你的烟囱扔炸弹”。据报道，美国已拥有3万人的网络战部队。2011年2月美国还发布了《国家安全太空战略报告》，提出了未来10年美国应对太空领域竞争的战略举措，并于2010年和2011年先后成功发射了两架X－37B轨道实验飞行器。

五　逐渐调整全球战略重心，凸显亚太地区地位

2011年版《国家军事战略报告》声称，尽管美国在关乎本土安危的北美地区有“最为切身的利益”，在美军的“反恐前线”中东地区有“重要利益”，但亚太地区却将日益成为美国的“战略优先点”。这是因为，亚洲存在着“两个正在崛起的全球性大国（中国、印度）”和“很多重要的地区性大国”，在世界经济中的份额将继续上升，“本地区国家在发展经济的同时，正迅速推进军事现代化进程，导致地区安全结构迅速变化”。因此，今后数十年内，美军仍将在东北亚地区维持稳固的军事力量，特别是保持前沿兵力部署，以遏制可能发生的冲突。该报告还指出，“随着亚洲国家的军事能力不断增长，我们将寻求新的方式强化地区安全合作。借助我们的感召力，我们将扩大在这一地区举行多边演习的范围和参与

度。我们寻求与印度在防扩散、保护全球公共空间、反恐和其他领域上的合作。我们将在军事合作、交流和演习方面与菲律宾、泰国、越南、马来西亚、巴基斯坦、印尼、新加坡和大洋洲其他国家进行合作，以应对它们面临的国内外安全威胁。这也将有助于确保我们在这一地区保持可持续的和多样化的军事存在以及在作战时对该地区的进入。最后，对于我们在该地区的盟友相互之间正在发展的安全联系和承诺，我们的态度是非常鼓励的。这不仅有助于强化地区秩序规范，还有助于应对地区安全挑战上展现更强的责任与合作”。

美国在2011年举行的APEC峰会上，强势推进“泛太平洋战略经济伙伴关系协定”（TPP）框架协议，企图塑造新的亚太经贸版图，积极争取掌握亚太区域统合的主导权。美国国务卿希拉里表示：20世纪美国与欧洲盟友成功建立跨大西洋体系，现在需要一个跨太平洋体系，“美国在跨大西洋体系中扮演了核心角色，在跨太平洋体系中也正在扮演同样角色”。①

虽然2011年版《国家军事战略报告》强调了“致力于与中国建立积极的、合作的、全面的关系，欢迎中国发挥负责任的领导作用”，但其战略重心东移亚太，制衡中国的意图已经非常明确。在亚太“为保障美国及其伙伴国的利益，我们将准备着展示我们的意志，并投入任何所需的资源，以对抗任何国家阻止我们进入和使用全球公共空间与网络空间的破坏行为，或者威胁我们盟国安全的行动”。为了应对中国的快速崛起，美国加紧调整亚太战略，其酝酿已久的“战略重心东移”计划步入快车道。美国国务卿希拉里2011年10月在美国《外交政策》杂志撰文指出“利用亚洲的增长和活力是美国的经济和战略利益核心，也是奥巴马总统确定的一项首要任务”，而“日本、韩国、澳大利亚、菲律宾和泰国的条约联盟是我们转向亚太的战略支点”。

① 安邦：《应该如何看待TPP》，英国2011年11月14日《金融时报》。

奥巴马当年11月在澳大利亚议会发表的演讲也集中反映了这一战略思路，称将加强并保持在亚太的长期军事存在。美国积极插手南海争端，积极在东南亚、南亚寻找和培植新伙伴，与澳大利亚签署了新军事合作协议，美海军陆战队250名士兵2012年起将开赴澳大利亚北部军事基地，而在未来几年内，这支部队的规模将达到2500人。据此，美国前副国务卿斯坦伯格表示，“这是一个明显的姿态，表明即便在预算紧张的情况下，美国撤出伊拉克和减少阿富汗驻军的后续反应不是把部队撤回国内，而是将其投入到亚太地区”。目前，美海军陆战队的一半兵力，11艘航母中的6艘和60%的核潜艇已经部署在亚太地区。另外，美国还提出了主要应对未来中美可能在西太平洋地区爆发高强度战争的“空海一体战”构想。

总之，奥巴马政府打出“重振美国、领导世界”的旗号，推行以确保全球霸权为中心，以振兴经济、重返亚洲、应对新兴大国为基本点的新安全战略。这一战略调整突出体现为西收东进。西面减少欧洲驻军，从伊拉克和阿富汗撤军，东面构筑新亚太联盟体系，强化西太平洋军事部署和海空天网力量优势。随着时间的推移，其军事战略调整对全球和地区局势的影响也将会越来越明显。

第四节 主要特点

纵观21世纪以来美国国家军事战略的演变，小布什政府和奥巴马政府上台后都制定了一套新的军事战略。从表面上看，他们的军事战略似乎缺乏连贯性和系统性，但实际上，它们的演变仍然具有一些共性特征。

一 坚持利益至上，确保美国霸权

冷战后，美国军事战略的制定都是围绕着建立“世界新秩序”而展开的，美国历届政府都致力于推进美国的全球利益与价值观念，巩固与发展“全球霸主”的地位。美国政府在1997年颁布的

《面向新世纪的国家安全战略》中明确提出美国要“领导世界”，2001年布什政府颁布的《国家安全战略报告》中又指出，当今世界除美国外没有哪个国家能单独为世界建立一个更安全、更美好的环境，美国将创造一个使所有国家和社会都能为自己选择政治自由的安全世界。布什政府一再强调，美国现在因处于“新型霸主”地位而别无选择地被现实赋予了领导世界的责任，并且宣称美国“最具有领导这个世界的能力”。美国“领导整个世界”的战略目标，就是要建立全球独霸的“美国强权统治下的世界和平”。奥巴马在2010年版《国家安全战略报告》中提出实行“重振美国和领导世界”的战略。进入新世纪，通过政治干涉、经济制裁和军事干预等各种途径，“防止重要地区落入与美国为敌的国家控制之下”，以赢得最大的国家利益。这是美国制定军事战略的出发点和根本点。尽管手段和策略上有所变化，但其争霸世界的战略思维却是一致的。

二　追求绝对安全，进行实力扩张

“9·11”事件使华盛顿认识到本土防卫的脆弱性，认识到凭借强大的军事优势保持绝对安全的重要性，从此确立了以确保本土“绝对安全”为核心的战略思想，把军事战略追求的目标定位在获得战略进攻和战略防御的全面优势上，以使美国处于一种“绝对的安全境界”之中。冷战后的美国军事战略，强调大国的潜在威胁和“非对称”攻击的现实威胁，要求美军进行深入的军事革新，形成“决定性”的威慑力量，发展“压倒性的战略优势”，为对付未来的威胁做好超前准备。2005年美国的《四年防务评估报告》提出建立一支“无可匹敌”的军队，在未来50年内能应付任何挑战、没有对手的作战部队的构想，这个构想和美国历届政府的“以实力求和平”的方针是一脉相承的。为保持军事超强地位，追求国家的“绝对安全”，美国采取政治、经济、军事、外交等一切手段，不顾国际社会的极力反对，违反《反导条约》；加速国家导弹防御系统（NMD）和战区导弹防御系统（TMD）的研发和部署，从预防性防御战略转为进攻性防御战略；肆意扩大对恐怖主义的解读和打击；核战略思想从相互确保摧毁转向单边确保摧毁；地区安全政策从双边为主、多边为辅更多地转为美国单方面使用武力。

三 推行联盟战略，借助盟友力量

联盟战略是美国军事战略的重要组成部分，是美国参与国际事务、处理国际危机和冲突、左右地区和世界局势、维护其全球和地区利益的重要手段。“9·11”事件更使美国政府意识到，美国自身的能力是有限的，只有与盟国采取合作性的行动，共同分担责任，才能赢得胜利。奥巴马政府执政以来，更加重视强化其联盟战略。在2010年版《国家安全战略报告》中，其强调“我们将坚定不移地加强并重塑曾使我们受益的传统同盟关系，以应对新世纪挑战”，“构建一个更广泛的联盟，以促进普世价值观：我们正在与其他政府、非政府组织和多边论坛一道，合力推进民主、法治和人权建设”，“尽管有时美国与其盟友和伙伴国在某些问题上意见相左，我们仍将相互尊敬，继续巩固国际秩序，让所有负责任的国际行为体都从中受益”。

四 推进军事转型，掌握战场主动权

美国特别重视推进军队转型在军事战略中的重要地位。2001年12月11日，美国总统布什发表《加速军事转型是美国当前的第一要务》的讲话，号召进行军事转型。随后，美国国防部与陆、海、空军部分别颁布了本军种的转型路线图。转型开始在理论、装备、人员、编制、条令等各个领域全面铺开。2003年的伊拉克战争又检验了转型成果，并加快了军事转型的步伐。把美军从工业时代的机械化军队转变为信息时代的信息化军队，确保拥有支撑其国家霸权战略的绝对军事优势，是美国军事变革和转型的根本目的。被称为“指导美军通向胜利的变革路线图”的2006版《四年防务评估报告》明确提出，美军必须通过持续性的军事转型，为国家提供未来几十年中所需的强大、可靠和有效的作战能力。经过军事转型，美军正将其技术优势转化成能力优势和决策优胜，其军事能力又有了大的跃升，进一步拉大与世界各国之间的军事能力差距，从而确保掌握未来战争的主动权，强化了其世界军事霸主的地位。

五 调整战略重点，亚太地位上升

冷战后，美国军事战略的调整源于国际形势的变化、军事变革的发展或反恐战争的需要，既有战略考虑，也有现实利益打算。在牢牢掌控北约，取得了欧洲的主导地位后，美国的战略重点向亚太地区倾斜。作为当今世界最具经济活力和发展潜力的地区，亚太被认为是最有可能对美国经济优势和战略地位形成挑战的地区。在这种情况下，美国加大了在经济上和战略上对亚太地区的介入力度。早在克林顿政府时期，美国政府就对全球战略进行了大幅度调整，将美国战略重心由西欧向亚太转移。小布什政府上台后，由于“9·11”事件、两场反恐战争的牵制和干扰，亚太地区在其战略布局中的重要性相对后移。但从小布什政府后期以来，美国对亚太地区的关注和介入逐渐强化，其主要应对目标无疑便是中国的崛起。亚太地区在全球金融危机中展现出的蓬勃生机，更使现任奥巴马政府非常看好该地区的发展前景，希望通过深入参与该地区的经济发展和区域合作，借力实现美国经济的尽快复苏，恢复并巩固美国在亚太的战略领导权。因此，从现实和长远利益考虑，美国必然将亚太地区作为其全球战略的重点。

第二章
国家安全与军队指挥体制

国家安全体制与武装力量指挥体制是制定和执行国安全政策、领导和指挥军事行动的组织依托。进入21世纪，美国国内外安全环境最大的变化是恐怖主义取代传统威胁成为其最紧迫、最现实的威胁。为适应这一变化，美国国家安全体制和武装力量指挥体制进行了相应的调整。

第一节　国家安全体制

美国实行三权分立的政治体制，其国家安全体制并不完全受此约束。国家安全的职能分别赋予总统领导下的行政机构和国会，司法系统一般不涉及国家安全事务。21世纪美国国家安全领导体制最大的变化是，成立了美国国土安全部，统一整合了情报体制。

一　总统领导下的美国行政机构

国家安全是行政部门的重要职责之一。总统领导的行政机构在国家安全和情报搜集方面拥有很大的自由决策权，这在“9·11”事件发生后，体现得更为明显。美国行政机构中涉及国家安全的部、委、局、办不仅数量庞大，而且随着国家安全内涵的不断扩展，还在不断增加。在传统的军事、政治、外交等行政机构设置的基础上，美国一方面不断拓展相关机构承担国家安全管理的职能，另一方面不断整合国家安全机构设置，使行政机构逐步向集中领导、统一行动的方向发展。

（一）总统

总统对美国国家安全负全面责任。其权力依据是《美利坚合众国宪法》第二条："行政权赋予美利坚合众国总统。"总统国家安全的领导责任：作为国家最高立法者，负责制定新的国家安全政策方针，提交国会通过后成为指导国家安全行动的依据；作为内阁最高领导，协调与国家安全有关各部门机构之间的行动；作为国家安全政策最高负责人，调集使用各种力量，实施国家安全行动。总统在国家安全方面的具体作为有以下两个方面。

一是召集、组建国家安全领导班子。美国国家安全领导班子，虽然有其历史的相承性和体制稳定性，但其具体组成人员都是在政府组织原则内，根据总统个人风格而定。根据《美利坚合众国宪法》，美国总统无权改变国家政治体制架构，但可以对政府组织关系进行微调。总统可以任命或解职内阁部长、高级官员和驻外大使，这些任命虽需经过参议院简单多数批准，但除非存在无法调和的争议，参议院极少否决总统提名。因此，新一届政府的组成，不仅意味着总统、各行政部门领导人员的变化，更是国家安全运行体制的"再造"。在乔治·布什的第一个任期内，鲍威尔作为一个"鸽派"成员，参加了阿富汗战争和伊拉克战争的重大决策，但在战争政策上与拉姆斯姆尔德、赖斯等其他决策者在战争理念上存在重大分歧。因此，在布什第一任期结束时，鲍威尔不得不选择离职。乔治·布什连任后，"赖斯、拉姆斯菲尔德等新一届白宫班子里的高官，不像鲍威尔那样懂得兵凶战危，他们深受美国传统的高傲自大的影响，容易因对行使武力的过度自信而失去目标和手段的理性选择"。[①] 需要指出的是，总统在选择国家安全领导班子成员时，有时并不完全囿于党派的约束，有时会从务实的角度出发，根据其政策理念异同来确定人选。奥巴马当选总统后，就选择了小布

① 张慧：《大战略访谈》，国防大学出版社，2009，第29页。

什政府的比尔·盖茨留任国防部长。

二是明确国家安全管理模式。美国总统在当选总统之前，大部分是国家安全领域的“门外汉”，缺乏领导国家安全工作的经验。如小布什进入白宫之前是得克萨斯州州长，根据美国的国家体制，州一级政府在国家安全事务方面承担的责任十分有限。而奥巴马在当选总统以前是一名国会参议员。总统通过国家安全委员会、国务院、国防部等部门的公务人员制定和执行各种政策。通常情况下，总统会在政府政治体制框架内，根据自己的决策风格，建立起符合自己特点的国家安全管理模式。如小布什比较倾向于一种合议性的管理模式，通过很小的决策圈子，将各种观点置于其中进行决策。不同的国家安全管理模式会产生不同战略效果。合议性的管理模式的优点是缩小了竞争的范围，提高了决策效率，风险在于“在总统政策班底里有可能产生‘团队幻觉’，过度相信团队的分析和决定”。[①] 在阿富汗和伊拉克两场战争政策制定过程中，国防部长拉姆斯菲尔德及其幕僚组成的决策团队发挥了主导性作用，“以至于小布什从未听取、评估或者测算入侵伊拉克这个错误决策所带来的灾难性后果”。[②]

需要指出的是，在领导国家安全行动方面，总统在总统办公厅之下建立了一系列的辅助机构。如 2001 年 10 月 8 日，小布什签署行政命令，成立“国土安全办公室”，金里奇被任命为主任；第二天，又成立了“反恐办公室”，退役陆军上将唐宁被任命为办公室主任。一周之后，总统再次签署命令，成立了“总统重要基础设施保护委员会”，以协调和强化国家保护信息系统安全的行动。这些辅助机构是临时性的机构，不会列入固定的政府机构编制。

---

① Irving Janis, Groupthink, Psychological Studies of Policy Decisions and Fiascos, Boston (Mass.), Houghton Mifflin, 1982, p. 349.

② 夏尔-菲利普·戴维等著《美国对外政策基础、主体与形成》，钟震宇译，社会科学文献出版社，2011，第 215 页。

（二）国家安全委员会

国家安全委员会是总统领导下的最为重要的国家安全决策平台，是谋划国家安全政策问题的主要机构。美国学者认为，在外交和国防即所谓的国家安全政策方面，总统权力体现在国家安全委员会之中。根据《美国武装部队纲要》，国家安全委员会“建议并协助总统综合考虑有关国家安全政策的所有方面——国内、国外、军事、情报和经济等。国家安全委员会及其下属各委员会是协调、制定和贯彻国家安全政策的主要工具”。[①]

美国国家安全委员会是依据《1947年国家安全法》而成立的，成立这一机构的目的是为了协调国家军事机构与涉及国家安全的政府部门和机构之间的活动，促进国家安全。该机构自成立后，通过《1949年国家安全法》修正案等多次调整，逐步形成了比较稳定的组织架构。

国家安全委员会的最初成员包括总统、国务卿、国防部长、共同安全署署长、国家安全资源委员会主席，由参议院建议并经其批准，总统可指定各行政部门和军事部门的部长或副部长、军火局局长、研究与发展委员会主席参加。在实际运行过程中，美国决策者认识到，若国家安全委员会成员过多，该机构很有可能成为一个笨拙而又庞大的决策辩论机器。1949年杜鲁门政府取消了三军军种部部长和国家安全资源局局长的成员资格，增列副总统为国家安全委员会成员，明确了参谋长联席会议主席和中央情报局局长（国家情报总监办公室成立后，中央情报局局长的法定顾问地位被国家情报总监取代）的法定顾问地位。后来国家安全资源委员会撤销，国家安全委员会的法定成员固定为总统、副总统、国务卿和国防部长。2009年奥巴马上台后，发布了首份“总统令”，扩大了国家安全委员会的规模和职能，能源部长、商务部长、财政部长、国土安全部长、常驻联合国代表、白宫法律顾问、总统国家安全事务副助理等

---

① 《美国武装部队纲要》，总参谋部情报部，2010，第27页。

政府部门首脑被吸收为国家安全委员会的成员。

根据《1947年国家安全法》，国家安全委员会设有一个工作班子，由总统任命的文官行政秘书领导。该班子包括5名高级参谋人员、5名助理，以及研究人员和办事人员，但编制总数不能超过20人。此后，历届政府都对国家安全委员会的办事机构进行了调整。当然，这种调整不是随意实施的，除了适应总统的决策风格外，还取决于政府组织体制的变化和美国国家安全议题的变化。通常情况下，总统会根据制定政策的问题性质，命令国家安全委员会设立一些专门性的政策委员会。

（三）传统行政部门

国务院、财政部、国防部、司法部、能源部作为内阁部，其管理的行政领域涉及政治、军事、经济、金融、司法等国家安全传统领域，是参与领导国家安全行动的传统行政部门。

1. 国务院

国务院是美国制定和执行对外政策的重要部门，在美国国家安全领导机构中占有极其重要的地位。国务院的部门最高领导——国务卿，是早期的国家安全政策制定过程中的重量级人物。

美国国务院成立于1789年，是美国政府最早建立的13个部之一。国务院与国家安全相关的主要职责有5项：一是委派外事官员，这些外事官员通常具有收集驻在国情报、协调美军与驻在国军队实施军事活动的职责；二是为决策者收集外国政府和官方立场，开展国家公关活动；三是组织与他国代表或代表团谈判，其结果经参议院批准后，成为指导国家安全决策的战略性政策；四是分析判断影响美国安全的外交事件或国际形势，为决策层提供综合信息；五是向总统和国家安全委员会就对外政策取向提供意见建议。

虽然国务院在国家安全决策圈拥有不可动摇的地位，但随着美国国家利益的不断拓展，涉外经济、文化、能源等交流活动越来越多，一些非对外政策主管部门在这些领域维护国家安全的职责也越来越重要。另外，美国总统在推行对外政策时，也会将本应属于国务院的职能交给总统安全事务助理等办事机构和人员。如小布什政府期间，在阿富汗战争、伊拉克战争决策中起核心作用的是总统、总统安全顾问赖斯和国防部长拉姆斯菲尔德，国务卿鲍威尔几乎被排除在决策圈之外。此外，根据美国的文化传统，国务院因其主要借助外交手段维护国家安全，擅长通过外交手段解决问题，在国家安全政策制定问题上有可能在国内形成“软弱无力”的不良印象。

2. 财政部

财政部是美国政府负责国际货币政策、国家债务和国际金融事务的主管部门，在制定和实施与国家安全相关的财政政策方面拥有绝对发言权。此外，财政部还负责分析与经济政策有关的国外情报，以及与美国驻外机构一道，公开搜集海外总体经济情报。

早在艾森豪威尔政府时期，财政部长就已出席国家安全委员会会议。随着国际金融市场的不断完善，美国政府已把金融列为维护国家安全的重要工具。“9·11”事件后，美国财政部实行了跨部门“绿色追踪”行动，动员政府全部力量切断恐怖分子的融资渠道。阿富汗战争期间，美国财政部运用金融工具，“查找并切断恐怖主义资金来源，冻结恐怖分子及其支持者的资产，阻止恐怖分子进入国际金融系统，防止恐怖分子滥用合法的慈善团体，阻止恐怖分子通过其他金融网络转移资产”。[①] 此外，财政部还牵头成立了反恐怖金融小组，协调国际情报机构、金融管理机构和警方的行动，如通过总部设在布鲁塞尔的“环球同业银行金融电信协会”对全球200多个国家和地区近8000家金融机构的交易情况进行监控，并建立了一个庞大的金融反恐数据库，为查找恐怖分子和组织的资金来源提供了大量线索，使得印尼巴厘岛爆炸案策划者、“基地”组织重要头目汉巴里落网。利比亚战争中，北约国家在对卡扎菲部队实施军事打击的同时，还对利比亚实施了包括武器禁运、禁止卡扎菲及其亲属和部分政府要员进行国际旅行、冻结卡扎菲及其家人海外

---

① 《美国国家安全战略报告》，2002年9月17日。

资产等严厉的制裁。美国和加拿大等国在冻结其资产的同时，还禁止同利比亚政府、下属政府机构进行金融交易。严厉的金融制裁措施使得卡扎菲无钱购买装备和雇佣外国武装人员与反政府武装作战。

3. 国防部

国防部是美国总统领导与指挥美国武装力量的最高统帅机构。国防部主要承担运用军事力量维护国家安全的职责，可以通过在海外采取军事行动、进行国土防御、向文职部门提供支持等方式为国土安全作出贡献。

国防部由国防部本部系统、军政系统和军事指挥系统三部分组成。国防部本部系统主要负责政策、财政、军务等全军性事务以及各军事部之间的协调，下设政策、采购与技术、人事与战备、审计与财务、指挥通信控制与情报、立法、后勤事务、情报监督、行政管理、公共事务、监察、作战试验与评估等部门，分别由副国防部长、助理国防部长、主任、局长或部长等主管。

虽然美国把军事力量视为维护国土安全的重要手段，但是根据总统对军事力量、经济力量等不同力量的倚重程度，国防部在国家安全领导中的发言权也有所不同。小布什当政期间，奉行的是“先发制人”政策，拉姆斯菲尔德通常被看做美国国家安全决策圈的核心成员，而奥巴马政府上台后，对军事手段的局限性有了更为清醒的认识，认为军事力量作为“举国”外交政策手段的一个组成部分，只有得到外交、发展等其他力量的支持、配合，才是最有效的。奥巴马政府在其首份《国家安全战略报告》中，把军事作为外交无效情况下的最后手段。

4. 能源部

能源部主要负责美国能源尤其是石油资源的开发和保护，同时负责管理核能、核原料和制造核武器的实验室。美国政府认为，能源安全是国家安全的重要组成部分，能源政策已成为美国外贸和外交政策的重点，并要求美国军队随时承担起保护美国能源地和能源运输通道安全的职责。

据美国能源部估计，从1979年到1991年，由于石油价格的暴涨和欧佩克组织对石油价格的操纵，产生的经济损失高达4万亿美元。从美国战后用兵目标看，大多是与石油等能源有关，与其能源政策相配合的。1998年12月1日白宫公布的《新世纪国家安全战略》中明确指出："美国在确保能够获得国外生产的石油方面仍然有着切身的利害关系。我们必须继续牢记，有必要在重要的石油产地保持区域性的稳定和安全，以确保我们能够获得石油资源和能源自由流动。"

5. 司法部

在国家安全领域，司法部也负有重要职责。其下辖的禁毒署(DEA)，主要任务是打击毒品贸易，阻断毒品运输渠道。与联邦调查局一样，禁毒署特工在获得当地政府机构同意的情况下，可以代表美国执行美国法律。"9·11"事件发生后的第6天，司法部长指示建立了94支反恐特勤分队，即每个司法区部署1支反恐特勤分队。

除了上述部门外，海关、联邦航空管理局、运输部等部门都具有维护国家安全的职责。如美国海关在"9·11"事件发生后，就曾实施"保护美国行动"，以防止国际恐怖组织获取敏感技术、武器及其他设备。

(四) 新成立的行政部门

美国国家安全的主要机构是在不同年代为满足不同安全需求而设立的。"9·11"事件发生后，美国进行了新一轮国家安全体制改革，标志性的成就是建立了国土安全部，调整了美国情报体制。

1. 国土安全部

"9·11"事件暴露出美国政府国内反恐主管机构分散、反应迟钝等缺陷。比如在遭受生物或者化学武器袭击时，至少需要十几个联邦部门共同作出反应，这种拼图式的工作方式大大降低了政府的危机反应能力。

根据《2002年国土安全法》，2002年11月20日美国成立了一个新的内阁级的政府机构——国土安全部。新成立的国土安全部整合了先前22个负有国土安全重要职能的机构，成为美国行政机构内的第三大部。其职责有以下几方面：阻止恐怖分子对美国的袭击；减少美国易受恐怖袭击的弱点；在发生恐怖袭击的情况下，将损失减至最少，并尽快恢复正常。此外，国土安全部下辖的信息分析与基础设施保护局还负责分析美国关键性基础设施的安全隐患，评估美国本土面临的恐怖威胁状况，以及为国土安全咨询系统提供有关信息等。

国土安全部的成立不但整合了美国国土安全的组织领导力量，而且减少了战争决策者在制定战争政策时的后顾之忧，使得美国国内政治与对外政策紧密地联系在一起。国土安全部的倡议者——小布什在作出阿富汗战争的决策前，最担心的事情是军事打击达不到政治目标，尤其担心大规模饥荒、内战突然爆发、巴基斯坦政府垮台、全球范围内的穆斯林暴动，以及针对美国本土的报复性袭击，影响反恐行动效果。从结果看，成立国土安全部以后，美国虽然在海外对恐怖分子发起了猛烈攻击，但在国内并未有事先担心的恐怖袭击事件发生。

2. 情报总监办公室

情报，被美国政府视为国家安全的第一道防线。在美国，有关情报工作的机构被称为“情报界”，共由16个成员机构组成。其中非军方成员机构有中央情报局、国务院、财政部、能源部、联邦调查局、海岸警卫队、国土安全部、禁毒署等；军方的成员机构有国防情报局、国家安全局、国家地理空间情报局、国家侦察局、陆军情报与保密司令部、海军情报局、空军情报局以及海陆战队情报处等。

“9·11”事件发生后，美国政府对其相对分散的情报机构进行了整合。2002年11月27日，美国颁布了《2002年反情报促进法案》，决定设立1名反情报执行官，由国家情报主任任命，担任国家反情报政策委员会主席。2004年8月27日，小布什又签署行政命令，成立国家安全反恐中心。该中心的职能是分析和整合美国政府所拥有的或获得的所有有关恐怖主义的情报，制定反恐战略行动规划，并将任务分配到负责反恐行动的各主要机构。2004 年 12 月 8 日，美国国会通过了中央情报局成立以来最大规模的情报机构改革法案，决定设立统管 16 个军方、非军方情报机构的国家情报总监办公室，并设立国家情报总监一职。根据这一法案，国家情报总监虽然不是政府内阁成员，但与国防部长和国务卿同级，有权整合美国全球情报资源，监视“基地”组织等恐怖组织的活动，阻止恐怖袭击。

美国成立情报总监办公室的初衷在于整合情报资源，化解情报冲突。国家情报总监办公室成立以后遭到了几乎所有美国情报部门的反对。有资料表明，设立情报总监这一岗位，由于没有建立起清晰的权力层级结构，未能结束情报机构之间的冲突，一定程度上引发了国家情报总监与中央情报局局长的冲突。

二 立法机构——国会

根据权力制约理论，行政机构有效履行国家安全的职能，离不开国会等立法机构的监督。作为一个分权制的国家，美国国会并不完全直接参与国家安全政策决策，但是在长期的分权运行体制中，国会一直拥有参与或影响决策的权力。

（一）国会有关国家安全决策的组织构成

根据《美利坚合众国宪法》，美国国会实行两院制，参议院由各州选举 2 名代表组成，众议院由各州按人口比例选举代表。国会实施决策的基本组织单元是常设委员会及其下设的小组委员会、特别委员会和联合委员会。任何一份法案必须首先在委员会中获得通过，才能提交国会讨论、审议。

国会两院都有一个相应的常设委员会。常设委员会内再设立若干个小组委员会，负责更具专门性领域的事务。常设委员会、各小组委员会对于国家专门政策，在其职责范围内拥有绝对发言权，被称为“小型立法机关”[①]，“完全享有独立的立法权，并完全有权力批准、否决、修改政府、国会议员或委员会委员提出的立法建议”。[②] 特别委员会（Select Committee）是为了研究和处理某类问题精选出少数议员设立的。作为临时性的机构，特别委员会的设立具有一定的随机性，其工作主要是为国会立法和政策活动提供事实依据，无权审议任何议案。如众议院的国防政策专门小组，没有立法权，主要的职责是举办各种听证会，讨论一些重要战略事务。唯一例外的特别委员会是两院都设立的情报问题小型特别委员会，在形式上，它们虽然都属于特别委员会，但是由于能够跨届长期存在，而且拥有的权力也与常设委员会一样，因此实际上与常设委员会并无二致，能够审议法案和监督法案的执行。联合委员会主要是为研究和管理具体问题而由两院联合设立的，有常设的，但也有临时设立的。

涉及国家安全和国防政策的委员会主要是常设委员会和特别委员会，如参众两院的拨款委员会、武装力量委员会，参议院对外关系委员会和众议院国际关系委员会等，其中拨款委员会负责拨款，其他委员会负责授权。

1. 参议院对外关系委员会和众议院国际关系委员会

这是国会两个历史最为悠久的委员会。法律赋予国会的有关对外及安全政策权力，相当一部分由对外关系委员会和国际关系委员会执行。这些权力包括对外关系授权法、对外援助授权法两项重要的立法权；法律实施的监督权；人员任命和条约批准权。

对外援助授权法和对外关系授权法是国会参与对外政策决策的重要工具。依据这两类法律，总统领导的行政部门可以对国外进行

---

① 伍德逊·威尔逊：《国会政体——美国政治研究》，熊希龄等译，商务印书馆，1986，第85页。

② 詹姆斯·M. 伯恩斯：《领袖论》，刘李胜等译，中国社会科学出版社，1996，第429页。

经济和军事援助活动，可以获取海外活动专项经费，可以在实施对外活动时获得政策指导。如1990年，伊拉克入侵科威特引发海湾危机后，布什政府迅速发布行政命令，冻结美国境内所有伊拉克的资产，禁止两国间进行包括石油在内的贸易活动，禁止美国人前往伊拉克旅行。众议院也迅速行动，未经辩论，全票（416票对0票）通过了5431号决议案①。该议案除了将布什总统的行政命令制订为法律外，还授权总统禁止任何与伊拉克有贸易关系国家的商品进入美国。参议院也以全票（97票对0票）通过了318号决议案②。该法案虽未将决议制定为法律，但授权总执行美国所有法律，包括《国际紧急经济权力法》单方面制裁伊拉克；采取集体联合外交行动，对伊拉克实施国际集体制裁；若外交、经济措施失败，则应以多边军事努力维持或恢复区域安全。

法律监督权主要体现在国会对总统是否遵守《美利坚合众国宪法》《战争权力法》等具体法律的监督上。1999年的科索沃战争，虽未获得国会明确批准，也未被国会明确否决，但有部分议员向联邦法院和哥伦比亚特区上诉法院提出了关于总统未遵守《战争权力法》的诉讼。无独有偶，2011年的利比亚战争同样在国会引发了总统奥巴马是否超出授权的争论，众议院一度提出一项决议，要求奥巴马尽快结束在利比亚的行动。

人员任命批准权专门赋予参议院。根据《美利坚合众国宪法》，参议院拥有批准总统任命的大使以及很多其他对外政策高级官员的权力并对总统的选择提供建议。虽然国会很少运用这一权力对总统发难，总统也可启动休会任命程序，利用国会休假期间做出任命，但这一权力无疑是国会与总统、共和党与民主党就战争政策决策博

---

① 裘兆林主编《后冷战时期美国海外出兵案例研究》，〔台〕中研院欧美研究所，2001年12月，第124页。

② 裘兆林主编《后冷战时期美国海外出兵案例研究》，〔台〕中研院欧美研究所，2001年12月，第125页。

弈的重要筹码。如2005年，参议院认为博尔顿过于信奉单边主义且过于“鹰派”，否决其担任联合国大使的任命。

条约批准权也被赋予参议院。由于美国海外用兵对联盟战略拥有严重的依赖性，因此，条约虽然短期内难以对战争政策发生影响，但在危机出现时，就会发展为战争政策决策的重要因素。正如，基辛格在其关于越战的回忆录中谈到的东南亚条约组织对美国越南战争政策决策影响时所评论的，它虽然不能建立在确定的共同危险的标准上，也无法像北大西洋公约组织那样，建立起共同行动的机制，但能为时任国务卿的杜勒斯保卫印度支那目标提供一个合法框架和单方面保障。在当时的美国决策者看来，对老挝、柬埔寨和南越任何一方的威胁都是对东南亚条约组织成员国和平与安全的威胁。

2. 参众两院武装部队委员会

与参议院对外关系委员会和众议院国际关系委员会一样，两院的武装力量委员会也是国会最早成立的专门委员会之一。众议院于1792年，就根据《美利坚合众国宪法》设立了与军事问题有关的委员会，后来又先后创立过海军事务委员会和民兵事务委员会。参议院早在1816年就设立了军事事务委员会、民兵委员会和海军事务委员会等一系列有关军事问题的常设委员会。目前的两会武装力量委员会是根据1946年的立法机构重组，分别由参众两院的军事事务委员会和海军事务委员会合并而成的。与此同时，总统领导的行政机构也根据1947年《国会安全法》对其军事事务部门进行了调整，成立国防部，形成了府会对应的机制。

与其他委员会相比，参众两院的武装力量委员会规模比较大，结构比较稳定，成员相对固定。众议院的武装力量委员会自1975年开始每届都设有数个小组委员会和临时的特别小组委员会。它们有权制定法案，并向全体委员会通报。这些委员会主要包括军事采购小组委员会、军事设施及设备小组委员会、人事小组委员会、军事准备小组委员会和研发小组委员会。众议院武装力量委员会的决策职能是，定期召开委员会主席与小组委员会主席会议；邀请委员会成员组建非正式的调研班子，收集新的动议；举办听证会。1990年，伊拉克入侵科威特引发海湾危机后，众议院军事委员会与一些政治和军事问题有关的委员会一起举行听证会。该委员会主席阿斯平还就这一问题提出了3份报告，对行政部门面临的政策选择进行了评估。

参议院武装力量委员会于1976改革前，通常设军事准备、中央情报局、国家储备和海军石油储备等5～6个小组委员会，1976年之后，小组委员会的结构与众议院类似，根据专业功能主要设立了采购、人力资源及人事管理、军事设施和研发等小组委员会。与众议院武装力量委员会各小组委员会的政策决策功能略有不同，参议院武装力量委员会各小组委员会不承担立法职能，主要是批准授权法案，以及举办各种听证会。同样是1990年的海湾危机，参议院武装力量委员会就是否继续对伊拉克实施制裁以及是否授权行政部门使用武力问题举行听证会，要求前参谋长联席会议主席克罗（William Crowe）、前国防部长施莱辛格、前国家安全顾问基辛格作证。

3. 参众两院拨款委员会

国会被誉为政府的“钱袋子”，而国会中具体掌管“钱袋子”的是参众两院拨款委员会。《美利坚合众国宪法》第一条第九款规定：“非经法律拨款，不得从国库提取任何款项。”[①] 因此，有关战争政策的拨款由拨款委员会下设的与此有关的专门的小组委员会负责。拨款委员会的主要职能是制定拨款法案为联邦政府活动提供资金。按照政府职能部门分类，参众两院的拨款委员会设立了13个专门的小组委员会，每一个小组委员会负责一个专门的法案。除了一些临时的、紧急的“追加性”法案外，小组委员会的主要工作是制定专门的拨款法案。例如，能源和水资源拨款小组委员会提供有

① 《美国法典·宪法行政法卷》，中国社会科学出版社，1993，第17页。

关核武器活动的资金，军事建设拨款小组委员会则负责军事基地建设维护费用，国防拨款小组委员会则主要负责战争、军事演习等国防活动的费用。

（二）国会在国家安全和国防决策中的权力及其分配

根据《美利坚合众国宪法》《战争权力法》等，美国国会战争政策决策权力主要包括：宣战权；有权招募和供养陆军，但此项用途的拨款为期不超过两年；有权建立和供养海军；有权制定统辖和管理陆军和海军的规则等。①

国会两院共同分享《美利坚合众国宪法》赋予国会的基本立法权力，有权监督政府，有权就外交、国防等问题提出法案。但是为了维持两院在权力上的平衡和相互制约，防止一院专制，两院也拥有各自不同的宪法特权，如众议院拥有提出征税法案的特权，参议院的法案不得涉及征税问题，只能对众议院提出的征税法案进行审议和修正。根据惯例，综合拨款法案权也由众议院单独拥有。而参议院则拥有对外条约和总统提出的人事任免认可方面的特权，众议院只有借助于拨款权对总统外交政策和人事任免施加间接的影响。

第二节　领导与指挥系统

美国的国防领导与指挥系统由总统、国家安全委员会、国防部及其所属的参谋长联席会议和陆军、海军、空军 3 个军种部以及 9 个联合作战司令部组成。根据《美利坚合众国宪法》《美国国家安全法》《美国武装部队纲要》等法律法规，这一系统在国防部分为军政和军令两个分系统，分别对武装力量行使权力和控制。

美国的军政与军令在建国初期是统一的。当时只有陆军部，不但负责军政工作，而且也在战时承担军队指挥工作。1797 年成立了海军部。1947 年成立了空军部和参谋长联席会议。1949 年美国进

① 《美国法典·宪法行政法卷》，中国社会科学出版社，1993，第 16 页。

行了历史上最大的一次国防领导体制改革，成立了国防部，设立了参谋长联席会议主席的职位。这次改革之后，陆海军3个部成为隶属于国防部的二级部，规定国防部长代表3个部出席内阁和国家安全委员会会议，三军部长不再是内阁成员和国家安全委员会成员，由此建立了军政与军令分离、比较稳定的国防领导体制。

一　军令系统

军令系统，由总统经国防部长到作战指挥官，对隶属其司令部的部队和任务行使指挥权。

（一）国防部

国防部长对上协助总统指挥全球性大规模战争以及核战争，对下通过参谋长联席会议主席对美军实施指挥。2000年以来，先后有3人担任过美国国防部长，分别是拉姆斯菲尔德、盖茨和帕内塔，其中盖茨和帕内塔均有担任中情局局长的任职经历，充分说明了情报在现代战争决策中的重要地位。

（二）参谋长联席会议

参谋长联席会议是总统和国防部长的军事参谋机构。参谋长联席会议始于第二次世界大战。当时，罗斯福总统参照英国“参谋长委员会”成立了“美国参谋长联席会议”。1947年，美国建立了永久性的参谋长联席会议，并于1949年设立了主席的职位。1952年，海军陆战队司令被批准参加参谋长联席会议的大部分会议，1978年成为参谋长联席会议的正式成员。至此，参谋长联席会议的成员稳定下来，主要包括主席、副主席、陆军参谋长、海军作战部长、空军参谋长和海军陆战队司令。

根据《1947年美国国家安全法》，参谋长联席会议的主席没有作战指挥权，不能对作战指挥官、参谋长联席会议或者武装部队的任何部分行使军事指挥权，但国防部长可以要求各项军事命令通过参谋长联席会议主席下达给野战司令部。参谋长联席会议的主要职责是：在总统和国防部长的指挥、指导与控制下，负责对武装力量实施战略指导；制订战略计划；制订应急计划；就需求、计划和预算提供咨询；为武装部队的联合使用制定条令，为武装部队的联合训练制定政策，为协调武装部队成员的军事教育与训练制定政策等。

根据规定，参谋长联席会议主席的任命选拔条件是担任过参谋长联席会议副主席、陆军参谋长、海军作战部长、空军参谋长或海军陆战队司令或联合或特种作战司令部司令。譬如，2007 年被小布什总统任命为参谋长联席会议主席的马伦海军上将，履职之前是海军作战部长。其继任者邓普西陆军上将，任职之前是陆军参谋长。

（三）联合作战司令部

联合作战司令部分为区域性司令部和职能性司令部。21 世纪之初，美国的联合作战司令部形成了 6 个战区司令部、4 个职能性司令部的格局。职能司令部主要负责相关职能领域内的作战指挥，其职能不受地域限制，主要包括特种作战司令部、战略司令部、运输司令部和联合部队司令部（已撤销）。战区司令部将在战略部署一章中介绍。

1. 特种作战司令部

1987 年 4 月 16 日成立。司令部驻佛罗里达州麦克迪尔空军基地。其任务是对美国本土的所有特种作战部队实施作战指挥，包括派遣特种作战部队快速增援其他联合司令部，制定和执行特种作战战略、原则和战术，实施特种作战训练，制定特种作战规划、计划和预算，管理和协调特种作战情报支援等；负责特种作战部队人员晋升和任命；研制和采办特种部队专用装备。21 世纪初的两场战争，无论是阿富汗战争，还是伊拉克战争，特种作战均在其中大显威力。

2. 战略司令部

2002 年 10 月 1 日由原航天司令部与战略司令部合并而成。司令部驻内布拉斯加州奥弗特空军基地。主要职责是指挥和控制美战略核力量、进行空间作战和计算机网络作战，负责战略预警和远程常规打击以及制订联合战略作战计划等。2010 年 5 月，美军正式组

建网络空间司令部，隶属于战略司令部，负责指挥陆军网络司令部、海军舰队网络司令部和空军第 24 航空队，是美军负责网络安全和网络战的最高指挥机构。

3. 运输司令部

1987 年 10 月 1 日正式成立。司令部驻伊利诺伊州斯科特空军基地。平时主要职责是管理各军种的运输需求和运输活动；战时统一指挥和调度各军种的运输系统和运输工具，以支援担负作战任务的战区总部。服务对象包括参谋长联席会议、各联合作战司令部、国务院、各军种、国防后勤局、联邦机构（如中央情报局、联邦紧急状态管理局）、联合国和北约组织等。2003 年，该司令部被指定为国防配送进程的管理者，负责对美军整个战略配送体系提供指导与监督，还管理与补给链相关的信息技术系统，并有权设立一个合同机构获取商业运输服务。至 2010 年，该司令部的管理资产已超过 520 亿美元，其中拥有舰船 87 艘，飞机 1269 架，火车车厢 2150 节，此外还管理 1001 架民用后备役飞机和 360 艘商船。

4. 联合部队司令部（已撤销）

1999 年 10 月 1 日正式成立，前身是大西洋总部。成立之初既是战区总部又是职能司令部。2002 年 10 月 1 日，美军将其改编为单一职能的联合作战司令部。其主要职责：负责军队转型工作，包括试验、改进协同作战能力、审议和制定联合作战条例、培训联合作战部队、协调联合模拟训练；为其他联合作战司令部提供联合部队等。司令部设在美国本土弗吉尼亚州诺福克，司令同时兼任北约盟军转型司令部司令。

2010 年 8 月，时任国防部长的盖茨在《国防部效率决议》中提出，伊拉克和阿富汗的作战行动表明，美军的联合作战能力已得到极大的增强，美军对该司令部的需求已大大降低，无需再继续保留一个四星级的作战司令部，而撤销该司令部可为国防部每年至少节省 2.4 亿美元的运行费用。2011 年 1 月 6 日，美国总统奥巴马签署备忘录，同意国防部长盖茨和参谋长联席会议主席马伦上将提出的撤销联合部队司令部的提议，从而为该司令部的最终撤销扫清了障碍。

（四）军种司令部和地区司令部

战区司令部下辖陆军、海军（海军陆战队）、空军等军种司令部和驻地司令部。如太平洋司令部下辖有太平洋司令部空军司令部、太平洋司令部陆军司令部、太平洋舰队司令部、太平洋司令部陆战队部队司令部等军种司令部和驻韩美军司令部、驻日美军司令部等2个地区司令部。

二　军政系统

军政系统由总统经国防部长到陆军部、空军部、海军作战部、海军陆战队司令部等军种部部长，对分配给作战司令部的部队实行作战指挥以外的其他权力和控制，包括征兵，机构组建，补给，装备（包括研究与发展），训练，勤务，动员，复员退伍，行政管理（包括人员的士气和福利），部队维系，军事装备的生产、配备和维修，建筑物、设施和公用设备的建造、保养与维修等工作。

（一）陆军部

陆军部是陆军部长领导下的独立机构，在国防部长的授权、指导和控制下进行工作。陆军部设陆军部长1人，由1名文职人员担任。陆军部设陆军参谋部，协助陆军部长履行职责。陆军参谋长是陆军最高军事首长，在任该职期间拥有上将军衔，同时保留其正式衔级。2003年，陆军加快了部队转型节奏，打破了以师为基本作战单位的部队结构，积极打造组织更灵活、作战能力更强的旅级“模块化”部队。为了与模块化部队转型相适应，2006年6月6日，美国陆军部公布了陆军总部机构改组方案，取消了陆军一级司令部，取而代之的是3个陆军司令部（陆军部队司令部、陆军装备司令部和陆军训练与条令司令部）、9个陆军军种司令部（太平洋总部陆军司令部、欧洲总部陆军司令部、中央总部陆军司令部、北方总部陆军司令部、南方总部陆军司令部、非洲总部陆军司令部、陆军航天与导弹防御司令部、陆军地面部署与分发司令部、陆军特种作战司令部和第 8 集团军）和 11 个直属单位（陆军网络企业技术司令部、陆军医疗司令部、陆军情报与保安司令部、陆军刑事调查司令部、陆军工程兵司令部、华盛顿军区、陆军测试与评估司令部、西点军校、陆军预备役司令部、陆军采办支援司令部、陆军设施管理局）。

（二）海军部

海军部是海军部长领导下的独立机构，在国防部长的授权、指导和控制下工作。海军部设海军部长 1 人，由 1 名文职人员担任。海军部设海军作战部，协助海军部长履行其职责。海军作战部部长由拥有海军少将或以上军衔的现役海军军官担任，任职期间拥有海军上将军衔，同时不解除其正式军衔，是海军最高军事首长。此外海军部还设海军陆战队司令部。海军陆战队司令部设司令 1 人，任职期间拥有上将军衔。同陆军一样，海军着眼建设信息化军队的需要，对海军作战部的机构设置进行了调整。2006 年 1 月，美国海军建立了海军远征作战司令部，职能包括海上安全防护、江河作战、潜水与打捞、爆炸物处理、后勤支援以及工程建设等。2006 年 10 月，美国海军成立了新的水雷和反潜战司令部，将水雷战与反潜战这两个相似的领域联合起来。

（三）空军部

空军部是空军部长领导下的独立机构，在国防部长的授权、指导和控制下工作。空军部设部长 1 人，由总统经参议院咨询和同意后任命 1 名文职人员担任。空军部设空军参谋部，协助空军部长履行职责。空军参谋长在任职期间拥有上将军衔，是空军最高军事首长。2006 年，美国空军为了提高与各联合司令部及其他军种的联合作战和通信联络能力，依照参联会、陆军和海军的组织机构形式，改进其所辖参谋机构的体制编制。美空军参谋部、各大司令部和作战指挥部的参谋部门按“A1 – A9”模式将参谋机构划分为人力人事、情报、航空航天与信息战、后勤、计划与需求、通信、军事设施与任务支援、战略计划与项目、分析评估与经验获取等 9 大部门。

第三节 主要特点

国家安全领导与武装力量指挥体制受国家政治体制的制约，体现的是国家的安全挑战与利益需求。进入21世纪，美国虽然保持其世界上唯一超级大国的地位，但是在国家安全面临恐怖主义威胁，军队需要进行信息化转型的情况下，其国家安全领导与武装力量指挥体制在传统体制的基础上进入新一轮调整期，呈现许多新特点。

一 稳中求变，灵活调整

自建国以后，美国逐步形成了比较稳定的国家安全领导和武装力量指挥体制，较好地满足了运用军事力量维护国家安全、拓展国家利益的需要。进入21世纪，这一体制面临着巨大的挑战。首先，地理不再是美国维护其本土安全的重要屏障，“9·11”事件使美国本土遭受了大规模袭击，本土安全首次成为美国领导者不得不考虑的重要问题。其次，随着国际政治、经济、文化的不断发展，美国的国家利益也发生了重大变化，传统的“热点”地区，如欧洲逐渐趋冷，一些资源丰富的欠发达地区，如非洲进入领导者的视野，成为利益争夺的焦点。最后，随着信息化技术在军事领域的不断运用，在信息化转型的过程中，如何有效地化解风险，必须在组织体制上得到有效保障。

基于以上考虑，21世纪初，美国对其国家安全领导和军队指挥体系进行了调整。在国家安全领域，美国成立了国土安全部和国家情报总监办公室，有效地承担起打击恐怖主义、维护国家安全的职责；在军队指挥体制方面，美军也进行了大刀阔斧的改革，频率之快，动作之大，创历史之最。

第一轮调整是将美军联合司令部由9个调整为10个。2002年4月17日。美国国防部长拉姆斯菲尔德和参谋长联席会议主席迈尔斯公布了《联合司令部计划》，将美军9个联合司令部调整为10

个。主要是将原来的联合部队司令部由区域性司令部调整为职能性司令部，使得美军的职能性司令部在原有的航天司令部、战略司令部、运输司令部和特种作战司令部4个基础上增加为5个。同时，为适应本土反恐的需要，增设北方司令部，与太平洋司令部、欧洲司令部、南部司令部、中央司令部同为区域性司令部。

第二轮调整是将战略司令部与航天司令部合并成新的战略司令部。此前的战略司令部和航天司令部都负责全球作战任务，而且两者之间在执行各自任务时相互依赖，职能也有重叠。如战略司令部在执行核打击任务时，需要航天司令部提供准确的目标信息；而航天司令部负责全球网络攻击的任务，也是战略司令部的任务之一。两个司令部合并后，不仅削减了人员，减少了机构重叠，而且提高了联合作战能力。

第三轮调整是成立了非洲司令部。为加强美国对非洲地区的管控，特别是对该地区自然资源的控制，同时也为防止该地区成为恐怖分子活动的温床，2007年10月1日，美国成立了第6个区域性司令部。

从美国国家安全领导和军队指挥体制的调整情况看，需求是其基本动力，灵活是其主要标准，战略层次调整是其主要对象。为适应国家安全环境不断变化的需要，美国建立了定期评估的制度，如美国国防部至少每两年修订一次《联合司令部计划》，根据战略环境的变化和国会的指示，调整各联合作战司令部责任区域。在发现问题的同时，美国决策者还不囿于政治体制和法律的约束，敢于调整、积极调整，表现出了较强的灵活性。另外从调整对象看，主要集中在顶层，如情报界依然保持16个机构的规模但在16个机构之上设立了情报总监办公室这一管“总”的机构。这在一定程度上能够防止体制调整影响国家和军队情报活动的执行力。

二 集中领导，统一行动

统一行动是为达成国家目标的一致行动。战略级的一致行动主要是针对政府各行政部门及其内部机构，借助美国国家安全领导机构和军事指挥体系，将政府和非政府实体的活动与军事行动进行同步协调和整合来实现的。战役级的一致行动主要是各军种力量、军事力量与非军事力量以及各国武装力量之间的联合行动。

实施集中领导，进行统一行动，一方面缘于美国政策决策者认为，“美国及其盟友和伙伴面临全方位挑战，包括跨国暴力极端组织，拥有大规模杀伤性武器的敌对国家，正在崛起的地区强国，不断涌现的空间和网络威胁，自然灾害和流行疾病以及日益加剧的资源竞争”，[①] 这些都是有可能对美国安全产生影响的威胁；另一方面缘于战争越来越需要经济、金融、能源等非军事领域的斗争保障战争政策的实施和成功。他们认为“21 世纪的战争将日益要求运用国家力量的所有要素——经济、外交、金融、执法、情报以及公开和秘密的军事行动”。[②] 美国必须利用和整合国家各方力量，使战争胜利所依赖的军事、法律、政治和金融等工具发挥出综合效益。

进入 21 世纪，美国的国家安全领导和军事指挥体系进入了新一轮“集权”期。新成立的国土安全部，承担起统一领导美国本土安全、组织实施美国本土反恐的职责；新成立的国家情报总监办公室，把事关国家安全的 16 个情报机构整合在一起，能够有效填补情报空白区，防止恐怖分子利用情报漏洞实施恐怖行动；改编而成的北方司令部，虽然在平时不掌握一兵一卒，但根据情况需要，具有指挥各种军事力量的权力。

三　降低体制风险，谋求转型效益

体制风险是指与新型的指挥、管理和日常运作有关的风险。美军高层认为，若对体制风险置之不理，经过一段时间有可能带来部

---

① 美国国防部：《国家防务战略报告》，2008 年 8 月 1 日。

② 《美国国防部长致总统和国会的年度报告》，2002 年 8 月 15 日。

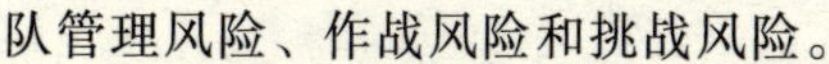

队管理风险、作战风险和挑战风险。

体制风险是美国调整国家安全领导与武装力量指挥体制时始终关注的焦点问题。正如美国国防部2008年8月1日在其《国家防务战略报告》中所指出的，“自2001年以来，国防部成立了新的司令部，将航天司令部和战略司令部合并成新的战略司令部，设立了北方司令部和非洲司令部，并建立了新的管理结构，使国防部成为一个复杂的机构。但我们必须防止这种日益复杂的机构出现日益滋生臃肿、条块分割或过度官僚的决策过程等现象”。

为了有效地避免体制风险，美国在体制调整的过程中采取了几项比较有效的措施。措施一，用其所长，归口管理。如为了提高美军的空间使用能力，2002年美国国防部根据“美国国家安全空间管理与机构评估委员会”的建议，将空间任务划归空军部副部长负责，适应空间管理的专业特色，主动“放权”。措施二，有效评估，先论证后实施。在进行体制调整的过程中，美国国家安全领导机构与武装力量指挥机构，成立了一系列评估委员会，这些委员会不受编制和利益的束缚，能够就调整的可行性提出合理化建议。如为了提高国防部业务管理水平，国防部长设立了“国防部高级执行委员会”，指导国防部渡过具有挑战性的变革期；此外，国防部还成立了“运营倡议委员会”，研究节约开支和提高效率问题；设立了“防务管理模式实施委员会”，以在国防部进行管理模式改革的过程中吸取外部经验等。

措施三，采用商业运作模式，提高管理效率。积极借鉴非军事现代管理方法和模式是降低体制风险的重要思路。适应现代商业运作机构精简、效率明显的特点，美军在其武装力量系统，尤其是军政系统中大量应用商业运作方法和技巧，以获取企业解决问题的方法和相应效率。如美国陆军部通过对秘书处和陆军参谋部进行重组，以求建立一个决策力和协同力更强、人力和投资效率更高、机构设置更加高效的军种领导机构。

第三章
战略部署

美军认为："部署是一定区域内指挥要素的分布（Distribution of the elements of a command within an area）。通常包括每个司令部及其下属部队的确切配置。"① 战略部署是为了达成战略目标和实现战略步骤而对各种力量所作的编组、配置与任务区分。正确的战略部署能够构成有利的战略态势，是保证战略行动顺利实施并取得成功的基本条件。正所谓战贵用谋，谋贵用势。

第一节　相关概念

与全球战略部署相关的重要概念还有联合作战司令部、战区司令部、军种司令部、军事基地等。美国现有 9 大联合作战司令部和陆海空三大军种司令部，两者属平级单位，均直接归国防部领导。其中，联合作战司令部又分为 6 大战区司令部和 3 大功能司令部。战区司令部的主要职责是制定战区战略和作战计划；组织指挥联合作战行动和联合演训；协调战区政治、外交和军事安全事务。军种司令部主要负责平时的行政管理、军事训练、拟定作战和动员计划、制定装备发展计划和各种条令条例，战时负责向各联合司令部提供作战部队。

① Department of Defense Dictionary of Military and Associated Terms, As Amended Through 23 March 2004, JP 1－02, page 163.

军种司令部主要负责各军种的建设和管理，而战区司令部则负责战区内部队的部署与运用。战区司令部受参谋长联席会议领导，参谋长联席会主要成员包括军种司令部的参谋长，由此形成军种司令部与战区司令部互补互制的协调机制。美军基地体系可分为军事基地和军事设施两大类。军事基地一般是多项设施的综合体，如设施和功能齐全的海军军港、空军机场和大型陆军兵营等；军事设施则是美军基地体系的基本单位，通常履行单一职责，如通信中心、雷达站或仓库等。

可以说，战区司令部是美国军事部署的人事依托，美军基地则是美军军事部署的物质依托，两者是相互结合的。分析美国全球军事部署，应该以战区司令部为纲，以军事基地为目，这样才能抓住美国军事部署的特点。

第二节 基地分布

美军基地体系分为军事基地和军事设施两大类。军事基地一般是多项设施的综合体，如设施和功能齐全的海军军港、空军机场和大型陆军兵营等；军事设施则是美军基地体系的基本单位，通常履行单一职责，如通信中心、雷达站或仓库等。美军基地建设和布局以本土基地为核心，以海外基地为前沿，点线结合，多层次配置；既注重控制战略要点和扼守海上咽喉要道，也注重发挥前沿基地、战略运输沿线和停泊基地的作用。

美军庞大的军事基地体系，始建于第二次世界大战，发展于冷战时期。冷战结束后，俄罗斯关闭了几乎所有苏联时期的海外基地，但美国海外军事基地却完整地保留了下来，而且基地体系更加完善，功能也更加齐全。目前，美军事基地遍及美本土 50 个州和全球 38 个国家，已成为美维护全球战略利益、推行全球战略的重要支撑。按照美国国防部公布的 2010 财年基地情况，美军现在本土和海外共有各类型基地设施 4999 个（含美本土国有后备役基地设施）。其中，大型基地134个，中型基地118个，小型基地及一般设施共4747个。美国本土和领地的基地设施共4337个，其中陆军1691个，海军984个（含陆战队112个），空军1530个，华盛顿地区132个；在海外38个国家的基地设施共662个（其中大型基地20个、中型基地12个、小型基地及一般设施630个），其中陆军276个，海军141个（含陆战队25个），空军245个。

一　亚太基地群

美军在亚太地区（含关岛等领地、夏威夷州及阿拉斯加州）共有基地设施500余处，分布区域东起阿拉斯加至夏威夷一线，西至印度洋海域。从整体布局看，这些基地设施相对集中在日本、韩国、关岛、夏威夷和阿拉斯加五个地区。其中，日本地区占115处，韩国86处，关岛41处，夏威夷113处，阿拉斯加162处。

美军在亚太地区的基地大体上呈五个区域群的格局配置。一是以驻日、韩基地为中心的东北亚基地群；二是以关岛为中心包括马里亚纳、加罗林和马绍尔群岛以及澳大利亚、新西兰基地在内的西南太平洋基地群；三是以新加坡基地为中心包括在东南亚地区可使用基地在内的东南亚基地群；四是以夏威夷为中心包括少数本土基地在内的夏威夷基地群；五是包括阿拉斯加和阿留申群岛在内的阿拉斯加基地群。

东北亚基地群。东北亚基地群由设在日本（含冲绳岛）和韩国的基地和设施组成。它控制着宗谷、津轻、对马三个海峡，是“岛屿锁链”的首要环节。既可支援朝鲜半岛上的陆地作战，又能支援西北太平洋的海上作战。横须贺、厚木、佐世保、岩国、冲绳岛上的普天间和巴特勒、横田、嘉手纳等，是美驻日本的大型军事基地和设施所在地；乌山、龙山、群山等是美军驻韩国的主要军事基地和设施所在地。

西南太平洋基地群。西南太平洋基地群由关岛上的基地和设施组成，是太平洋美军第二线基地的北翼。主要基地和设施包括安德森空军基地、阿加尼亚海军航空站等。

东南亚基地群。澳大利亚、新西兰基地主要由驻澳大利亚和新西兰的通信和情报部队使用，用于监视和侦察俄罗斯和中国的核试验及空军活动。

夏威夷群岛基地群。夏威夷群岛基地群由夏威夷群岛和中途岛上的军事基地和设施组成，是连接美国本土和西太平洋各基地群的纽带，是美军太平洋战区的指挥中枢和战区战略预备队的配置地域，是太平洋中航线和南航线的海空运输总枢纽。主要的军事基地和设施有珍珠港、史密斯兵营等。

阿拉斯加基地群。阿拉斯加基地群由美在阿拉斯加和阿留申群岛上的基地和设施组成。由于地理位置特殊，隔白令海峡与俄罗斯相望，因此，阿拉斯加基地群成了美军对俄进行战略侦察、预警和本土防空的前哨基地，也是美国 NMD 和 TMD 部署的重要前沿。美军基地和设施主要部署在埃尔门多夫、埃尔森等地区。

二　欧洲基地群

欧洲是美军在海外拥有军事基地和设施最多的一个地区。美军在欧洲有 414 处军事基地，主要含德国 218 处、英国 43 处、意大利 68 处、葡萄牙 21 处、比利时 18 处、土耳其 17 处。近年来，美军继续稳步削减在德、英、意等国的军事基地和设施数量，先后关闭了 130 多处军事基地。此外，美还加大了在东欧国家部署军事基地的速度，开始在捷克、波兰等国建立新的反导基地，同时还与罗马尼亚、保加利亚联合组建了东欧特遣部队，并筹划在罗、保两国建立新的“前沿作战基地”。

一是中欧基地群。中欧基地群由设在德国、比利时和荷兰的基地与设施组成。它们扼守着欧洲的心脏地带，维护其对东欧各国“和平演变”的成果，是应对那些地区冲突的重要前沿基地。该基地群主要分布在德国，斯图加特、海德尔贝格、威尔茨堡和拉姆施泰因等都是美军大型基地。另外，美在荷兰有苏斯特保空军基地，在比利时有希埃夫雷斯空军基地。

二是南欧基地群。南欧基地群由设在意大利和希腊的基地和设施组成，可控制黑海出海口和东地中海地区，是驻欧美军的南翼。意大利的加埃塔、那不勒斯和维琴察及希腊的苏达湾都是美军在该地区的主要基地。

三是西欧基地群。西欧基地群由设在英国、冰岛、西班牙、葡萄牙和亚速尔群岛上的基地和设施组成。这个基地群可以扼守大西洋通往北海和地中海的一些重要航道和海峡，既可以支援中欧、地中海和中东地区，又可作为增援欧洲、近东和非洲的中转基地。英国的米尔登霍尔、伦敦，西班牙的罗塔，冰岛的凯夫拉维克等都是美军在这一地区的重要基地。

三 中东、印度洋和东北非基地群

中东、印度洋与东北非基地群由设在土耳其、中亚、阿富汗、巴基斯坦、沙特阿拉伯、巴林、阿曼、埃及和肯尼亚的基地和设施组成。美军在中东有 16 处军事基地，其中巴林 8 处、也门 4 处、阿联酋 2 处、卡塔尔 1 处、科威特 1 处。除此之外，目前驻伊、驻阿美军还在伊拉克、阿富汗境内有数十处军事基地及设施。美军在非洲有 6 处军事基地，其中埃及 2 处、肯尼亚 2 处、英属圣赫勒拿 1 处、吉布提 1 处。在土耳其的因吉尔利克、安卡拉和伊兹米尔，阿富汗的巴格拉姆、坎大哈、霍斯特，巴基斯坦的达尔班丁、贾科巴巴德、帕斯尼和白沙瓦，塔吉克斯坦的杜尚别，乌兹别克斯坦的奇尔奇克，吉尔吉斯斯坦的玛纳斯，沙特阿拉伯的宰赫兰，以及迪戈加西亚岛等，都设有美国的军事基地和设施。它们地跨欧、亚、非三洲，控制着黑海、东地中海、红海和波斯湾的通道，既可支援东地中海和印度洋的海上作战，又可控制中东石油资源，楔入俄罗斯的腹地和中部、西部边疆，支援中东和非洲的陆上战场。此外，巴林的麦纳麦是美中央司令部海军司令部和第 5 舰队总部所在地。

四 美国本土基地群

美国本土基地群是海外各战区作战的依托，也是配置战略核突击部队和战略预备队的进攻出发地。一是格陵兰、加拿大基地群。美在这一地区的基地和设施多为空军的支援基地和远程雷达站，与阿拉斯加的预警雷达站一起，构成了北美预警系统，是美国导弹防御系统的重要组成部分。美在格陵兰岛上的图勒空军基地是洲际弹道导弹预警站；加拿大阿真吉是美国的海军基地；百慕大海军航空站是美国支援欧洲的空运中继站，也是大西洋舰队反潜作战的前哨基地。二是巴拿马、加勒比海基地群。美在拉丁美洲的基地和设施主要集中在巴拿马、古巴和波多黎各等地。它们扼守着大西洋通往太平洋的要冲——巴拿马运河，控制着整个加勒比海地区，是美本土安全防御的南部屏障。

第三节 战区划分

美国将全球划分为六大战区，并分别组建了相关的战区司令部，配属了适当的兵力和装备。这些战区既相互独立，分担不同的防务任务，又通过相关职能司令部进行跨区协作，共同完成全球范围的防务任务。

一 太平洋战区

太平洋战区司令部成立于1947年1月，是美军成立历史最长、规模最大的联合司令部。司令部驻夏威夷瓦胡岛史密斯兵营。1983年10月11日，太平洋司令部改称美国太平洋司令部，其指挥官对外称“美国太平洋司令部总司令”。2002年10月起，美国太平洋司令部总司令改称美国太平洋司令部司令。辖区东至美洲西海岸、西至非洲东海岸（巴基斯坦以南至迪戈加西亚、迪戈加西亚以西至肯尼亚南部海岸海域除外）、北至北极、南至南极的广大海域和部分陆地，辖区范围约1.69亿平方公里，包括36个国家和地区，辖区人口约占世界总人口的60%。太平洋司令部司令一直是海军与空军争夺的焦点。由于太平洋司令部管辖的海上力量强，辖区海洋面积大，最近连续几任司令均是海军上将。

太平洋战区的主要职责：对太平洋地区美军实施作战指挥；执行与日本、韩国、泰国、菲律宾和澳大利亚之间的安全协定；维持与东南亚国家联盟成员国之间的双边关系；负责管理其辖区范围内的所有安全援助计划；协助欧洲战区处理美军与俄在远东的安全合作事务；承担对突发事件进行快速反应及与该地区各国进行安全合作的任务等。

太平洋地区（不含美本土西海岸，但包括夏威夷和阿拉斯加）总兵力13.6万人。西太平洋地区（通常指关岛及其以西地区，不含夏威夷和阿拉斯加）总兵力7.4万人。其中，驻日美军3.5万人，驻韩美军2.5万人，驻关岛美军为3000人，驻夏威夷为4万人，阿拉斯加总兵力2.1万人。除常驻的52艘舰艇外，美海军通常从本土向该地区派舰艇轮换执勤，使亚太地区海上舰艇长期保持在80艘左右，其中西太平洋地区60艘左右。

二　欧洲战区

1952年8月1日正式成立，司令部驻德国斯图加特。欧洲战区责任区北起挪威的北角，经波罗的海、地中海、欧洲大部分地区、中东部分地区，直至南非的好望角。其海上部分为欧洲和非洲西北部毗连的大西洋水域，西经30度以东，北纬23度30分以南的大西洋，以及东经42度以西，北纬5度以南的印度洋。该责任区面积3367万平方公里。辖区覆盖91个国家，包括俄罗斯西部边界以西的欧洲国家，高加索和西亚地区的格鲁吉亚、亚美尼亚、阿塞拜疆、土耳其，中东地区的以色列、黎巴内、叙利亚，以及除埃及和非洲之角6国以外的非洲国家。欧洲战区的“关注区”有7个国家：非洲的西撒哈拉，欧洲的俄罗斯，中亚的哈萨克斯坦，吉尔吉斯斯坦，塔吉克斯坦，土库曼斯坦，乌兹别克斯坦。

欧洲战区的任务是维护美国在辖区内的利益；对驻欧洲战区所有美国部队实施作战指挥；在常规作战和核作战中支援北约集团；在支援美国的目标方面，进行危机处理和应急作战，如向盟国提供人道主义援助和撤退驻在该地区的美国非战斗人员，协调军事情报活动，以及监督和实施安全援助计划；战时，其战斗和战斗支援部队调拨给北约盟军作战司令部，而部队的行政控制仍归美欧洲战区。欧洲战区还保留保管该辖区内核武器的责任；负责通过欧洲美空军司令部对战区空运实施作战控制，并在必要时对战术战斗机和侦察机部队实施作战控制。

欧洲战区由联合参谋部、军种司令部、下属联合司令部组成。联合参谋部设参谋长 1 名，副参谋长 1 名，助理参谋长 8 名。军种司令部有驻欧陆军司令部/第 7 集团军，司令为上将，驻德国梅德堡，下辖第 5 军和南欧特遣部队；驻欧海军司令部，司令为上将，驻英国伦敦，下辖第 6 舰队；驻欧陆战队部队司令部，司令为中将，驻德国柏林格，由大西洋陆战队部队司令兼任，有 1 个舰队反恐怖支援小组；驻欧空军司令部，司令为上将，驻德国拉姆施泰因，下辖第 3 和第 16 航空队。欧洲战区下属的联合司令部 1 个，即驻欧特种作战司令部，司令为准将，驻德国斯图加特。美军欧洲战区还是北大西洋公约组织欧洲盟军司令部所辖的二级司令部。

美军在欧洲共驻军约 8.6 万人。其中，陆军 4.4 万人，海军 1.1 万人，空军 3.1 万人。驻德国美军为 5.5 万人，驻英国兵力 9400 人，驻意大利 9600 人。常驻舰艇 1 艘，辖区内通常保持各类执勤舰艇 20 艘。

三 北方战区

“9·11”事件后，美国防部为加强对国土安全的领导指挥，于 2002 年 4 月 17 日公布了 2002 年《联合司令部计划》，宣布成立北方战区司令部，接管联合部队司令部的美本土陆、海、空领域的防御任务。2002 年 10 月 1 日，北方战区正式成立。司令部位于科罗拉多州的彼得森空军基地。北方战区辖美国本土、阿拉斯加、加拿大、墨西哥、加勒比海部分地区和美大西洋、太平洋沿岸约 1000 公里以内海域。北方战区负责统一指挥辖区内的国土安全行动，领导在美本土执行作战任务的部队，并统一管理美军同政府执法部门的合作及各种民事支援行动，如救灾、禁毒等。北方战区司令同时兼任北美航空航天防御司令部司令。目前，北方战区司令部编有几百名官兵和美国政府的部分联络官员，在发生恐怖袭击或外敌入侵的情况下，全美所有武装力量都将在其控制之下。

美军驻美国东海岸 1.97 万人，百慕大 800 人、古巴 2255 人（其中关塔那摩 2190 人）、冰岛 1758 人、亚速尔群岛（葡）970 人、英国 1220 人、大西洋舰队 10.8 万人（另有文职人员 1.7 万人，司令部驻福罗里达州诺福克）。

四　南方战区

南方战区司令部成立于 1963 年，前身是："加勒比防御司令部"和"加勒比司令部"，驻佛罗里达州迈阿密，辖区包括中美洲和南美洲（墨西哥除外），中、南美洲周边海域，加勒比海及其 12 个岛国以及欧洲领地，墨西哥湾，大西洋一部，太平洋一部。面积 3760 万平方公里。墨西哥不在南方战区的辖区范围内，但属于其"关注范围"。其任务是对南美洲、中美洲的美国部队实施作战指挥；保卫美国在巴拿马运河区的利益，执行参谋长联席会议制订的其他应急计划；保卫美国南部通道，支援美洲国家间的联合训练演习、搜救与救援任务以及救灾和撤退任务；援助南美洲国家军队对付暴乱、恐怖主义活动和毒品交易。

目前美军在中南美洲兵力约 4300 人，主要部署在古巴关塔那摩和中南美洲部分国家。

五　中央战区

中央战区于 1983 年 1 月 1 日在"快速部署联合特遣部队"的

基础上组建而成，司令部设在佛罗里达州麦克迪尔空军基地。中央战区是目前美国六大战区中，辖区战略地位最重要、面积最小的司令部。辖区覆盖阿富汗、巴林、埃及、伊朗、伊拉克、约旦、哈萨克斯坦、科威特、吉尔吉斯斯坦、阿曼、巴基斯坦、卡塔尔、沙特阿拉伯、塔吉克斯坦、土库曼斯坦、阿拉伯联合酋长国、乌兹别克斯坦、也门共18个国家，以及波斯湾、阿拉伯海、红海、印度洋东北部海域。

“9·11”事件后，美将属欧洲战区辖区的里海和外高加索地区的反恐行动也交由中央战区负责。其任务是保持美在中亚、南亚和中东的军事存在；制订作战计划，完善指挥通信，管理维护预置装备，为危机发生时美大部队进驻提供保障；执行反恐作战任务，打击“基地”组织等伊斯兰极端组织；保持对两伊的遏制，确保美及西方国家的能源供应畅通无阻，包括保护该地区进口和出口航运，苏伊士运河和曼德海峡以及霍尔木兹海峡等国际水路；对辖区内国家的安全援助计划实施控制；其部队在战时还可配属给北大西洋公约组织。“9·11”事件后，美军发动的阿富汗战争和伊拉克战争均由中央战区指挥。

中央战区约17.766万人，其中驻阿富汗11.1万人、巴林约3000人、吉布提约1000人、伊拉克5万人、科威特2.525万人、阿曼270人、巴基斯坦约400人、卡塔尔约6540人、沙特阿拉伯约300人、阿拉伯联合酋长国1300人，另有第5舰队的约14艘舰艇。

六　非洲战区

非洲战区于2007年10月1日成立。2008年12月颁布的《联合司令部计划》确定了非洲战区的法定地位，并明确了非洲战区的辖区与任务。辖区包括除埃及外的整个非洲大陆及附近岛屿和印度洋、大西洋部分海域。其任务是与非洲国家及地区组织建立协作伙伴关系；协助其他政府机构在非洲地区实施安全政策；进行军事交流、训练演习等战区安全合作活动；提升战区伙伴国家的反恐能力；加强人道主义援助、灾难救援及反应能力；支援美国驻非洲的组织；实施军事作战行动。司令部暂驻德国斯图加特。

虽然美国对非洲战区寄予厚望，但非洲战区的发展仍面临诸多问题。一是军地合作不畅。由于军事机构与地方部门因计划程序和权限不同，造成军地部门间的矛盾。二是非洲战区自身能力不足。非洲战区尚不具备跨部门协调能力，军事参谋人员缺编，将地方人员融入指挥和参谋体制尚存在困难，因此未具备综合作战能力。三是预算资金难以确定。美至今仍未就战区正式驻地与非洲国家达成协议，故非洲战区的预算资金难以确定和落实。四是非洲国家尚存疑虑。非洲国家普遍担心非洲战区的进驻会成为美干涉非洲国家内政的工具，因此对非洲战区进驻大多持消极态度。

目前，美国仅在吉布提驻有大约800名美军。美国政府正谋求在北非的阿拉伯国家和撒哈拉沙漠以南地区国家驻军。为在非洲地区部署军队，美军准备采取如下措施：加强与摩洛哥和突尼斯等盟国的军事联系；获得长期使用马里和阿尔及利亚等国的军事基地的权利；与塞内加尔和乌干达签署空中加油协议；让驻扎在欧洲的部队能够更加频繁地到非洲的军营和机场轮换。

第四节　主要特点

美国是唯一在全球进行战略部署的国家，这服务于其全球称霸的战略目标。将有限的军事力量进行最优化部署需要遵循一系列战略部署原则。冷战以来，美国在这方面开展了大量的理论和实践工作，摸索出了一套全球战略部署的原则，并将它们运用于实践之中。

一　全球覆盖

美国进行全球战略部署肇始于二战之后，发展于冷战时期。冷战结束后，美国借俄罗斯实力收缩之机，将军事部署推向全球，妄图实现“全球覆盖、全球到达”的战略目标。美国在全球建立了6个战区司令部，控制着世界上的主要地区。美国也拥有全球性的军事基地。据美国国防部2011年发布的美军基地结构年度报告显示，美国的海外基地总数达770处，遍及六大洲（除南极洲外）、四大洋，辐射全球数十个国家。①

一是海军的全球覆盖战略。2007年，美国海军公布了名为“21世纪海上力量合作战略”的海上战略，着重强调利用“全球分布的、按任务编成的”，具有“致命性、全球到达、速度、持久性、清除通道障碍的能力以及作战灵活性”的海上部队。美海军于2010年5月公布了《2010年海上力量作战构想》，推出新的海军战略。新战略注重同时推进“前沿集中部署”与“全球分散行动”，明确提出海上力量应具备“海上控制、力量投送”等6种核心能力。

二是空军的全球覆盖战略。1990年6月，时任美空军部长的赖斯发表《全球范围——全球力量》白皮书，首次提出“全球到达、全球力量”的空军发展战略。2000年5月，美空军正式确立“全球警戒、全球力量、全球到达”的空军军种战略。“全球警戒”是指能够在全球范围内及时发现威胁美国安全的危机因素并施以威慑；“全球力量”是指在全球各地发生的任何冲突中美空军都占有绝对优势并赢得胜利；“全球到达”是指通过力量投送使美空军有能力抵达全球各地并遏制危机的发展。2008年，美国空军还成立了全球打击司令部，增强覆盖全球的核威慑能力。

三是不断发展的支持远征能力。为支援海外军事力量，美军非常强调全球快速反应能力和兵力投送能力。正如美军所言，“平衡全球战略风险需要一支能对全球紧急状况做出反应、行动快速、适应性强的联合部队……尽管我们不能精确指出下一场危机将在哪里

① DOD, Base Structure Report (BSR), 2011.

爆发，但是人道主义救援和灾难援助等紧急行动强化了对维持全球力量的需求”。目前，美军共有陆军4个师、空军20个中队、海军3个航母编队及1个陆战远征部队，构成美军的应急反应力量。这些部队可在危机突发时对海外进行快速兵力投送，遂行应急作战。当前，美陆军具备在4天内将1个轻型旅、12天内将1个师、30天内将2个师投送到海外战区的能力；空军具备在7天内将2个航空联队、30天内将6个航空联队投送到海外战区。海军可在1~2天内将1个航母编队、7天内将第2个航母编队、30天内将第3和第4个航母编队投送到海外战区。

四是美军全球性物资预置。为了减轻战略运输的压力，提高反应速度，增强战略灵活性，美军已在全球建立了陆上预储和海上预置装备物资网络。目前，美军海上预置船共13艘，满载吨位61.55万吨，编为3个中队，分别部署在关岛、迪戈加西亚和大西洋海域，每个中队载有1个陆战队远征旅所需的装备和物资。这些预置船接到命令后，1~7天内便可到位。此外，美军还在陆上预储了6个陆军旅的装备（欧洲3个、韩国1个、西亚2个）和1个陆战旅的装备（在挪威）。美军正计划在西亚地区再预储1个陆军旅的重型装备。

二　前沿存在

美军认为，“世界各地不断出现局部性冲突和危机，而这些冲突和危机往往成为大国之间发生更为严重冲突的起因。冷战期间，美国能否成功地避免同苏联发生战争，很重要的一点就是要看美国能否控制和稳定住第三世界出现的危机”。而控制这些危机升级，就需要前沿部署，“潜在危机和危机后果已使前沿部署的性质和部署地区进一步明确。现在美国在印度洋、波斯湾和加勒比海地区，都保持着一种前沿部署的态势；而在地中海和西太平洋地区，长期以来美国已经保持着这种态势”。

进入21世纪，美国海军出台了《前沿存在——由海向陆》《21

世纪海上力量》等一系列军种战略文件，进一步明确了美海上战略，强调“预防战争”与“赢得战争”同等重要，注重同时推进“前沿集中部署”与“全球分散行动”。同时明确提出，海上力量应具备“前沿存在、威慑、海上控制、力量投送、海上安全、人道主义救援和抢险救灾”等6种核心能力。美国防部在2010年度《四年防务评估报告》中指出：美军要进一步“增强美国前沿部署态势和基地基础设施的弹性……提高其反应能力”，要不断“优化前沿部署态势，提高基地设施的自恢复能力”。

美军前沿存在的战略部署能够达到多重战略目标。一是双重遏制。美国通过在其盟国进行战略部署，一方面能够慑止地区的潜在冲突，另一方面则能够为盟国提供安全保证，从而实现遏制对手和盟国的双重目标。二是增强灵活反应能力。正如美军参谋长联席会议主席迈克尔马伦所言，“我们还将通过保持稳定的前沿存在来继续平衡全球战略风险，这种前沿存在能够慑止和击败侵略，并对紧急状况做出反应”。[①]

三 要点控制

资源是有限的，美军要实现对全球的控制，需要精挑细选一些关键要点，达成灵巧防务的目标。

一是战略要地控制。战略要地是指那些能够影响全球安全形势的重要国家和地域。这些国家和地域之所以成为战略要地，主要是由于其地理位置、所拥有的能源资源等。美国控制了这些战略要地，有利于营造有利的全球安全形势，能够起到“四两拨千斤”的杠杆作用。这些战略要地主要包括著名地缘战略家斯皮克曼所称的“边缘地带”国家以及富藏石油资源的中东地区等。另外，有利于美国制衡潜在对手的国家也成为美国的战略要地国家。譬如，能够

① 〔美〕迈克尔马伦：《2011年度美国参谋长联席会议主席指南》，《外国军事学术》2011年第4期。

用于制衡俄罗斯的欧洲国家，能够制衡阿拉伯国家的以色列，能够制衡中国的日本和印度等，都成为美国关注的重点。

二是战略通道控制。海上战略通道是国家用于贸易运输且对其生存发展具有高度制约及影响的海峡、峡湾、航道和运河。美国一直重视通过控制战略通道，保持安全上的全球主导性。在美国海军作战部公布海上战略（1986 年 1 月）后一个月，美国海军部宣布，为了保卫美国利益，美国海军战时必须控制 16 个战略咽喉要道，它们是阿拉斯加湾、朝鲜海峡、望加锡海峡、巽他海峡、马六甲海峡、曼德海峡、苏伊士运河、直布罗陀海峡、斯卡格拉克海峡、卡特加特海峡、格陵兰—冰岛—联合王国海峡、非洲以南和北美的航道、霍尔木兹海峡、巴拿马运河和佛罗里达海峡。这 16 个海峡分布于全球主要海域，控制了这 16 个海峡，不仅控制了全球海上通道和全球制海权，而且形成了对全球陆地的无缝隙控制。

四　多维平衡

美军在军事发展和战略部署时非常注重平衡概念，实现多个领域的同时控制。

一是多维能力平衡。2008 年 8 月，时任美国国防部长的盖茨在美国国防大学演讲中首次提出“平衡”理念。此后，他每讲话或发文必谈“平衡”，认为“美国新时期防务战略的主题就是实现三维能力方面的平衡”，即“在打赢当前冲突与准备应对其他应急作战之间保持平衡；在加强反暴乱和对外军事援助能力机制与保持对其他国家军事力量的战略技术优势之间保持平衡；以及在保留美国军队制胜的文化特色与消除那些阻碍它们完成任务的不良因素之间保持平衡”。①

二是多维空间平衡。在国际空间中部署主导性的战略力量是美国称霸全球的基础。美国先是依照《海权论》思想寻求制海权，然

① Robert Gates, “A balanced strategy,” *Foreign Affairs*, Jan-Feb, 2009.

后依照《制空权》思想寻求制空权，接着发展航天力量寻求制太空权，随着信息技术的发展谋求制信息权。随着美国对网络空间的依赖越来越大，美国开始发展网络技术，寻求制网络权。美军还于2009年组建了网络司令部，指挥网络作战，保障网络安全。2010年9月23日，网络司令部司令亚历山大上将在给美国众议院军事委员会所做的报告中更加具体地指出了网络司令部的作战任务，主要包括三方面：一是保护国防部全球信息栅格的安全；二是准备执行全频谱网络作战；三是确保美国在网络空间的自由行动。美军在这些公共空间领域部署力量，正是要以平衡的方式，同时主导多个公共空间。

三是多维威胁平衡。美国负责政策的国防部副部长在华盛顿国际与战略研究中心2009年夏季举办的关于2010年四年防务评估的发言中，认为美国当前面临5大安全威胁：粗暴的极端主义势力的兴起；大规模杀伤性武器扩散；力量均势的基本转变；失败国家和正在走向失败的国家；全球共同领域的紧张增加。这五大挑战又因5个主要的趋势变得更加严峻和复杂：全球经济下滑；气候变化；人口流动；不断扩大的资源短缺和潜在不稳定技术的蔓延。

五　灵活多变

冷战时期，美军在亚太地区的基地布局集中，地点固定，针对性强，但缺乏必要的灵活性。2006年开始，美军对军事部署进行了较大规模的调整，以增强全球部署的灵活性、多变性。海外美军采取三种部署形式：在具有重要战略意义的地区永久性驻扎；对某些特殊地区的前沿部队进行轮换部署来保证该地区的安全；为应对突发事件进行临时的部署。基本措施是调整基地配置，扩充基地（包括备选基地）数量，增大预置装备规模。

在韩国，美国将“三八线”附近的美军基地南撤120千米，使其处于朝鲜军队的直接炮火打击范围之外，同时实施“增强部队计划”，部署第一支过渡旅战斗队，并预置1个重型装备旅的装备。在日本，美国预选了下地岛机场作为备选基地，并计划使用日本空中自卫队的新田原、筑城等基地。在东南亚，美国在泰国、新加坡军事基地的基础上，取得了马来西亚、印尼、菲律宾、文莱等国海空基地的使用权，并准备在包括上述国家甚至越南在内的整个东南亚地区新建军事基地，以获取更多的基地设施临时使用权。在关岛基地，美军正在进一步完善有关海空基地设施，加紧在安德森空军基地和阿普拉海军基地等部署 AGM－86C 型空射巡航导弹、战略轰炸机、新一代战斗机、攻击性核潜艇及航母打击大队。所有这些措施，将在很大程度上提高美军部署的灵活性，增强美军对危机、冲突的反应能力与处理能力。

美军2010年出台的“空海一体战”报告提出，要实施美军前沿基地的分散化部署，以降低地方进攻性武器的攻击效率。同时通过部署预警系统及采取各种主动性和被动性基地防御措施，包括将高价值装备（如隐身飞机）移入加固的机库，将空基和海基弹道导弹防御设施置于预先指定阵地，采用战术、技术与程序确保飞机的快速起飞作战和快速修复，把战机分散于后方基地或小型机场，实时反应性分布式后勤保障以支援分散的空中作战行动，等等。这些灵活多变的部署形式能够在一定程度上提高美军的生存力和战斗力。

六　重心东移

2011年2月8日，美军参谋长联席会议颁布了新的《国家军事战略》报告，就美国全球利益区域进行了新的排序，突出强调亚太地区是美国战略重点和利益关注点越来越集中的地区。美军全球部署也逐渐将重心移向亚太地区。

一是减少欧洲和中东驻军，增派亚太地区。美国2012年发布的新军事战略明确要求美国减少在海外的军事存在，要让欧洲国家承担更多的防务责任。在伊拉克，2010年8月底，美军从伊拉克撤出全部作战部队，但仍保留包括6个“顾问与支援旅”在内的4.6万人部队。在阿富汗，2010年，美向阿大幅增兵至10万人，并发动大规模清剿行动。美2011年7月开始逐步从阿撤军，计划在2014年前全部撤出。美国在收敛海外军事部署的同时，将战略重心移向亚太地区，不断增加在该地区的军力。2010年和2011年，美继续不定期在冲绳和关岛各轮换部署12~15架F-22型机，执行前沿部署任务。并向关岛派驻3架“全球鹰”无人侦察机，在亚太地区执行航空侦察任务。美还向夏威夷部署“夏威夷”号核动力攻击潜艇，并开始在夏威夷希卡姆空军基地部署F-22型战机。2011年美国还宣布要在澳大利亚达尔文港派驻2500名海军陆战队士兵。

二是加强亚太地区基地建设力度，巩固地区军事优势地位。根据美国防部《2011年度基地结构报告》，美在西太平洋地区共设置了259个大、中、小型军事基地和设施，覆盖了西太平洋地区的大部分国家和地区。美军还不断加强亚太地区基地建设力度：在关岛地区增建阿普拉海军基地深水码头；增建导弹防御阵地；扩建安德森基地机场；对现有设施进行翻新加固。在夏威夷地区启用“太平洋战争中心”；打造“珍珠港——希卡姆”大型离岸基地，深化海空军合作。在阿拉斯加地区建设“艾尔门多夫—理查森堡”联合基地，加速作战资源整合。在迪戈加西亚岛改建深水码头以增强巡航导弹核潜艇的驻泊、维修和保养能力。

三是通过海上巡逻、远程投送、人道主义援助等灵活多样的机动部署方式，保持亚太部署水平。为有效弥补固定部署的不足，保持和强化太平洋战区前沿军事存在水平，美军正逐渐改变其过分依靠基地网进行固定部署的观念，注重提高机动部署和远程兵力投送在保持前沿军事存在中的战略地位。现任太平洋战区司令威拉德认为，海军兵力具有广泛的机动性，可利用海洋的连通性，进行灵活机动部署，弥补固定部署调整的不足，强化前沿存在水平。获得东南亚国家军事基地的准入或使用权后，美舰船可随时在上述基地进行补给和临时停靠，通过这些灵活方式保持前沿军事存在。此外，美国海军还计划在海上预置浮动基地，将作战装备预先部署在海上，形成海上基地，作为对陆上基地的重要补充。[①] 同时，继续对中国实施高强度侦察活动，加大战略围堵力度。在航空侦察方面，美出动各型侦察预警机重点对我周边进行抵近侦察。在海上侦察方面，美海洋监测船赴南海等周边海域实施反潜探测及监视任务。

① 徐帅：《从美国新军事战略看其在太平洋战区战略变化》，《国防大学学报》2011 年第 8 期。

第四章
编制体制

美国武装力量由现役部队、后备役部队以及文职人员三大部分组成，由陆军、海军、空军、海岸警卫队等四大军种组成（也有观点认为，海军陆战队虽然属于海军系统，但事实上已经作为一个独立的军种存在，因此也可将美国武装力量分为五大军种）。其中，陆、海、空军分别由陆军部、空军部和海军部领导（海军陆战队也归海军部领导）。海岸警卫队平时归国土安全部领导，战时归国防部领导。

截至2011年，美军现役部队约143.5万人，后备役部队约85万人，文职人员约80万人。此外，海岸警卫队平时由国土安全部指挥，战时则由国防部指挥，共约4.3万人。其中，美现役部队分为陆军、海军（包括海军陆战队）和空军三部分。陆军约57万人，约占总兵力的40%；海军约53万人（其中海军陆战队约20万人），约占总兵力的37%（其中海军陆战队占总兵力的14.0%）；空军约34万人，约占总兵力的23.3%。

第一节　陆军编制体制

美国陆军的最高行政机构是陆军部和陆军参谋部，陆军部长由文职官员担任，负责领导陆军参谋长和各司令部、所属部队、后备队和其他职能机构。陆军部和陆军参谋部下依次编有战区陆军、集团军群、集团军、军、师和旅、师（旅）以下部（分）队。战区陆军和集团军是诸兵种合成的高级战役军团，军是美军的最高战术军团，所辖部队的数量根据需要而定，有时也可遂行战役任务。师或独立旅为陆军诸兵种合成的基本战术兵团。

一　战区陆军

战区陆军是指战区联合司令部中的陆军司令部及其所属部队。陆军司令部负责平时指挥、控制、管理和训练所辖的陆军部队，并提供所需支援，不具有对所属部队的作战指挥权。战区陆军没有统一的编制，一般依据战区的性质、作战对象、作战任务及作战目的等因素确定，主要由战斗部队、各职能司令部、地区司令部和其他一些遂行特殊任务的部队组成。

二　集团军群

集团军群是为了便于战时指挥，在较大的战区内由数个野战集团军合编而成的战略军团。此类编制只在战时根据战区作战任务、作战范围等因素设立。其编制中一般包括2～5个集团军、若干个独立的军、师（旅），以及根据群属兵力大小所必需的战斗支援和战斗勤务支援部队等。

三　集团军

集团军是美军实施战役作战的基本军团，是美军陆军中负有战斗、支援、后勤保障职责的最大独立单位，其编制不固定。平时只是一级指挥机构，不辖或只辖少量的实兵；只有到了战时才由上级调拨给它完成任务所需要的军或师旅级部队。美军现有3个现役的野战集团军：第3集团军司令部驻本土，第7集团军司令部驻德国，第8集团军司令部驻韩国。

四　军

军是美军基本的战役军团，也是最高的战术单位，既可遂行战

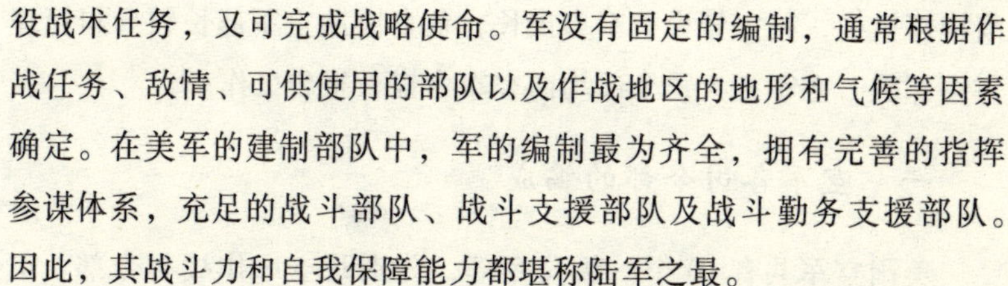

役战术任务，又可完成战略使命。军没有固定的编制，通常根据作战任务、敌情、可供使用的部队以及作战地区的地形和气候等因素确定。在美军的建制部队中，军的编制最为齐全，拥有完善的指挥参谋体系，充足的战斗部队、战斗支援部队及战斗勤务支援部队。因此，其战斗力和自我保障能力都堪称陆军之最。

目前，美国陆军共有 4 个现役军。第 1 军驻本土刘易斯堡，第 3 军驻胡德堡，第 18 空降军驻布莱格堡，第 5 军驻欧洲，是陆军唯一驻海外的军司令部。驻本土 3 个军的作战区域有明确的分工：第 1 军负责亚太地区；第 3 军准备增援欧洲；第 18 空降军机动使用或用于其他地区。

五　师（独立旅）

师是美军陆军诸兵种合成军队的基本战术兵团，具有较强的独立作战能力和持续作战能力。美国陆军现有 10 个现役师，包括 2 个装甲师、4 个机械化步兵师、1 个空降师、1 个空中突击师和 2 个轻步兵师。师一般下辖 3 个旅部，均为战术指挥机构，平时不辖部队，战时根据情况和任务配属一定数量的战斗营及必要的战斗支援部队，每旅通常辖 2 ~5 个营。

目前，美军正在着力将其基本战术兵团由师逐步调整为旅，在保留原有的师级指挥体系的前提下，各战区司令部可以直接指挥旅级部队作战。美国陆军的旅将分为三种类型：重型旅（约等于机械化旅或坦克旅）、斯特赖克旅（因使用斯特赖克系列装甲车辆而得名）和轻型旅（约等于轻步兵旅或空降旅）。

第二节　空军编制体制

美国空军的最高行政机构是空军部和空军参谋部。空军部长由文职官员担任，负责领导空军参谋长和空军各司令部、所属部队、后备队和其他职能机构。空军部下设空军参谋部，后者为空军的最高指挥机构，其主管为空军参谋长，负责协助空军部长领导和管理空军部队。空军各大司令部均向空军参谋长报告工作。

一 空军各司令部的编成

美国空军共有10个一级司令部，分别是空中作战司令部、空军教育和训练司令部、空军全球打击司令部、空军物资司令部、空军后备司令部、空军太空司令部、空军特种作战司令部、空中机动司令部、驻欧空军司令部、太平洋空军司令部。各司令部根据任务与性质不同辖有数量不等的空军部队。

空中作战司令部成立于1992年6月1日，主要任务是管理、组织、装备、训练及向各作战司令部提供导弹部队和作战飞机部队。空中作战司令部下辖第1、第9和第12等3个航空队和1个空军作战中心。

空军教育和训练司令部成立于1993年7月1日，主管空军教育训练工作。该司令部下辖空军大学和第2、第19航空队。空军大学主要承担专业军事教育、法律、牧师等人员的训练；第2、第19航空队则负责美国空军的飞行和技术人员训练。

空军全球打击司令部于2009年1月12日成立，主要负责为美国核遏制和全球打击行动提供训练有素的部队。该司令部于2009年12月和2010年2月分别从空军太空司令部、空中作战司令部接掌了与核能力有关的职责。该司令部下辖第8、第20航空队。

空军物资司令部成立于1992年7月1日，主要任务是研究、发展、试验、采购并交付使用空军所有的武器系统及负责空军的后勤支援工作。该司令部下设空天系统中心、空军飞行测试中心、空军全球后勤支援中心、空军核武器中心、空军研究实验室、空军安全辅助中心、阿诺德工程研发中心、电子系统中心等，并拥有一支具备较强专业水平的军职和文职雇员队伍。

空军后备司令部成立于1997年2月17日，其主要职责是向美国空军编制内部队提供所需的作战单位和人员，以满足国家安全任务的需要。该司令部下辖第 4、第 10、第 22 航空队和一个空军后备人员中心。

空军太空司令部成立于 1982 年 9 月 1 日，主要任务是通过发射卫星等设备提供太空力量支援，通过开展反太空作战行动、情报、监视和侦查等活动，确保对太空的善意使用，为美军提供天气、情报、通信等支援。该司令部原本还负责为战略司令部管理和试验空军的洲际弹道导弹等任务，但 2009 年 12 月 1 日该任务被移交给空军全球打击司令部。另外，2009 年 8 月，该司令部还获准设立第 24 航空队，负责网络作战行动。目前该司令部下辖第 14、第 24 航空队、太空与导弹系统中心、太空研发中心、空军网络协调中心等部队与机构。

空军特种作战司令部初创于 1983 年 2 月 10 日，最初被称为第 23 航空队，后于 1990 年 5 月 22 日正式改为现名。该司令部负责所有美国空军、空军后备司令部和空军国民警卫队的特种作战部队、飞机、人员的管理。目前，该司令部下辖第 23 航空队和空军特种作战中心。

空中机动司令部成立于 1992 年 6 月 1 日，主要任务是为美国的武装力量提供全球性空中机动工具和空中加油勤务，是美军运输司令部的重要组成部分。该司令部下辖 4 个空中机动联队、6 个空运联队（群）、2 个空中加油联队和第 18 航空队、空军远征中心等部队和部门。

驻欧空军司令部成立于 1945 年 8 月 7 日，司令部驻德国拉姆斯泰因。其主要任务是协同美国驻欧部队和北约盟国军队作战，并协助北约盟国发展空军力量。下辖第 3（驻德国）和第 17（驻德国）航空队。

太平洋空军司令部成立于 1944 年 8 月 3 日，主要担负太平洋和印度洋地区（从美国西海岸到非洲东海岸）的空军作战指挥任务，是一支可对各战区突发事件迅速做出反应的前沿存在部队。该司令部下辖第5（驻日本）、第7（驻韩国）、第11（驻阿拉斯加）和第13（驻夏威夷）航空队。

二 部队编制

美国空军主要包括战略部队、战术部队、航天部队和特种作战部队四种类型。其编制序列通常为航空队、联队、大队和中队4级。航空队没有固定编制，联队以下单位编制相对固定。总体来讲，美国空军编制以适应作战需要为目的，随着战略环境与任务的变化不断进行调整。

（一）航空队，是空军实现战区战略、遂行战役作战任务的基本军团，由所属各大司令部领导或指挥。航空队一般根据其装备的类型和所担负的任务编成，编制不固定，但通常下辖2～8个联队。近年来，美国空军在航空队一级编制上倾向于采用多机种联队混合的编制，如在战斗航空队中编配侦察机和空中控制联队或大队，在空中机动航空队中编配加油机联队、机动作战大队或机动支援大队，以提高各部队对各种危机的快速反应能力。

（二）联队，是美空军基本战术兵团，拥有比较健全的行政管理机构和战斗与后勤支援系统。联队可以分为飞行联队、陆基洲际导弹联队及其他勤务、保障联队等不同类型。由于机种和任务性质不同，各联队所辖的大队和飞机数量不等，但通常都编有1个作战大队、1个支援大队和1个后勤大队。

（三）大队，是介于联队和中队之间的一级指挥、管理机构，分为作战大队、后勤大队和支援大队3种。作战大队下辖数个作战中队和1个支援中队。后勤大队下辖维修、供应、运输和后勤支援各1个中队。支援大队下辖任务支援、安全警察、土木工程、通信、军队福利和娱乐各1个中队。

（四）中队，是空军基本战术分队，包括飞行中队、导弹中队和其他勤务保障支援中队等类型。中队通常下辖2～3个飞行小队。

第三节　海军编制体制

美国海军的最高行政机构是海军部和海军作战部。海军部负责统管海军和海军陆战队的战略制定、经费预算、政策法令、后勤管理等。海军作战部是海军的最高指挥机构，相当于陆、空军的参谋部。海军作战部不直接指挥部队作战，平时负责海军部队的行政管理和军事训练等事务，战时负责向各联合司令部提供海军作战部队。美国海军可以分为作战部队和岸上机构两大类型。海军作战部队主要包括舰艇部队（包括水面舰艇部队和潜艇部队）、海军航空兵部队、海上勤务部队等。海军岸上机构指的是除海军部和海军作战部队之外的其他海军机构，主要包括海军地区司令部、海军基地等①。

一　舰艇部队

美国海军舰艇部队主要采用行政编组和任务编组两种编组形式。

行政编组指的是按舰艇种类和部队类型进行的编组。这种编组是永久性的，主要是为了对同类舰艇和部队进行日常管理、训练和技术保障，但不涉及作战指挥。此类编组一般可以分为舰队司令部、大队、中队或采用旅、团、营、连结构，前者较为常见。

舰队司令部包括水面舰队司令部和潜艇部队司令部。前者负责除航母和潜艇支援舰只以外的所有水面舰艇的行政管理与作战指挥，一般辖7～9个大队；后者负责潜艇部队和潜艇支援舰只的行政管理与作战指挥，下辖3～4个潜艇大队。

大队由若干个中队组成。水面舰队的大队按舰种和职能可分为

① 军事科学院世界军事研究部：《美国军事基本情况》，2004，军事科学出版社，第568页。

水面舰只大队、巡洋舰/驱逐舰大队、两栖舰大队、特种作战大队、扫雷舰大队和供应舰大队等，各大队多由 2～4 个中队编成。潜艇部队的大队则下辖 1～2 个潜艇中队。

中队是由相同舰种组成的基本战术单位，所辖舰艇数量不定。水面舰队中队一般由 1 艘以上的同类舰只组成。潜艇部队中的常规潜艇中队编配 4～6 艘潜艇，核潜艇中队则编有 7～10 艘潜艇。核潜艇中队行政上隶属于潜艇部队司令部，作战上受国家最高指挥当局和战略司令部指挥。

任务编组，又称作战编组、特混编组，是为执行作战、演习、战术训练等任务需要，由各型舰艇组成的临时性混合编组。参加任务编组的所有舰艇一旦完成任务，即回归原建制。按照由上而下，由高至低的顺序，美国海军的任务编组可以分为编号舰队（亦称“作战舰队”）、特混舰队、特混大队、特混小队和特混支队等 5 级。

编号舰队是由舰艇部队、海军航空兵、海军陆战队和岸基部队编成的战役军团。目前，美国海军共辖第 3、4、5、6、7、10 等 6 个编号舰队。其中太平洋舰队下辖第 3、第 7 舰队，前者负责东太平洋和中太平洋海域，后者负责西太平洋和印度洋海域；舰队部队司令部（原大西洋舰队）下辖第 6 舰队，负责地中海和黑海等海域；美国海军南方司令部下辖第 4 舰队，负责美国南方司令部所辖区域的东西海岸；美国海军中央司令部下辖第 5 舰队，负责中东及印度洋部分地区；美国舰队网络司令部下辖第 10 舰队，负责与夺取海上、网络空间和信息领域内作战优势有关的研究、创新活动。

特混舰队是根据编号舰队的指挥官的指示组建的、用以完成监视、撤退、救援等特定任务而采取的编组形式。它可能是临时的，也可能是半永久性的。每个编号舰队都有其固定的特混舰队序列。美国海军常用的特混舰队有航母特混舰队、两栖特混舰队、潜艇特混舰队、登陆特混舰队等。

特混大队是为按照特混舰队指挥官的指示临时组建的战术编队。特混大队的编成较为灵活，能够适应不同地区的作战环境，在美国海军实施海外任务时较为常见。

特混小队和支队都是组成特混大队的基本战术单位，一般根据需要设立和撤销，其编组也根据具体任务而有所变化。

二 海军航空兵

美国海军航空兵主要是指舰队航空兵（陆战队航空兵将在下文介绍）。舰队航空兵设有舰种司令部，负责制定舰队航空兵的组织、维护和使用方面的政策，向舰队司令提供使用航空兵方面的建议等。[①] 舰队航空兵一般可以分为联队、中队和分遣队三个级别。联队由舰种司令部领导，是海军航空兵的最高战术单位，可以分为舰载机航空联队和舰队航空联队两种，一般下辖6~12个中队。中队是由同机种飞机编成的基本行政和战术单位。分遣队则是根据需要由中队派出的最小一级战术单位，一般辖2~3架飞机。

舰载机联队是以航母为活动基地的行政管理与战术作战单位，在执行任务时，所有飞机中队由岸基航空兵联队提供。典型的舰载机联队通常编有8个中队：4个战斗（攻击）机中队、1个预警机中队、1个战术电子战中队、1个海上控制中队和1个反潜直升机中队，各型飞机约79~89架。[②]

舰队航空联队是以海军航空站为基地的海军航空兵部队，又称岸基航空兵。主要类型有战斗机联队、战斗攻击机联队、机载预警机联队、海上控制联队、电子战飞机联队等。

舰队航空兵也采用行政与任务两种编组形式，行政编组是按单

① 军事科学院世界军事研究部：《美国军事基本情况》，2004，军事科学出版社，第574页。

② 军事科学院世界军事研究部：《美国军事基本情况》，2004，军事科学出版社，第574页。

一机种进行的编组，便于日常的行政管理、训练、维修保养和后勤供应。行政编组一般编为巡逻机联队、战斗攻击机联队、战术支援联队、反潜作战联队、战斗机/预警机联队等。任务编组是为了满足特定任务需要而进行的多机种混合编组，便于配属给各类特混或特遣舰（部）队遂行特定的任务。舰载机联队和舰队航空联队属于任务编组，飞机返回岸上机场，即按岸基行政编组进行行政管理、飞行训练和物质保障。

三　海上勤务部队

海上勤务部队包括海上支援部队和海上运输部队，其主要任务是为作战舰艇、两栖舰艇和其他海军作战部队提供海上支援和各种勤务保障。

海上支援部队由各类辅助舰船部（分）队编成，负责海上补给、修理、救生、训练、试验及情报等支援任务。美海军现役部队所装备的辅助舰船主要有海上补给船、修理舰、救生船和其他各种海上支援舰船。此类后勤舰只均按大队和小队编组。

海上运输部队一般可分为三类：一是战略海运部队，指装运军用补给物资和装备的货船和油船，包括海上预置船、医院船和后备役船队；二是海军舰队辅助部队，指 24 小时向海军舰队提供直接支援的舰船，包括舰队拖船、货船、油船和军火船等；三是特种任务支援部队，指为海军、空军和各种国防部机构提供特殊服务的船队，包括导弹靶场设备运输船、声学研究船、水下监视和海洋研究船等。

四　岸基部队

岸基部队主要是指海军基地（包括各种舰艇基地和海军航空站）及其所属的部队和机构。海军基地负责管理所在地区的造船厂、通信站、燃料库、军火库、消磁站，以及海军航空站、舰队训练中心及训练学校等机构。其主要任务是为作战舰艇和飞机提供支援、维修和保养。美国本土的海军基地归海军部、海军作战部及其他有关机构领导；海外的海军基地分别由舰队部队司令部、太平洋舰队等设立的驻外基地司令部领导。

第四节 海军陆战队编制体制

美国海军陆战队是美海军部领导下的两大军种（海军和海军陆战队）之一。作为一支两栖作战部队，美国海军陆战队主要包括两栖作战部队、海军陆战队航空兵、警卫部队和勤务支援部队等。由于任务类型众多，美国海军陆战队的编制体制也较为复杂。

海军陆战队一般也采取行政与任务两种编组方式。行政编组相对固定。根据不同类型，又可分为几种模式。两栖作战部队一般分为师、团、营、连、排、班 6 级。陆战师是舰队陆战队的最高行政单位。陆战师下辖 3 个陆战队步兵团（配属必要的战斗支援与战斗勤务支援分队即可组成团登陆队，遂行登陆作战任务）、1 个炮兵团、1 个坦克营、1 个侦察营、1 个两栖突击营、1 个工兵营。陆战队步兵团下设 3 个陆战队步兵营，这是陆战师的基本战术单位，能独立遂行战斗任务，编制员额约 1000 余人。

海军陆战队航空兵则采取与美国空军同样的编组方式，以联队为最高编成单位，下辖大队和中队，装备各型飞机近 300 架。海军陆战队航空兵一般为岸基航空兵，多以沿海的基地或海军航空站为活动基地，但战时也可以转场至航空母舰等大型舰只上遂行战斗支援任务。

任务编组是根据作战任务需要临时进行的作战编组，依其兵力规模可分为陆战远征部队、陆战远征分队和特种用途小队三个等级。每一级部队都编有地面作战部队、航空兵部队和勤务支援部队，基本上能够独立遂行两栖作战任务，相互之间并不一定有隶属关系。

陆战远征部队一般用于对付高、中强度地区性冲突，其级别为军级。目前，美海军陆战队共编有3支陆战远征部队。第2远征部队由海军陆战队司令部实施作战控制，负责应对世界各地的突发事件；第1、第3陆战队远征部队则属于太平洋舰队，用于应对太平洋和印度洋地区的各类情况。

陆战远征分队主要用于对付中低强度地区性冲突。其级别和规模小于陆战远征部队，其核心是陆战步兵营，可独立或协同其他兵种作战。

特种用途小队多由一个陆战步兵连和1个航空分遣队编成，有时还加强有海军的“海豹”突击队。其规模最小、级别最低，但具有较大的机动性、灵活性和较强的特种作战能力。美军常用它遂行情报搜集、营救人质等特种任务。

第五章
武器装备

打什么样的战争，就要建设什么样的军队，发展什么样的武器装备。冷战结束后，美国的安全环境以及所受威胁与挑战的性质正在不断演进。进入21世纪以来，特别是在“9·11”恐怖袭击事件以后，美国面临新的不确定性恐怖威胁的压力明显增加，为了应对各种传统与非传统威胁的挑战，打赢常规和非常规战争，美国武器装备发展在数字化改造、一体化建设和全新装备研制等方面都走在了世界各国的前列。

第一节　战略武器

美国是第一个拥有核武器的国家，也是迄今核武器发展最为完善和技术最为先进的国家。美国的核武器技术和由此形成的核力量对国际安全产生重要影响。当前，美国在坚持其自20世纪60年代初确立的“三位一体”战略核力量体系的同时，仍然强调保持战略核力量优势，从而确保其安全、可靠、有效的战略核威慑。

一　陆基洲际弹道导弹

美国陆基战略核力量为“民兵Ⅲ”型洲际弹道导弹部队，平时由美空军“全球打击司令部”负责管理，战时由美战略司令部指挥，共装备“民兵Ⅲ”型导弹450枚，配备核弹头约1200枚。

LGM－30G型“民兵Ⅲ”弹道导弹是美国波音公司研制的第一种分导式多弹头固体燃料洲际弹道导弹。该导弹的最大特点是有300枚配备当量33.5万吨的W78型核弹头与12A型重返大气层载具，拥有足够的准确度及弹头当量以对付大多数的强化工事目标。“民兵Ⅲ”型洲际弹道导弹是当前美国陆基核力量的主力，1970年开始装备美国空军，1975年完成550枚的部署任务。美国非常重视提高“民兵Ⅲ”的性能。自20世纪90年代初开始，美国国防部通过改进发射控制中心，配备现代化的指挥控制系统（即快速执行和作战瞄准系统），实施制导系统更换计划（GRP）和推进系统更换计划（PRP）等措施，将其服役期限延长至2020年左右。

二　海基弹道导弹

美国目前的海基战略核武器系统主要是由14艘“俄亥俄”级弹道导弹核潜艇携载的288枚“三叉戟Ⅱ”D5型潜射弹道导弹构成。

UGM－133A“三叉戟Ⅱ”D5型弹道导弹是一种采用三级固体燃料火箭和惯性制导方式的导弹，装载在“俄亥俄”级核动力弹道导弹潜艇上。“三叉戟Ⅱ”D5型潜射导弹是在“三叉戟Ⅰ”C4型导弹基础上研制的改进型号，与“三叉戟Ⅰ”C4型相比，“三叉戟Ⅱ”D5型在长度上加长了3米多，射程更远，命中精度更高。每枚导弹最多可载12枚分导式弹头，后来根据美俄间的协议改为限载8枚，可分别攻击8个目标，采用星光惯性制导系统。该弹长44英尺，直径83寸，弹重130000磅，射程4000多海里，推进器为三级固体燃料火箭，战斗部则是热核能多弹头分导导弹。该弹于1990年开始服役，是目前世界上最先进的潜射弹道导弹，由洛克希德·马丁公司研制。

三　战略轰炸机

美国空军拥有20架“B－2”轰炸机和93架“B－52H”轰炸机，其中的16架“B－2”轰炸机和44架“B－52H”轰炸机被认为担负核任务。[①] 据估计，约316个核弹头部署在这些轰炸机上，包括空射"B61－7"、"B61－11"（只部署在"B－2"轰炸机上）和"B83－1"重力炸弹和装载在空射巡航导弹（ALCM）上的"W80－1"弹头（只部署在"B－52H"轰炸机上）。

B－52"同温层堡垒"轰炸机是波音公司为美国空军研制的远程全天候重型战略轰炸机，乘员6人。该机以8个涡轮风扇发动机为动力，除了能够携带各型核炸弹以及空中发射的巡航导弹和近程攻击导弹，还可携带炸弹和水雷等。B－52轰炸机高空巡航时速为819千米，中途不加油可航行1.6万公里，实用升限16765米，最大起飞重量221吨，载弹量27吨，主要用于远程常规轰炸和核轰炸。B－52轰炸机的设计方案于1948年提出，1955年开始陆续装备美国空军，是美国"三位一体"战略力量的主要机种之一。该机型自20世纪50年代启用至今，经过了多次改进和升级，先后发展出了A～H等8种型号，截至1962年停止生产，各种型号共生产了744架。目前在美军服役的只有改进后的B－52H型，该机翼展56.39米，机长49.05米，机高12.40米，最大飞行时速1010千米。

B－2轰炸机是美国诺斯罗普·格鲁门公司研制的隐身战略轰炸机。它是目前世界上最先进的战略轰炸机，也是唯一的大型隐身飞机。该机于1978年根据美国空军的要求开始秘密研制，1988年11月原型机出厂，1989年7月首次试飞。该机翼展52.43米，机长21.03米，最大起飞重量168430千克，最大武器载荷22680千克；巡航速度（高度12200米）0.8马赫，实用升限15240米，进行一次空中加油航程则超过18500千米；其两个并置武器舱内的旋转式发射架共可带16枚SRAMⅡ短距攻击导弹或AGM－129巡航导弹，替代武器为B－61、M－83、MK－36、M－82、M－117等各种核弹或常规炸弹。

---

① 〔瑞典〕斯德哥尔摩国际和平研究所、中国军控与裁军协会：《SIPRI年鉴2009》，时事出版社，2010，第461页。

四　战略巡航导弹

R/UGM－109“战斧”型导弹，是一种对陆攻击的亚音速全天候导弹，能从水面舰艇和潜艇平台上发射，可携带核弹头和常规弹头。“战斧Ⅲ”型巡航导弹装备改良型发动机，因而射程更远，且不易受影响，抵达时间控制和导航都由改进的数字景象匹配区域相关器和全球定位系统控制，从而大大减少了任务计划时间并提高了导航和末端精度。“战斧Ⅳ”型，即“战术战斧”导弹具备加强型能力，包括增强的灵活性，可使用双向卫星通信，能够在导弹的飞行中途改变作战程序，或为其指派新任务等。其他改进包括发射反应时间提高。2004年7月份，“战术战斧”导弹正式投产。“战术战斧”导弹基本弹长6.17米，携带助推器后弹长6.25米，直径0.52米，翼展2.67米，弹重1315千克，携带助推器之后弹重1587千克，速度约885千米/小时，射程为1609千米。

AGM－86型空射巡航导弹是一种战略空对地巡航导弹，目前装备美空军B－52H型轰炸机。它能携带核弹头或常规弹头，1979年6月首次发射，1981年起装备部队，1982年12月具备初始作战能力，速度约0.6马赫，射程约2500千米。AGM－86A为巡航导弹的原型弹，但从未投产过。AGM－86B制导方式为惯性导航加地形匹配，弹头采用W80－1核弹头。AGM－86C采取惯性导航加GPS制导，常规弹头。AGM－86D制导方式与AGM－86C相同，弹头为钻地弹，可摧毁地下硬目标。

AGM－129型先进巡航导弹是空军中程、空射、惯性加激光制导、单弹头巡航导弹，用于替代AGM－86B型巡航导弹。1990年6月开始装备部队，1991年具备初始作战能力，共生产461枚。核弹头当量20万吨，射程3000千米，采用多种隐身技术，雷达反射截面积只有0.01平方米，制导方式为惯导加激光雷达，命中精度16米。该型导弹主要装备B－52H型轰炸机。

第二节　陆战武器装备

经过 20 世纪 90 年代以来的数字化改造和一体化发展，美国陆军已经基本建成了一体化陆军装备体系，初步具备了联合作战和远征作战的一体化作战能力。美国陆战装备的主要武器有下列种类。

一　坦克与装甲车辆

（一）M－1“艾布拉姆斯”系列主战坦克

M－1 坦克是美军现役第三代主战坦克。除基本型外，还有 M－1 改、M－lAl、M－lA1HA、M－1A2 等改进型。目前，M－lAl 和 M－1A2 坦克总数约为 5850 辆。

M－1 主战坦克基本型于 1981 年正式装备美国陆军重型师。坦克全重约 54 吨，乘员 4 人，发动机功率 1500 马力，是世界上第一个采用燃气轮机作为主动力装置的主战坦克，最大公路时速 72.42 千米，主要武器是 1 门 105 毫米线膛炮，直射距离 1700 米，弹药基数 55 发。M－1 坦克生存能力强，火控系统先进，对 1500 米处活动目标的首发命中率达 65% 以上。

M－1A1 主战坦克是 M－1 坦克的改进型。该坦克于 1984 年 8 月 28 日定型，1985 年 8 月开始生产，1986 年 7 月正式装备部队。从 1988 年 6 月开始，美国新生产的 M－1A1 坦克采用了贫铀装甲。

M－1A2 主战坦克是 M－1A1 坦克的第二阶段改进产品，是典型的第三代主战坦克。它在保持 M－1A1 坦克优点的基础上进行了近 40 项改进，主要增加了车长独立热像观测仪、独立的车长武器发射台、定位导航装置、1 套数字数据处理和无线电接口设备，使战场上的 M－1A2 坦克战斗系统之间可以分享信息。改进后的 M－1A2，正如美国陆军在给国会的报告中指出的，“与 M－1A1 相比，M－1A2 坦克的进攻能力将提高 54%，防御能力将提高 100%”。

美陆军从 1999 年开始对 M－1 系列坦克实施“系统增强计划”

(SEP)。1999年2月，美国通用动力公司推出了第一辆M－1A2增强型（SEP）主战坦克，其具备有带防护装甲的辅助动力装置、第二代前视红外设备、热特征控制系统以及车长综合显示设备、改进型单通道地面/机载无线电系统、彩色数字式地图和GPS导航系统。

（二）M－2/M－3“布雷德利”系列装甲步/骑兵战车

美军装备的装甲战斗车分为M－2系列和M－3系列两种，现共有6452辆。M－2装甲步兵战车1983年正式装备部队，主要用于支援车载和非车载的机械化步兵作战，提供越野机动和车载火力。乘员3人，载员7人。M－2A1型车全重22.94吨，发动机功率500马力，最大公路时速66公里，有浮渡能力，水上时速7.2公里。主要武器为1门射程2200米的带稳定装置的M242型25毫米自动火炮，1具双管射程3750米的“陶”式反坦克导弹发射架和1挺M240型7.62毫米并列机枪。M－3型装甲骑兵战斗车是M－2型的改进型，在外形上两者相差无几，主要区别在于两者的乘员舱和内部装备不同。M－2型步兵战斗车和M－3型装甲骑兵战斗车均有改进型，即M2A2和M3A3型。

（三）M－113系列装甲输送车

M－113系列装甲输送车是陆军最基本的履带式装甲人员输送车，现共有3943辆。M－113系列装甲输送车的车体是箱子状，车身两侧装甲是垂直的，装甲厚度为12.44毫米，可以抵御弹片和枪弹的袭击。M－113型车的车体为铝合金全焊接结构，顶部有一挺12.7毫米机枪，车体上没有射击孔，关闭情况下不能对外射击。M－113装甲输送车机动性良好，操作十分方便。它有6个前进挡和1个侧退挡，动力系统既可以液压传动又可以机械传动，其底盘装有减震系统，具有良好的减震性能。M－113还可以在水中行驶，车的头部装有一块防浪板，在水中行驶时用履带划水推进。其现役型号M－113A3型，可运载11名武装士兵，全重12.3吨，发动机功率275马力，最大公路时速66公里，最大水上时速5.8公里。

（四）“斯特赖克”LAVⅢ型轮式装甲车

LAVⅢ型轮式装甲车也被称为“过渡型装甲车”，采用8×8驱动模式，但也可选择4轮驱动。它采用中央轮胎充放气系统，能够确保在软硬地面及泥泞地上的良好行驶性，其最大时速96.5千米，最大行程650千米，最大越壕宽为1.65米。车体为带有陶瓷层的硬钢装甲结构，内部有“凯夫拉”纤维材料防剥落衬层，并可披挂被动附加装甲，能承受14.5毫米穿甲弹和152毫米榴弹空中爆炸破片的攻击。该装甲车装备的武器为12.7毫米机枪和MK19型40毫米自动榴弹发射器。“斯特赖克”轮式装甲车采用了以网络化为核心的信息技术，具备了系统集成化的特点，具有C^4ISR（指挥、控制、通信、计算机、情报、监视和侦察）支持能力，从而使配备该种装甲车的美军过渡旅实现网络化。

（五）两栖突击车

AAV7A1系列两栖装甲突击车用于输送登陆士兵，并为其提供火力支援，是陆战队登陆作战的基本装备之一，于1985年正式定名，现有约1300辆。该车空重约21吨，最大全重约28吨，采用8缸4冲程水冷燃油发动机，公路最高时速约70千米，水上最高时速约13千米，公路最大行程约480千米，水上最大航程约70千米。该车乘员3名，载员21名。武器为1挺12.7毫米HBM2重机枪和1具MK19型40毫米榴弹发射器。AAV7A1系列两栖突击车能把突击步兵及其携带的4.5吨装备从两栖舰船运上岸。上岸后，AAV7A1系列突击车用来支援机动作战，执行战斗支援和战斗勤务支援任务。AAV7A1系列突击车有三种型号：AAVP7A1型（基本型）、AAVC7A1型和AAVR7A1型。

AAAV新型两栖突击车车长8.9米、宽3.6米、高3.2米，战斗重量34吨，可搭载18名全副武装的海军陆战队员。车体采用可附加陶瓷装甲部件的铝合金构架，车内附有防护衬层，可抵御2300米外射来的14.5毫米口径穿甲弹和距离15米处爆炸的炮弹残片穿透。动力装置采用德国生产的12缸涡轮增压柴油发动机，功率范围为624~1984千瓦，再配以电子控制的6挡液力机械变速器以及气液悬架装置，水上最大时速达46.61千米，续驶里程120千米，能通过海浪高达3米的水域；其陆上最大时速72.41千米，续驶里程为643千米。该车配备有1门30毫米口径机关炮以及热成像瞄准计算机火控系统，可以发射穿甲弹及破甲弹，弹匣可容纳600发子弹。另装备有1挺7.62毫米口径机枪，弹匣可容纳2400发子弹。

二 直升机

（一）AH-64“阿帕奇”攻击直升机

AH-64“阿帕奇”攻击直升机为陆军昼夜、全天候、双引擎、反坦克武装直升机。1983年9月30日，首架生产型AH-64A交付美国陆军。该机最大时速268千米，续航时间1.8小时，作战半径259千米，可携带“地狱火”式激光制导反坦克导弹16枚、1200发30毫米炮弹和76枚“九头蛇”70型127毫米火箭。机上装有由电视和红外传感器组成的目标捕捉标示瞄准具和夜视传感器。“机载恶劣气候武器系统”使AH-64“阿帕奇”攻击直升机具有发射“地狱火”导弹后即远离目标的能力。“阿帕奇”防护装备也较完善。该机机身座舱下部和两侧等要害部位都装有复合材料装甲隔板，抗地面炮火能力强，抗坠毁能力也强。在以每秒12.8米速度垂直坠落时，飞行员的生存率可达95%。即使机上任一部位被12.5毫米爆破弹击中，或旋翼被23毫米炮弹击中，它仍可继续飞行30分钟。

该机应用了许多现代高技术和防御设备，装备了雷达报警装置、主动干扰机和反雷达箔条投放设备、红外抑制系统，降低了发动机排气温度和红外辐射强度，使敌红外制导导弹难以捕捉。它还采用了低噪音效果的尾桨设计技术，比同类直升机噪音水平要低60%，也能在发射导弹后立即隐蔽飞行，可减少13~14秒钟的暴露时间。这些措施都大大提高了它的自卫能力和生存能力。当前已交付的最新改进型为 AH－64D“长弓阿帕奇”，主要的改进包括采用功率更大的 GE－T700、GE－701C 发动机及峰值负载为 90 千伏安的更大功率发电机、普雷泽公司的 AN/ASN－157 多普勒导航系统、与双 1750A 处理器联用的 MIL－STD－1553B 数据总线以及航空电子设备的蒸汽循环冷却系统等，其中最显著的一个特征就是在旋翼主轴上安装的“长弓”雷达系统，该系统可使 AH－64D 在小山、建筑物或其他掩蔽物后能够隐蔽发射 16 枚“海尔法” AGM－114 空地导弹，在作战时可以躲避高射炮或肩扛低空导弹的袭击，极大地提高了直升机的生存能力。

（二）AH－1S“眼镜蛇”攻击直升机

它是陆军有限天候、单引擎护航和侦察直升机，其任务是在昼夜及恶劣天候下提供近距离火力支援。它还可执行运输直升机武装护航、指示目标、反装甲作战、反直升机作战、对付有威胁的固定翼飞机和侦察等任务。该机于 1965 年首飞，时速 278 千米，航时 2.5 小时，实用升限 4 千米。装备 1 门 20 毫米火炮，并可在机翼下挂装 8 枚“陶”式反坦克导弹和 127 毫米火箭。该型直升机正逐步被 AH－64“阿帕奇”攻击直升机所替代，部分经过改装的 AH－1S“眼镜蛇”攻击直升机将装备陆军国民警卫队和陆军后备队。

（三）UH－60 型“黑鹰”运输直升机

该机为陆军三乘员、双引擎、亚音速多用途直升机，主要用于运送部队和装备，为战斗中的部队提供再补给，执行航空医疗后送、搜素和营救、指挥与控制任务等。“黑鹰”直升机是陆军中首批可运送 1 个全副武装班（11 人）的直升机，最大舱外运载 3600 千克，一次起飞即可把 1 门 105 毫米榴弹炮、6 名炮手和 30 发炮弹转换阵地。时速 296 千米，续航能力 2.3 小时，实用升限 6 千米。机上关键部位和重要系统都装备了保护装甲，使其能够经受多种轻型武器的射击。机载武器包括“地狱火”导弹、“毒刺”导弹和 2 挺 7.62 毫米机枪。“黑鹰” A 型机 1978 年开始服役。目前，“黑鹰”直升机正在进行多阶段的技术改进。新型“黑鹰”直升机采用新的复合材料、高级引擎和更大的燃料容量，同时加挂“毒刺”导弹并增大吊运能力，使其能够执行更重的载运任务。改进型“黑鹰”直升机包括进行电子战的 EH－60 型，进行特种作战的 MH－60A 和 MH－60K 型。

（四）CH－47D 型“支奴干”陆军重型运输直升机

该机以燃气涡轮发动机为动力，用来运送火炮、工程设备、笨重物资和人员（可搭载作战人员 45 人）、营救被击落飞机和运送伤病员等。CH－47D 型直升机长 15.54 米，宽 3.78 米（折叠旋翼），旋翼直径 18.79 米，内部有效载荷 6.3 吨，外部有效载荷达 7 吨，最大起飞重量近 20 吨，最大平飞时速 298 千米，航时 2.2 小时，实用升限 5 千米。目前服役的最新型号是 CH－47F，该型号对机身进行了调整，结构更加强固，既减少了振动也减轻了振动抑制系统的重量，降低了飞行及维护成木。其使用的全新座舱，显著提高了航空电子设备和控制系统的可靠性。同时，装备一个改进型数据调制解调器，能接收来自空中或地面平台的命令及敌情报告。据悉，CH－47F“支奴干”改进型直升机至少会在美国陆军中服役到 2033 年。

（五）OH－58D 型“基奥瓦”观察直升机

该机是陆军单发 4 座轻型观察直升机，航速 237 千米，续航能力 2.5 小时，实用升限 4 千米。OH－58D 的主要用途是目视观察、目标捕获、侦察和指挥控制。该机编入师攻击直升机营、炮兵部队和机动侦察部队，为常规火炮射击提供射击校正数据，也可为“地狱火”和其他精确制导武器系统提供目标指定和激光指示，还能为反坦克部队、空降兵和野战炮兵提供昼夜实时的侦察与目标搜索提供支援。“基奥瓦”A 型为该型机的改进型，装有电视和热成像装置，机翼挂装激光瞄准测距仪和目标指示仪。“基奥瓦”D 型直升机装有抑制红外排气装置，其高精度导航系统能把目标准确地传递给其他飞机和炮兵分队。1987 年 3 月，OH－58D 型直升机首次装备陆军。1989 年，OH－58D 型观察直升机装备了“毒刺”导弹。2010 年美国陆军大约有 264 架 OH－58A/C 和 332 架 OH－58D。

三　导弹和地面火炮

（一）地对地战术导弹

MGM－140型陆军战术导弹系统（ATACMS），为陆军唯一在役的近程、单弹头弹道导弹。它是美军唯一的第三代近程地对地战术导弹系统。1986年开始研制，1990年8月首次服役。MGM－140型战术导弹长3.96米，弹径0.61米，翼展1.4米。采用单级固体火箭发动机，发射质量1670千克，射程150千米。采用捷联惯性导航系统加星光制导，命中精度50米，弹头为M74或M77子母弹，内含近1000枚子弹，用于打击纵深集结部队、装甲车辆、导弹发射阵地和指挥中心等，可携带反人员和轻型装备、反装甲、反硬目标、布撒地雷、反前沿机场和跑道等6种战斗部。

（二）防空导弹

FIM－92型“毒刺”导弹是美军单兵肩射（车载）、红外制导、一次性地对空导弹，主要对付低空飞行的固定翼飞机和直升机，能够为地面部队提供有效的近程防空能力。战斗全重15.7千克，射程8千米，速度2.2马赫。1981年，首次装备驻德美军。改进型“毒刺”导弹1983年投产，1985年9月交付部队使用。改进型增强了导弹的红外电子对抗能力，增设了微处理机和软件程序。

MIM－72型“小槲树”防空导弹系统是陆军机动式、热寻的师属导弹系统，能有效对付低空飞行的固定翼飞机和直升机，为机械化步兵师和装甲师提供近距离低空防御能力。该导弹由“响尾蛇”红外寻的导弹改进而成，弹重86.9千克，射程12千米，速度2.5马赫，履带式发射车载有4枚导弹，另外4枚由卡车运输。导弹配有前视红外目标捕捉装置，具有全天候作战能力。新型“小槲树”防空导弹系统提高了抗红外干扰能力，目标捕捉范围扩大了50%。该型导弹1965年开始研制，1985～1986年轻型部队均装备了牵引式“小槲树”防空导弹系统。

MLM－23“霍克”防空导弹是陆军中程地对空导弹，其任务是摧毁以高速在超低空和中空飞行的飞机。全套的“霍克”导弹系统由 1 台大功率照射雷达、等幅波搜索雷达、导弹及导弹发射架等几部分组成。弹重 584 千克，射程 32 千米，速度 2.7 马赫。导弹由雷达波制导，并使用近爆引信引发战斗部（45 千克高爆炸弹）。“霍克”导弹 1960 年首次部署，1973 年改进型“霍克”导弹列装部队。此后，“霍克”导弹的改进工作仍在不断进行，改进部分主要是雷达系统。

PAC－3 型“爱国者”导弹是陆军地对空、全天候、高中空防空导弹系统。“爱国者”导弹弹长 5.3 米，弹径 0.41 米，翼展 0.87 米，弹重约 1000 千克。最大飞行速度 6 倍音速，战斗部重 68 千克。采用破片效应摧毁目标，杀伤半径为 20 米。战斗部装有高能炸药，采用无线电近炸引信，具有良好的抗干扰能力，并装有反雷达导弹诱饵系统。动力装置为单级高能固体火箭发动机，推力约为 131.3 千牛，工作时间为 12 秒。作战半径 3～100 千米，作战高度 300 米至 24 千米。发射方式为四联装箱式倾斜发射，每个发射箱有 4 个发射筒。系统采用程序＋指令＋TVM（即半主动雷达寻的与无线电指令相结合）复合制导系统，抗干扰能力强。由于采用相控阵雷达 TVM 末制导，大大提高了系统的制导精度。相控阵雷达能对相当大空域内分布的 100 个目标实施搜索和监视，可同时以 9 枚导弹拦截不同方向、不同高度的目标。“爱国者”导弹由发射架/导弹发射箱、指挥控制车、雷达装置、天线/天线杆组合、电源车等五部分组成。一个“爱国者”火力单元由 32 枚待发导弹和 8～12 台运输车组成，每个发射箱有 4 枚导弹。整个系统可用一辆相控阵雷达车、一辆指挥控制车、一辆天线车、一辆电源车和 5～8 辆四联装导弹发射车组成，也可安装于舰船上，并能用大型运输机和直升机空运，具有良好的机动性，维护和使用也比较简便。

（三）反坦克导弹

BGM－71 型“陶”式反坦克导弹是陆军重型有线制导反坦克导弹，由导弹、发射系统、制导系统和地面支援设备组成。弹重

18.9 千克，射程 65～3750 米，射速每分钟 3 发，主要任务是摧毁坦克和其他装甲车辆，也可用于摧毁固定掩体。此种导弹由发射组人员携带，也可以安装在 M2 和 M3“布雷德利”步兵战车、卡车、装甲人员输送车、吉普车或攻击直升机上。“陶”式反坦克导弹现有 5 种型号：基本型、改进型、陶 2 型、陶 2A 型和陶 2B 型。基本型 1970 年装备陆军，并被陆战队和其他 30 多个国家所采用。改进型“陶”式导弹 1981 年装备部队，主要是在基本型弹头上装配了 1 个探测器，使射手能透过烟雾和战场其他遮蔽手段跟踪目标。“陶”2 型导弹 1983 年 5 月装备陆军，“陶”2A 型导弹于 1987 年 9 月交付驻欧美军。最新型是“陶”2B 型导弹，该型导弹由直升机搭载，发射后不用管。

“龙”式反坦克导弹是陆军中程反坦克导弹系统，1973 年开始在陆军和陆战队中服役。弹重 14 千克（基本型），射程 65～1000 米，每分钟发射 3～4 发。改进型“龙”Ⅱ导弹系统使导弹的穿甲能力提高了 85%。“超级龙”型导弹主要是增加了导弹的射程（由原来的 1000 米增加到了 2000 米），提高了导弹的反应时间（平均飞行速度超过了每秒 174 米），改进后的弹头提高了破反应式装甲的能力。“龙”式导弹可摧毁带反应式装甲的静止或运动坦克，同时还可用于打击坚固工事、水泥炮兵阵地和其他硬目标。

“轻标枪”高级反坦克导弹也属于陆战反坦克导弹系统。这是一种“发射后不管”的反坦克导弹系统，导弹和发射管重 15.88 千克，射程 2000 米，20 世纪 80 年代开始研制，用于替代“陶”式和“龙”式反坦克导弹。1991 年，“轻标枪”导弹进行了外场试验，1994 年 6 月，国防部批准生产该型导弹。

AGM－114 型“地狱火”空对地导弹是美陆军第三代多用途反装甲精确制导武器系统，其主要攻击目标是地面坦克、装甲目标，也可攻击雷达站、火炮阵地等。主要挂载于“阿帕奇”直升机上，也可装备 A－10 型、AV－8B 型等飞机，还可由地面发射。该导弹弹长 1.625 米，直径 178 毫米，战斗部重 7.7 千克，全重 43 千克，最大射程 7 千米，最大速度 1.17 倍音速，破甲厚度 1400 毫米。该导弹挂载在 AH－64 “阿帕奇” 直升机上，每次可带 16 枚。导弹发射后，能超低空飞越障碍，搜索目标，自动“锁定”直至命中目标，既可单射，又可速射和齐射。具备载机飞行员自主发射、其他飞机遥控发射、地面遥控发射三种发射方式。“地狱火”导弹采用激光半主动制导方式，全套系统由导弹激光指示器和机载发射系统组成。使用时一般由空中（OH－58 型直升机）或地面观察员用激光指示目标，载机发射导弹后，立即作机动飞行，导弹就依靠激光束的导引飞向目标；也可用间接发射的方法，直升机隐蔽在山丘、树丛等掩蔽物后发射，导弹飞越掩蔽物后自动搜索、跟踪地面目标；也可连续发射数枚导弹，同时攻击多个目标，各打各的。

（四）地面火炮

M－120/M－121 型 120 毫米迫击炮是陆军重型部队营用迫击炮。有两种类型：一是牵引式（M－120），一是自行式（M－121）。迫击炮口径 120 毫米，炮管长 1.758 米，炮重 144.7 千克，拖车重 177 千克，总重量 321 千克。仰角 40 度～85 度，最大射速每分钟 12 发，持续射速每分钟 4 发，射程 180～7240 米。

M－109 型 155 毫米自行火炮是陆军全履带、有两栖作战能力、可发射核弹头的（W48 和 W82 型核炮弹）自行榴弹炮。乘员 6 人，全重 28.73 吨，公路时速 64.4 千米，射程 30 千米（A6 型）。1963 年以来，已研制出 A1、A2、A3、A4、A5、A6 等 6 种型号，技术改进主要包括液压系统、电力系统、火控系统和增大火炮射程。美陆军现在主要使用 A1、A2 和 A6 三种，是装甲师与机械化步兵师直接火力支援武器。最新改进型 A6 型采用了新型加榴炮，具有火控、导航、自动校正、核生化防护、夜视和保密通信等系统，装备 1 门 M284 型榴弹炮和 1 挺用于防空的 M2 型 12.7 毫米机枪，火炮最大射速每分钟 4 发以上。

M－777 式 155 毫米轻型榴弹炮于 2006 年在美国陆军首次列装。该炮是世界上第一种在设计中大规模采用钛铝合金材料的火炮系统，从而使得其重量是常规155毫米火炮的一半，低于4.22吨，是目前世界上最轻的155毫米榴弹炮。M－777通常由8名士兵操作，也可减为5人；射击初速为827米/秒；如发射无助力普通炮弹，最大射程可达24.7千米，发射火箭助推炮弹最大射程30～40千米；M－777A2榴弹炮发射“神剑”制导炮弹的射程更可达40千米，射击精度达到10米以内；火炮密集射射速为5发/分，连续射射速为2发/分；行军/战斗转换时间为2～3分钟，战斗/行军转换时间为1～2分钟。M－777配装了数字火控系统和嵌入式无线电通信装置。采用新型数字火控系统（DFCS）后，炮手可直接接收来自射击指挥中心的坐标并利用全球定位系统准确命中目标；射击指挥中心通过显示器给位于车内或操控榴弹炮的炮手发送文本信息；通过与射击指挥中心直接联系的系统装备，炮手们可分布在更大的区域内接收信息，有效缩短了炮手对间接火力需求的反应时间。

227毫米多管火箭炮是一种陆军远程火箭系统（可以发射“陆军战术导弹”）。乘员3人，战斗全重25吨，最大时速64千米，最大行程480千米。其M－270型发射器为轻装甲、自行履带式“布雷德利”装甲车改装底盘，1983年初具作战能力。发射的M－77型火箭弹长3.94米，弹重306千克，射程32千米，战斗部装有644枚子弹。该火箭炮为军和师两级战术部队提供全般火力支援，一次齐射12枚火箭弹能抛出7728个子弹，覆盖面积相当于6个足球场。陆军师编1个多管火箭炮连，每连9门多管火箭炮。

第三节 空军武器装备

美国空军认为，鉴于美国面临的复杂多样的安全挑战，有必要在目前作战行动所需的作战能力与未来不断出现的威胁和挑战所需的作战能力之间做出权衡，使其具备保证国家安全和国际稳定所需要的“全球警戒、全球到达和全球力量”，从而实现国家安全目标和《2020年联合构想》中提出的“全谱优势”。

一 飞机

（一）轰炸机

B－1B型“枪骑兵”轰炸机是美国罗克韦尔公司于20世纪80年代初在B－1飞机基础上改进研制的一种多用途超音速可变后掠翼战略轰炸机。它既可执行战略突防轰炸或常规轰炸任务，还能作为发射远程巡航导弹的载机使用。该机的研发始于20世纪60年代，1986年首架飞机投入现役，目前在役数量约为95架。该机翼展41.76米（全展开），机长44.81米，机高10.36米，最大飞行时速1320千米，最大航程12000千米，最大载弹量达60吨左右。在不进行空中加油的情况下，可以连续飞行超过12000千米的距离，并可以挂载各种普通和精确制导炸弹以及多种型号的核弹进行攻击。冷战结束后，美国空军对其进行了大规模的非核任务改装和技术升级，强化其常规作战性能。经过多次改造和升级，该机的战场生存能力、精确打击能力和保养维护能力都有了很大提高，可继续服役30多年。

B－2隐形战略轰炸机是目前世界上唯一的隐身战略轰炸机。冷战时期，美国空军提出作战需求，要求研制一种高空突防隐形战略轰炸机来对付苏联可能部署的防空系统。1981年，麻省理工学院和诺斯罗普·格鲁门公司开始制造原型机，1989年原型机试飞。后来又陆续对计划作了修改，使B－2轰炸机兼有高低空突防能力，能执行核及常规轰炸的双重任务。隐身B－2A轰炸机乘员两人，机身长21.03米，高5.18米，翼展为52.43米，最大载弹量22680公斤。1999年，在北约对南联盟的军事行动中，美军2架B－2轰炸机由美国本土直飞目标，并且成功“躲避”了该国防空系统的监测而对目标发动打击。在整个轰炸行动期间，6架B－2共飞行45个架次，投下600多枚联合直接攻击弹药（JDAM），摧毁南联盟近33%的目标，被称为空战中隐身性与准确性的一大革命。

（二）战斗机与攻击机

F－15 战斗机是由美国麦克唐纳·道格拉斯公司（现被波音公司兼并）研制的第三代重型制空战斗机。1972 年 7 月 F－15 原型机首飞成功，1974 年 9 月生产型试飞，同年 11 月交付使用。F－15 战斗机主要突出空中格斗能力，推重比大、翼载小、机动性好，充分体现了第三代战斗机的特点。F－15 先后有 A、B、C、D、E 等型号，其中 F－15E 是专门设计改进的“双重任务”战斗机，具备战斗机和攻击机的双重能力。与 F－15 其他型号相比，F－15E 的对地攻击能力突出，可携带美国空军各类对地攻击弹药，实施夜间低空突防和远程遮断等作战任务，具有在各类复杂条件下实施对地攻击和火力支援的能力。F－15E 翼展 13.05 米，机长 19.43 米，机高 5.63 米，机翼面积 56.49 平方米；动力装置为 2 台额定推力 79.18 千牛、加力推力 129.45 千牛的普拉特·惠特尼 F100－PW－229 涡扇发动机；飞机空重 14379 千克，最大起飞重量 36741 千克。高度为 11000 米时最大平飞时速 2655 千米，最大海平面爬升率高于 15240 米/分，实用升限 18290 米，转场航程 5745 千米（携带副油箱时）。配备 1 门 M61A1“火神”固定式前射机关炮，另外最多可携带 11000 千克重的炸弹、导弹及副油箱。

F－16 战斗机是美国第三代轻型喷气式战斗机，1979 年开始装备部队，美国空军装备有 A、B、C、D、E 五种型号，是目前美国空军的主力机种之一，主要用于空战和对地攻击。美军现装备的 F－16C/D 型于 1984 年服役，机长 15.03 米，翼展 9.09 米，速度 2 马赫，作战半径 1371 千米，升限 15240 米，9 个外挂点，可装备“响尾蛇”空空导弹、“百舌鸟”空地导弹和中程空对空导弹，装备 1 门 20 毫米 6 管火炮。F－16 性能先进，造价相对较低，与 F－15 在装备数量、作战使用方面均形成高低搭配的格局。F－16 采用大量先进技术，发动机推力大，空中机动性能好。其对地攻击能力也相当强，最大外挂重量近 7 吨，具有在夜间和恶劣气候下作战能力。

F－117A 隐形战斗轰炸机主要承担携带激光制导炸弹对地面实施精确攻击的任务。机长 20.08 米，翼展 13.20 米，速度 0.9 马赫，作战半径 870～1160 千米，升限 15000 米，机上载有 2 枚 908 千克的 BLU－109 激光制导炸弹，用惯性/GPS/卫星导航。它采用多种隐形技术，具有很低的可探测性，突防能力强。该机可将机翼折叠或拆卸，用 C－5 型“银河”等运输机空运。

F/A－22 是美国洛克希德·马丁公司研制的先进战术战斗机，是第四代战斗机的典型代表。F－22 于 1997 年 9 月首飞。2002 年 9 月 17 日，美空军参谋长宣布，将 F－22 战斗机重新定名为 F/A－22，更加强调该机型兼具战斗机与攻击机的“一机多用”功能。F/A－22 成功地将隐身外形设计技术、低超声速波阻技术、大迎角气动力技术和非定常前体涡控技术等融合在一起，在隐身性能和机动性能之间取得了很好的折中。该机采用主动天线孔径雷达，具有多目标扫描跟踪、多枚导弹引导及全天候远程作战能力。雷达反射面积 0.065 平方米，是 F－15 的 1%，巡航速度为 1.6 马赫，最大速度为 2.5 马赫，作战半径 1450 公里。机载武器有 1 门 20mmM61－A2 机炮，3 个内置弹舱，2 个侧武器舱可各挂 1 枚 AIM－9 近距空空导弹，主武器舱可带 4 枚 AIM－120A 或 6 枚 AIM－120C 先进中距空空导弹或 2 枚 AIM－120C 和 2 枚 GBU－32 JDAM 联合直接攻击炸弹。另外，机翼下还有 4 个可承载 2268 公斤的外部挂架。

F－35 联合攻击战斗机是美国将要装备的一型先进联合战斗机，项目研制始于 1996 年，2006 年开始试飞。F－35 联合攻击战斗机项目提出了模块化的飞机制造概念。这个计划是“一种机型三个型别”，也就是 F－35A、B、C 型分别为美国空军、海军陆战队和海军的采购型号。该计划最大的一个特点就是让三种型别拥有良好的通用性，以降低生产和使用成本。F－35 是目前美军各大武器系统中罕见的低价、高性能武器系统，具有优异的空中机动性能、隐形性能、垂直/短距起降能力等。

A－10 型“雷电”攻击机是美空军单座、双引擎、亚音速、近距离空中支援飞机，主要用于攻击坦克和战场上的活动目标及重要火力点，1975 年服役。机长 16.26 米，翼展 17.53 米，时速 834 千米，最大起飞重量 22680 千克，实用升限 11000 米，近距支援活动半径 463 千米，纵深攻击活动半径 1000 千米，转场航程 4850 千米，可在短距离未经铺修的路面上起降，起飞距离仅 422 米，着陆距离 325 米。有 11 个外挂架，可携带普通炸弹、集束炸弹、激光制导炸弹、“响尾蛇”导弹等常规弹药，机上还装有 1 门“复仇者”式 30 毫米火炮。该机也具有反坦克能力，另载有干扰丝和曳光弹，用以对付雷达及红外制导导弹。

AC－130 是美国空军研制的一种武装攻击型飞机，主要用于特种作战。该机有 A、E、H、U 等型号，目前主要装备 AC－130H 和 U 型。AC－130H/U 安装有多种对地攻击火力，包括 1 门 M102 型 105 毫米火炮以及多门机炮、机枪，可在低威胁条件下实施强大的对地火力攻击。该机装有夜视设备、地形跟踪雷达、电子干扰设备以及空中受油设备，可对特种作战部队提供强大的支援。

（三）侦察机和电子战飞机

TR－1 是美国洛克希德公司在 U－2R 战略侦察机基础上研制的一种高空战术侦察机，于 1983 年开始交付部队使用。TR－1 高空飞行性能突出，该机采用全金属悬臂中单翼，翼展高达 31.39 米，比机身长出 60% 多，可进行长时间滑翔飞行，提高续航时间。TR－1 能不分昼夜地连续观测对方境内纵深目标，支援地面和空中部队作战。该机机上安装有合成孔径侦视雷达与电子侦察装置，不必飞越战线即可侦察纵深 55 千米外的地面情况。

RC－135 是美国波音公司研制的一型战略侦察机。1965 年第一架 RC－135 型侦察机为 S 型，其他改装后的侦察机为 U、V 型和 W 型等，该机装有测向器、分析器、电子侦察接收机、电子情报系统、杂波干扰机等电子侦测和成像侦察设备，专门用于执行战区电子情报侦察。针对任务转型，美国空军为 RC－135“铆钉”电子侦察飞机升级了通信系统，使 Link - 16 联合战术信息分发系统成为其主要的通信链路，将原有的窄带通信系统升级为新型宽带通信系统，相较于前一代 RC - 135，“基线 8”型飞机的带宽增加了 4 倍。这使得 RC - 135 与其他 ISR（情报、监视、侦察）平台、作战平台之间进行交叉引导、完整图像信息共享成为可能。同时该型飞机还首次集成了被称为网络中心协同目标瞄准（NCCT）技术的新型自动系统，机载处理器交叉引导相隔数公里外的其他 ISR 飞机的 ELINT 或雷达传感器探测有关目标，并以数字格式交换彼此探测到的目标方位和识别信息。

E - 3B/C 空中预警与控制系统飞机由波音 707 - 320B 改装而成，1977 年 3 月首次投入使用。机上装有诺斯罗普·格鲁曼公司 AN/APY - 1/2 机载预警雷达。雷达作用距离大于 400 千米，能够在 10 秒钟内观察 50 万平方千米空域。美国空军现装备有 23 架E - 3B 和 9 架 E - 3C，全都将按 Block40/50 升级计划统一提升到E - 3G 状态。波音公司 2008 年 7 月完成了 Block40/50 升级任务系统飞行试验。飞行机组有 4 人，任务机组有 13 ~ 19 人。

E - 8C “联合星”飞机由波音 707 - 320C 客机改装，1988 年首飞。飞机可提供近实时区域监视和远程目标攻击能力，经加油滞空时间为 21 小时，机载 1 部合成孔径雷达，对地探测距离达 250 千米，可在离前线 200 千米处监视 150 × 150 平方千米的大面积战场，飞机还具备与 E - 3 预警机、EC - 130E 战场指挥控制机通信的能力。美国空军从 2005 年底开始对 E - 8C “联合星”飞机进行过渡性升级。其中包括“多功能雷达技术插入计划”（MPRTIP），使“联合星”在配备了 MP - RT1P 传感器后同时具备合成孔径雷达（SAR）和地面动目标指示器（GMTI）功能；升级通信系统，将“联合星”雷达的地面目标信息转变成战区“作战图像”，并进一步缩短“从传感器到射手”之间的路径，使“联合星”更好地融入 NCCT 系统；改进后的“联合星”还将具备 GMTI 图像和友军战场识别结果自动融合的功能。

（四）运输机和加油机

空军现役部队和后备役部队总共约有 250 架战略运输机和 440 架战术运输机，以及 500 多架加油机，这些飞机能够在一天内将 8000 吨物资空运到 5500 千米以外。[①]

C－5“银河”战略军用运输机是目前美国空军军事运输部队的主要机型之一。该机于 1963 年开始研制，1968 年 6 月原型机首飞，1970 年开始装备部队。为了保持该型飞机的战备状态，美国空军要求洛克希德·马丁公司对 C－5 系列运输机进行现代化改造，包括安装新型发动机和更换机载电子设备，以及其他结构和工艺改进。预计在 2016 年底之前，完成改装 52 架 C－5 系列运输机，包括 49 架 C－5B，2 架 C－5C 和 1 架 C－5A。第一架 C－5M“超级银河”改进型飞机已于 2009 年底装备美国空军。C－5M“超级银河”运输机最大载荷 122.5 吨，平均时速 778 公里，其结构特点是机身宽，货仓低，有导轨式自动装卸台，从而保障高效运送武器装备，包括重型（大型）超规格武器、装备和器材。在该系列机型中，C－5B 型的基本性能参数为，翼展 67.88 米，机长 75.54 米，机高 19.85 米，最大起飞重量 380000 千克，最大飞行时速 760 千米（在 10000 米高度），实用升限 10900 米，最大载重航程 5530 千米。

C－17A“环球霸王Ⅲ”战略军用运输机于 1993 年装备美国空军，是美国空军军事运输部队的重型远程运输机，计划用于取代 C－141 型和 C－1301 型运输机。该机巡航时速 648 公里，最大载荷 78.11 吨，最大载荷航程 4445 公里。C－17 的最大特点是兼有战略和战术运输机的性能特点，既可用于高载重远程战略运输任务，又可在战区狭小的机场跑道上起落，完成向前线运送补给战术任务，既可向战区运送超大型作战物资和设备，包括主战坦克和大型步兵战车，也可运送兵员，而且短距起降能力突出，使用十分灵活，大大提高空中运输力量的使用效率。

---

① 唐艳秋：《美国空军空中运输能力》，《外国空军训练》2011 年第 4 期。

C－130“大力神”多用途战术运输机由美国洛克希德·马丁公司研制，1954年首飞，有原型、A、B、C、D、E、F、H、J等多种改型。J为最新的军用型，1996年首飞。飞机采用悬臂式上单翼，低平尾，前三点式多轮起落架，主机翼装4台涡桨发动机，飞机最大载重18955千克，最大巡航时速645公里，最大载重航程5250公里，能够运载92名士兵或64名伞兵。飞机可在未经铺设的野战跑道上起降，起飞着陆距离分别为930米和427米。机组乘员4名。C－130系列飞机在美军各军兵种中得到了广泛的使用，以其为平台发展了预警机、空中加油机和电子干扰机等大量的特种飞机。同时，机翼、发动机、航空电子设备不断得到改进，未来一段时间还将继续作为美国战术运输机的主力。

KC－135型“同温层油船”加油机是目前主力空中加油机，由波音707客机改进而成，目前主要装备使用的为KC－135E型和R型。该型加油机可为B－52轰炸机、C－5运输机、A－10攻击机、F－15及F－117战斗机加油。飞机最大时速956公里，最大载油量47000千克，采用硬管式加油设备，一次可同时为3架小型飞机加油，最大加油率22千克/秒，实用加油半径1850公里。该机必要时也可作运输机使用。

KC－10A也是美国空军的主要空中加油机之一，由MD－10客机改进而成，KC－10A是目前世界上功能最全、加油能力最强的加油机，该机拥有1个硬管加油点或3个软管加油点，可为美国各个军种不同类型受油口的飞机进行空中加油。机上最大供油量达90270千克，每分钟可加油5678千克。KC－10A用途广泛，除进行空中加油外，还可担负货运任务或运送部队，还可为受油机提供通信导航支援，该机自身也可进行空中受油。

（五）无人驾驶飞机

“全球鹰”无人机是美国诺斯罗普·格鲁门公司研制的高空大型长航时无人驾驶侦察机，主要用于连续高空监视、远程和长航时侦察任务，于1995年5月开始研制，1996年试飞。单价约为1000

万美元，是世界上最昂贵的无人机。该机机长 13.53 米，翼展 35.42 米，机高 4.63 米，采用标准轮式起飞和着陆方式，空重 3469 千克，最大起飞重量 11612 千克，任务载荷 907 千克，最大燃油量 6445 千克，装备一台推力 32030 牛的涡扇发动机，实用升限 20500 米，巡航时速 635 公里，活动半径 5560 公里，转场航程 26761 公里，定点续航时间 24 小时，最大续航时间 42 小时。"全球鹰"无人机装有先进的电子设备，可同时携带 3 种远程传感器，进行远距离侦察，覆盖面积大，每天监视范围可达 137320 平方公里，通过卫星数据链进行实时视频信号传输，提供高分辨率的地面图像，能在 20000 米高空识别地面停放的各种飞机、导弹和车辆等。

"捕食者"无人机是美国通用原子航空系统公司为美军研制的中空长航时无人机系统，主要用于执行小区域或山谷地的侦察监视任务。1994 年首飞，1995 年首次担负实战任务。"捕食者"无人机有多种型号，其空军型为 RQ－1K。1998 年，在"捕食者"基础上加大尺寸，改进性能发展为"捕食者"B 型无人机。2005 年，美国空军采购了一批"捕食者"B 型无人机。"捕食者"无人机采用下单翼设计，机身尺寸较大，机身和翼下无外挂点，雷达截面积约 1 平方米。RQ－1K 型无人机装一台四缸二冲程发动机，功率 59.6 千瓦。该机采用标准轮式起降方式，在紧急情况下可采用伞降回收。"捕食者"无人机主要装有光电和红外侦察系统、红外传感器、战术合成孔径雷达、情报信息设备、敌我识别器、激光指示器、成像传输与视频分配系统等。"捕食者"无人机系统由 3～4 架无人机、一个地面站和 28 人组成，首次实现全天候执行监视任务，根据需要可对丘陵地带等小范围地带执行几天或几周的监视任务，为战区指挥员提供实时侦察信息。

二　机载导弹

（一）空对空导弹

AIM－9X"响尾蛇"空空导弹研制计划由美国国防部在 1993

年底提出，1999 年 3 月进行了第一次制导发射，2000 年 9 月批准小批量生产，2002 年 5 月首批生产的导弹装备美国空军。AIM－9X“响尾蛇”导弹长 3.02 米，弹径 127 毫米，翼展 355 毫米，舵展 445 毫米，发射重量 85 公斤，战斗部 10.15 公斤，最大射程 19 千米。AIM－9X 导弹的灵敏度高，能够穿透云层攻击目标，对目标的截获距离也成倍增加。AIM－9X 导弹采用数字化自动驾驶仪飞行控制系统和推力矢量控制技术，具有很高的机动控制能力，转弯速率可达 100（°）/s，为 AIM－9L 的 7 倍。其弹翼及尾舵都采用钛合金制造，弹体的结构也有所加强，能够承受更大的过载，所以具有很强的近距离机动作战能力。同时导弹的离轴角达 ±90°，与新型“联合头盔提示系统”配合使用可使飞行员锁定前方视距内的任何目标，这大大减轻了飞行员的负担，也大大减少了发射时间。2004 年，美国开始研究为 AIM－9X 加装数据链，以使其实现超视距攻击能力。

AIM－120 超视距空空导弹是一种由战斗机携带的新一代超音速自动寻的雷达制导中程空对空导弹，装有高爆弹头。1984 年 12 月首次发射，1988 年起交付使用，1991 年 9 月具备初始作战能力。弹重超过 150 千克，巡航速度 4 马赫，射程 32 千米。美国空军和海军计划用这种导弹替代 AIM－7 导弹。AIM－120D（第四阶段）是 AIM－120 最新的增程改型，改进计划于 2009 财年开始，已完成初步设计和原理样机，并计划于 2013 财年进入作战试验和鉴定（OT&E）阶段。AIM－120D 采用 GPS 辅助惯导系统提高中段制导的精度，装有双向数据链以增强对导弹末段瞄准的控制，改善的大离轴角发射能力，采用新的制导软件来改善运动性能，将增大不可逃逸区。

（二）空对地导弹

AGM－88 空对地反辐射导弹是一种空对地战术导弹，设计用于探寻并跟踪敌雷达发射波束，搜寻并毁坏敌方装备有雷达的防空系统。弹重约 370 千克，超音速巡航，高度为海平面至 1.2 万千米，射程大于 17 千米。1979 年 4 月首次发射，1982 年开始交付使用，1984 年具备初始作战能力。

AGM－130 空对地制导和动力导弹是一种由 F－15E 型机携带的电视或红外成像制导空对地导弹，1984 年首次发射，1992 年 11 月开始交付使用，1994 年具备初始作战能力，目前仍在生产。发射重量超过 1300 千克，亚音速巡航，最大高度 40000 米。AGM－130A 型弹头为 MK－84 型重量超过 900 千克的炸弹。AGM－130C 采用 BLU－109 钻地弹。

AGM－154 联合防区外空地导弹是一种具有在防区外发射能力的精确制导武器。1994 年 12 月首次发射，2000 年起交付使用，2000 年具备初始作战能力。该弹低空发射射程为 27 千米，高空发射射程大于 64 千米。该武器是一种惯性导航加全球定位系统制导导弹，已生产出 A、B、C 三种型号。

AGM－158 联合防区外空地导弹 1996 年由国防部启动，2001 年 12 月进入低速生产阶段，2003 年 9～10 月，通过了空军鉴定并开始全面生产。该导弹最大射程 370 千米，飞行速度为高亚音速，命中精度高达圆概率误差（CEP）2.8 米。导弹外形采用隐身设计，为非圆形结构，弹长 4.26 米，弹径 0.45～0.55 米，翼展 2.4 米，发射重量 1023 千克。该型导弹主要用来从敌防空区外精确打击严密设防的高价值月标，如敌指挥、控制、通信、计算机和情报的主要结点，发电厂、工业设施、重要桥梁、弹道导弹发射架和舰船等目标，同时导弹本身具有雷达下隐身能力。

第四节 海军及海军陆战队武器装备

21 世纪初，美国进行了深刻的军事战略调整，把维护“国土安全”和实现“全球远征作战”作为主要战略任务。在这一新战略的指导下，美国海军及海军陆战队积极寻求新技术来提高武器装备的性能，以确保其在不断变化的战略环境中保持和提高自身的优势，最终达到遏制并打赢潜在敌人的战略目的。

一 舰艇

（一）航空母舰

2009年1月，随着美海军“小鹰”号常规动力航空母舰的退役，美海军11艘航母全部为核动力航母，其中包括1艘“企业”级航母“企业”号和10艘“尼米兹”级航母。这10艘“尼米兹”级航母是“尼米兹”号、“艾森豪威尔”号、“文森”号、“罗斯福”号、“林肯”号、“华盛顿”号、“斯坦尼斯”号、“杜鲁门”号、“里根”号和“布什”号核动力航母。

“尼米兹”级核动力航母是当今世界海军中威力最大的海上巨无霸，是美国海军现役排水量最大、作战能力最强、建造数量最多的航母，是美军水面作战舰队的核心。其标准排水量91600吨，舰长332.9米，舰宽40.8米，吃水11.3米，飞行甲板长332.9米，最大航速30节，动力28万马力，核反应堆寿命15年，续航能力80~100万海里，可搭载固定翼飞机和直升机85~90架，每20秒钟弹射1架飞机，一昼夜可出动飞机200架次，对空作战半径700公里，对海（陆）作战半径800~1000公里。艇员包括3184名船员、2800名航空队员。“尼米兹”级航母由诺思罗普·格鲁曼造船公司制造，其最新型号为2009年接收的“布什”号。该航母属于向新型航母过渡的型号，因此，体现了更多的最新科技。比如，它拥有更先进的雷达和导航仪器，线缆和天线均采用内置设置，从而更突出了隐身性；在动力上，舰上两个核反应堆可供军舰连续工作20年而不需要添加燃料；在自身防护方面，无论是水下防护、对反舰导弹的防护，它都更加重视；在攻击力方面，它可搭载近100架飞机，并拥有多座对空导弹发射系统和近防炮。在全新一代航母问世前，“布什”号将成为21世纪美军最先进的航母。

“企业”级核动力航母“企业”号（CVN-65）是世界上第一艘热核动力航空母舰。1958年2月开工建造，1960年9月下水，1961年11月建成服役。“企业”号航空母舰的标准排水量为75700

吨，满载排水量为94000吨，舰长342.3米，舰宽40.5米，吃水11.9米，飞行甲板长331.6米，宽76.8米。其核动力装置为8座A2W型压水反应堆，产生的蒸汽可驱动4台各为51450千瓦的蒸汽轮机，4轴4桨，主机总功率205800千瓦，航速33节。舰员3215人（军官171人），航空人员2480人（军官385人），另有旗舰工作人员70人。“企业”号航空母舰的武器系统经多次改装和更换，现装备有3座MK－29型8联装北约海麻雀导弹发射装置，采用半主动雷达制导，可用于对付14.6千米内的空中来袭目标；3座MK－15型20毫米密集阵近防武器系统，每座射速为3000发/分，可用于对付1.5千米内的目标。电子战系统有4座6管MK－36型红外照明弹和箔条诱饵系统，SLQ－36水精电声干扰设备，SLQ－32电子干扰和对抗设备。雷达系统有1部SPS－48C型三坐标对空搜索雷达，1部SPS－49型远程搜索雷达，1部SPS－67型对海搜索雷达，6部MK－95型“海麻雀”火控制导雷达，以及导航、着舰引导、指挥仪等雷达，总共20部雷达。另外还装备有十分先进的海军战术数据系统，可以收集和综合本舰、护航舰艇和飞机上各种电子设备探测到的来自水面、水下和空中的目标信息，从而能早期发现来袭飞机和导弹，并进行自动跟踪，及时提供目标的各种数据，为指挥官判断情况，下达作战命令提供可靠的依据。

“福特”级核动力航母包括2008年开工建设的CVN－78“福特”号和2011年开工建设的CVN－79等2艘在建航母，它是美国海军将要装备的第三代核动力航空母舰。该舰长332.8米，舰宽40.8米，吃水7.8米，飞行甲板长332.0米，宽78米，满载排水量10万吨，动力为2座A1B核反应堆，4轴推进，航速30节以上，人员编制4660人。与美军现役的主力航母——“尼米兹”级相比，可以说新的“福特”级航母“从里到外都是新的”。

“福特”级核动力航母有三个明显的特点。一是武器装备更先进。美军计划给第三代核动力航母装备包括电磁炮、激光炮、无人机、电磁弹射器以及F－35隐身战斗机等全新的武器装备。二是动力更强劲。装备2台核反应堆，其总功率相当于现役“尼米兹”级航母的3倍之多。三是全面信息化。美军第三代航母从平台到武器装备都体现出了信息化作战的要求，使其与现有的机械化水平的航母形成具有代差的巨大优势。因此，可以说它的作战能力是有了一个明显的升级和提高。

（二）潜艇

美海军现役71艘潜艇全部是核潜艇。其中，“俄亥俄”级弹道导弹核潜艇14艘；“俄亥俄”级巡航导弹核潜艇4艘；攻击型核潜艇53艘，其中包括“弗吉尼亚”级核潜艇5艘、“海狼”级核潜艇3艘和“洛杉矶”级核潜艇45艘。①

“俄亥俄”级弹道导弹核潜艇是美国发展的第四代弹道导弹核潜艇，也是美国唯一现役的“水下战略核威慑部队”。作为美国“三位一体”战略核力量的中坚，“俄亥俄”级潜艇的主要使命是用“三叉戟”导弹袭击敌方的大城市、政治经济中心、兵力集结地、港口、飞机场、人口稠密区及大片国土等软目标以及敌方的陆地导弹发射井等重要战略硬目标。该级潜艇的研制始于20世纪60年代，首艇1981年11月服役，1997年9月完成全部18艘建造计划。该艇水下排水量18700吨，艇长170米，宽12.8米，水下航速30节，最大潜水深度400米，续航力40万公里，自给力90天，编制155人，装备24枚“三叉戟”导弹、4具533毫米鱼雷发射管（可发射MK－48鱼雷）。该级潜艇预计将服役至2023～2026年。冷战结束后，根据美俄达成的《削减进攻性战略武器条约》要求，美国从2002年11月起，陆续将“俄亥俄”号、“密歇根”号、“佛罗里达”号和“佐治亚”号改装为巡航导弹核潜艇。改装后的“俄亥俄”级巡航导弹潜艇武器系统由22组共154枚“战斧”巡航导弹和4具533毫米鱼雷发射管（可发射MK－48鱼雷）组成。

① 军事科学院《世界军事年鉴》编辑部：《世界军事年鉴2010》，解放军出版社，2011，第268页。

“洛杉矶”级核潜艇是美国海军第五代攻击核潜艇，具有优良的综合性能，主要承担反潜、反舰、对陆攻击等任务。它是世界上建造持续时间最长、建造数量最多、技术最成熟的核潜艇之一。首艇1976年服役，满载排水量6927吨，艇长110.3米，宽10.1米，航速32节，潜深450米。“洛杉矶”级潜艇最显著的特征就是强大的武装，装有4具533毫米鱼雷发射管，可发射各型导弹和鱼雷，包括“鱼叉”反舰导弹、“战斧”反舰导弹以及传统的线导鱼雷。自719号艇以后的“洛杉矶”级潜艇又加装了12具垂直发射器，可发射“战斧”巡航导弹。此外，该级潜艇还有布设MK-67触发水雷和MK-60“捕手”水雷的能力。

“海狼”级攻击型核潜艇是目前世界上最先进的核动力攻击型潜艇。为了在20世纪90年代后期和21世纪保持核动力攻击型潜艇的优势，美国海军从20世纪80年代中期就开始研制替代“洛杉矶”级的“海狼”级攻击型潜艇，并于1989年开始建造首艇，但由于造价太高，因此只被批准建3艘。该级潜艇长99.4米，宽12.9米，吃水10.9米，最大下潜深度可达610米，水下排水量9150吨。“海狼”级潜艇是世界上装备武器最多的攻击型核潜艇，进攻能力强、作战效能好。它装备8具660毫米鱼雷发射管，可发射“战斧”巡航导弹、“海矛”远程反潜导弹、MK48“阿德卡普”鱼雷和“鱼叉”反舰导弹共52枚。另外，由于大量采用了隐身技术，其隐身性能极为突出，噪音水平仅为“洛杉矶”级改进型的1/10，是第一代“洛杉矶”级的1/70。

“弗吉尼亚”级是美国海军在建的最新一级多用途攻击型核潜艇，它将部分取代现役的“洛杉矶”级攻击型核潜艇，成为美国海军21世纪近海作战的主要力量，同时也保留了远洋反潜能力。“弗吉尼亚”级是美国海军有史以来第一种以执行“濒海作战”任务为主、兼顾大洋作战的多功能潜艇，1999年开工建设，2004年交付首艇。该艇长114.91米，宽10.36米，水下排水量7925吨，吃水深度10.1米，潜航极速28节，潜航深度500米，编制人员113

人。“弗吉尼亚”级装备有12具“战斧”巡航导弹垂直发射筒，可发射射程为2500千米攻击陆地目标的“战斧”巡航导弹，能够对陆地纵深目标实施打击。还装备有4具533毫米鱼雷发射管，不仅可以发射MK48型鱼雷、“鱼叉”反舰导弹以及布放水雷，还可以发射、回收水下无人驾驶遥控装置，以及无人空中飞行器。

（三）水面作战舰艇

“提康德罗加”级导弹巡洋舰，因带“宙斯盾”系统，故也称“宙斯盾”巡洋舰。首舰于1983年服役，主要担负航空母舰编队的防空任务，装备“战斧”巡航导弹后，该舰便具备了战略打击能力。现有22艘在役。该级巡洋舰满载排水量9590吨，舰长172.8米，宽16.8米，最大航速30节，续航能力6000海里。装备有2架SH-60B直升机。其武器系统包括“战斧”“鱼叉”和“标准”导弹，127mm舰炮，2个“密集阵”近战武器系统，6具鱼雷管。为进一步提高该级导弹巡洋舰的能力，美海军实施了包括安装SPY-1B型雷达、新型计算机和显示器以及对战斗系统进行升级的改进步骤。此外，通过“巡洋舰现代化计划”，采用基于“宙斯盾”战斗系统的升级战略，赋予“提康德罗加”级导弹巡洋舰新使命和联合作战能力。

“阿利·伯克”级导弹驱逐舰是美海军21世纪的主力舰之一。该舰是一种武器与传感器综合集成的多功能战舰，包括宙斯盾战斗武器系统，具有防空、防水面、反潜和对陆攻击能力。首舰1991年服役，该级舰满载排水量8400吨，舰长153米，宽20.4米，最大航速30节，续航能力5000海里/20节。该级舰可分为三个梯队：DDG51～71代表原型设计，被称为第一梯队；DDG72～78被称为第二梯队；DDG79及后续舰被称为第三梯队。从视觉上看，第一梯队与第二梯队之间没有明显区别，但是第三梯队采用了一对直升机库，增加了搭载和支持2架SH-60B或MH-60R型直升机的能力。该舰的主要武器系统包括“鱼叉”导弹（第一、二梯队）、“战斧”和“标准”导弹、“海麻雀”导弹（DDG79及后续舰）、

MK41 型垂直发射系统、1 个或 2 个 MK15 型“密集阵”近战武器系统。美海军制订了一个“导弹驱逐舰现代化计划”，以使第一、二梯队的“阿利·伯克”级导弹驱逐舰具有第三梯队同样的任务能力，确保它们寿命周期达到 35 年以上。

“佩里”级导弹护卫舰也是美国海军现役主战兵力之一，是 20 世纪 70 年代按美军“高低结合”的武器配置概念研制的护卫舰，1977 年开始服役。该舰标准排水量 2769 吨，满载排水量 3638～4100 吨，舰长 138.1 米，舰宽 13.7 米，吃水深度 4.5 米，航速 29 节，航程 8370 千米/20 节。其武器系统主要包括 1 座 MK13 型单轨导弹发射装置，配备 36 枚“标准”SM－1MR 舰对空导弹和 4 枚“鱼叉”反舰导弹；1 门 76 毫米口径 MK75 火炮，1 套 20 毫米口径 MK15“密集阵”近战武器系统；2 具三联装 324 毫米 MK32 反潜鱼雷发射管，配备 24 枚 MK46 或 MK50 反潜鱼雷。

（四）两栖舰船

“蓝岭”级登陆指挥舰是美国海军兴建的指挥专用型登陆舰，它的出现让美国海军第一次拥有了功能齐全、设备先进的海上指挥中心，彻底解决了海上舰队合同作战的协调指挥问题。目前“蓝岭”级建有 2 艘，分别是“蓝岭”号和“惠特尼山”号。“蓝岭”号指挥舰基本战术性能包括舰长 194 米，舰宽 32.9 米，满载排水量 18372 吨，最大航速 23 节，主要武器系统为 2 座八联装 MK25“海麻雀”舰空导弹发射装置、1 座 MK33 双联装 76 毫米火炮和 2 座“密集阵”近程武器系统。此外“蓝岭”级舰上装备有先进的“海军战术数据系统”、“海军情报处理系统”和“两栖支援情报系统”，舰上的 70 多台发信机、100 多台收信机和 3 组卫星直接联系，可以每秒 3000 个单词的速度与外界进行联系，这种信息收发和处理能力在世界所有现役指挥舰中是首屈一指的。

“黄蜂”级两栖攻击舰是美国海军专门为携带气垫登陆艇和 AV－8B 垂直起降战斗机而建造的多用途两栖攻击舰，首舰“黄蜂”号于 1985 年动工建造，目前已有 8 艘建成服役。该舰满载排水量40650吨（LHD－1～4号）、40358吨（LHD－5～7号）或41772吨（LHD－8号），舰长257.3米，舰宽42.7米，最大航速22节，最大航程9500海里/18节。主要配备的武器系统包括2座八联装“海麻雀”舰空导弹，2座或3座“密集阵”防空系统和4座或8座12.7毫米机枪。它还可搭载42架CH－46直升机或6架AV－8B战斗机。“黄蜂”级两栖攻击舰典型的搭载方案为1870名登陆人员、5辆M1A1坦克、25辆轻型装甲车、8门M198榴弹炮、68辆卡车、1辆燃料车。

“塔拉瓦”级登陆舰是美国海军在20世纪70年代兴建的具有战斗、运输、指挥多重能力的两栖攻击登陆舰，首舰“塔拉瓦”号于1976年5月29日服役。舰长254.2米，舰宽40.2米，满载排水量39967吨，最大航速24节，最大航程10000海里。20世纪90年代初，该级舰进行了现代化改装，加装了“密集阵”防空导弹和RAM反辐射导弹发射装置等。该舰主要武器系统包括2座MK49舰空导弹，2座“密集阵”防空系统，8座12.7毫米机枪。“塔拉瓦”级登陆舰融合了攻击舰、登陆舰和武装货船的三种功能。它既可以像两栖攻击舰那样搭载垂直起降战斗机，也能像通用型登陆舰那样运载士兵，还能像武装货船那样运载大量武器装备和货物。“9·11”恐怖袭击事件之后，为了让整个国家牢记这场灾难性的事件，美国人特意从世贸大厦废墟中收集了24吨废旧钢铁，并用这些钢铁打造了“塔拉瓦”级两栖攻击舰“纽约”号的舰首，以此来鼓舞美军的士气。这艘耗资达8.5亿美元的两栖舰船，也成了那场灾难的最佳见证人。

“圣·安东尼奥”级两栖船坞运输舰主要担负支援两栖作战、特种作战和远征作战任务。首舰“圣·安东尼奥”号于1999年开工建造，该舰长208米，宽32米，排水量约为25000吨，能搭载800名士兵，具备运输并向岸投送气垫船、传统登陆艇和远征作战车辆的能力，并可搭载直升机和垂直起降型飞机（MV－22）。舰艇采用隐形设计，雷达反射面积为“惠德贝岛”级的1%。舰载武器为64枚“海麻雀”导弹，2套MK31发射系统和2套20毫米近程防御系统。

“惠德贝岛”级船坞登陆舰是美国海军在20世纪70年代开始兴建的一种多用途两栖登陆舰。作为21世纪初美国海军主力登陆舰艇之一，“惠德贝岛”级的主要任务是在登陆战中运送和投放各种登陆艇和车辆。首舰“惠德贝岛”号于1985年2月开始服役。该级舰满载排水量16740吨（LSD49号之后），舰长185.8米，宽25.6米，航速22节，续航力8000海里/18节。主要武器系统包括2座MK49舰空导弹，2座“密集阵”防空系统，8座12.7毫米机枪。这种登陆舰扩大了直升机平台的面积，可停放大型直升机或短距起降战斗机，坞舱主要供气垫登陆艇用。

二 飞机

美国海军航空兵编为11个舰载机联队（现役10个，后备役1个），装备作战飞机900架，直升机588架。

（一）固定翼飞机

F/A-18“大黄蜂”战斗/攻击机是美国海军在20世70年代末装备的一种多用途战斗机。到目前为止该机已经发展出了A、B、C、D、E、F共6种型号，总产量超过了1600架。该机翼展约12.3米，长约17米，高约4.7米，最大起飞重量约23.5吨，最大平飞时速1915千米，作战半径740~1065千米，最大航程3700千米。F/A-18采用了双发动机、双倾斜式垂直尾翼的气动布局，机身上的9个外挂点可以携带“响尾蛇”空空导弹、AIM-120中距空空导弹、激光制导炸弹和反舰导弹、联合直接攻击弹药以及各种炸弹和火箭弹。必要时还可以携带电子干扰挂舱进行电子压制，可以说它是一种具有强大火力和良好电子战能力的舰载战斗机。

EA-6B“徘徊者”电子战飞机任务是为美军和盟军提供可靠的部队防护，主要手段包括使用ALQ-99型战术雷达干扰系统对敌防空系统实施压制，使用AGM-88高速反辐射导弹对敌实施电子攻击，使用 USQ－113 无线电对抗设备对敌实施无线电干扰。EA－6B是美军现役唯一的雷达干扰支援飞机，预计服役到 2015 年。其基本性能为翼展约 16 米，长约 18.3 米，高约 5.2 米；飞机净重约 15.4 吨，最大起飞重量约 27.9 吨；海面航行时速 1008 千米，巡航时速 777.8 千米，负载电子对抗设备时升限达约 13 千米；最大作战半径为 3436 千米；机组人员 4 名。

EA－18G“咆哮者”是美国波音公司在第 2 批次 F/A－18F 舰载多功能战斗机基础上为美国海军改装研制的舰载电子战飞机，用来替换美国海军的 EA－6B，主要用于电子战支援和空中电子攻击，可执行雷达干扰、通信干扰，摧毁敌防空、电子监视和信号情报侦察等任务，同时保留了 F/A－18F 战斗机的全部作战能力。该机已被确定为美国海军 2020 年航母舰载机联队编成构想中的关键组成机种之一。2001 年 11 月 15 日，波音公司利用 F/A－18F 的首架原型机完成了采用电子战布局的首飞；2006 年 8 月 3 日，EA－18G“咆哮者”首架预生产型试验机出厂，同年 8 月 15 日首飞；2009 年 11 月 23 日，美国国防部批准 EA－18G 投入大批量生产。EA－18G 与第 2 批次 F/A－18F 的通用程度超过 90%，其中结构零部件有 99% 通用。飞行性能和作战能力也与 F/A－18F 基本相同或相当，仅着舰载重提高了 1814 公斤。

E－2C“鹰眼”舰载预警指挥机是美国格鲁门公司（今诺斯罗普·格鲁门公司）为美国海军研制的舰载预警指挥机，主要执行舰队防空预警和空战指挥引导，也可执行搜索与救援和反毒品走私等任务。该机具有对空、对海、对地三种工作方式，机载雷达覆盖方位角 360°，中高空目标探测距离 480 千米，低空目标探测距离 270 千米，可在复杂背景中同时跟踪 300 批目标，并引导己方几十架飞机进行拦截。[①] 该机也是目前世界上装备数量最大、装备国家和地

① 宋华文、耿艳栋：《信息化武器装备及其运用》，国防工业出版社，2010，第 108 页。

区最多的预警指挥机。首架生产型飞机于 1972 年 9 月 23 日首飞，1973 年开始交付美国海军。其基本性能为翼展 24.6 米，机长 17.6 米，机高 5.6 米，最大时速 626 千米，最大航程 2854 千米，空勤组 5 人（2 名飞行员、3 名系统操作人员）。其最新改进型 E-2C-2000（即“鹰眼”2000）2001 年 10 月开始交付，2009 年 9 月 21 日交付了最后 1 架。

E-2D“先进鹰眼”舰载预警指挥机是美国诺斯罗普·格鲁门公司正在为美国海军研制的新一代舰载预警指挥机。该机是美国海军现役 E-2C-2000 飞机的重大改型，计划用来取代美国海军现役的 E-2C，以作为美国海军“21 世纪海上力量”建军构想中的重要支撑装备、“部队网”中的关键节点和 2020 年航母舰载机联队编成构想中的关键组成机种之一，执行预警指挥、作战空间管理、战区航空和导弹防御、信息服务等任务。E-2D“先进鹰眼”所采用的技术可使其最大探测距离达到 350 海里，同时提高了对陆地上空和濒海目标的探测容量、灵活性和精度。到目前为止，诺斯罗普·格鲁门公司已经向海军交付了 5 架 E-2D，美国海军计划采购 75 架 E-2D，并在 2021 前全部交付。

（二）直升机

UH-60“黑鹰”直升机是美军使用最普遍的一种多用途直升机。黑鹰型号相当繁杂，美国海陆空三军都有型号服役。“海鹰”/“骑士鹰”/“黑鹰”直升机是陆军“黑鹰”直升机的改进型。其中，UH-60B 部署在巡洋舰、驱逐舰和护卫舰上，可进行全天候飞行，并能对舰船和潜艇进行探测、识别、定位和封锁，进行搜索与救援、医疗撤运、垂直补给、舰队支援和通信传递等任务。1984 年交付使用。该直升机身长约 15.2 米，全长约 19.8 米，高约 5.2 米，重量约 10 吨，在约 1.5 千米高度最大航速 145 节、航程约 702 千米；配备武器有 MK46 鱼雷、机枪、“地狱火”和“企鹅”空舰导弹等。机组人员 2~4 名。2009 年 7 月，该系列直升机的最新改进型 MH-60S/R 多用途直升机完成了在“约翰·斯坦尼斯”号航母战斗群的首次部署。MH－60S/R 具备大容量的舱体空间，灵活的机身构造，装载有先进的通信条统、精确的导航定位设备以及先进的反水雷设备和反潜传感器，使其在恶劣环境和气候中执行任务能力、反潜能力和扫雷能力有了极大提升。

H－46“海上骑士”运输直升机系海军和海军陆战队通用的前后螺旋桨式直升机。1964 年首飞，初期量产型于 1965 年开始装备，可用于陆基和海基活动。现有士兵运送型 CH－46D 型、救援型 HH－46D型、物资输送型 UH－46D 型，海军陆战队只使用 CH－46 型机。20 世纪 90 年代初期进行了现代化改装，主要加装夜视器材和升级动力部分。

三 海战兵器

（一）导弹

“战斧”对地攻击导弹是一种全天候亚音速巡航导弹，射程约 1296～1852 千米，加助推器长度为约 6.2 米，直径约 52 厘米，翼展约 2.67 米，重约 15 吨，采用固体燃料助推器，时速约 885 千米。可由水面舰船或潜艇作战平台发射。“战斧”导弹既可装填核弹药，也可装填常规弹药。战术“战斧”导弹（Block Ⅳ型）装备有抗干扰全球定位系统、双路卫星数据链以及惯性导航系统，还安装有新型的任务计算机，可以在遂行作战任务时表现出更大的灵活性。

“鱼叉”导弹是一种全天候超视距反舰导弹。海基型长约 4.57 米、重约 0.67 吨；空射型长约 3.9 米、重约 0.52 吨，直径约 34.3 厘米，翼展约 0.9 米，射程超过 110 千米，高亚音速（时速 855 千米），弹头为约 0.22 吨穿透型高效炸药。“鱼叉”导弹特点是能够低空飞行、掠海面巡航和雷达制导，生存能力强，作战效能高。“鱼叉”（Block Ⅱ型）导弹既可遂行反舰作战，又可遂行对陆攻击。目前，美海军的主要水面战舰和作战飞机上均安装有“鱼叉”巡航导弹。

AGM－84“斯拉姆”/增程“斯拉姆”导弹是一种防空区外对陆攻击导弹。前者主要装在F/A－18型战斗机上。后者是一种超视距精确打击导弹，可对敌进行“外科手术式”打击，能摧毁敌方高价值、固定的大型目标，包括海上活动舰船。

AGM－88型“哈姆”高速反辐射导弹是海军和空军联合研制的第三代机载反辐射导弹。速度3马赫，导弹长4.17米，弹径0.254米，射程25千米，1983年装备部队。导弹装有惯导系统，一旦敌方雷达关机，导弹将按惯导系统指定的方向飞行，不会因此而失去目标。目前该型导弹已经有了B型和C型，两种改进型导弹装备了新的存储装置和扩大了频率覆盖范围，能对付频率捷变雷达。

AIM－120高级中程空对空导弹。该导弹1993年首次装配在“林肯”号航空母舰的F/A－18型飞机上。现为F/A－18E/F型战斗攻击机的主要武器之一。

“麻雀”导弹（AIM－7）/“海麻雀”（RIM－7）/改进型“海麻雀”（RIM－162）是一种雷达制导空对空导弹，配装F/A－18战斗攻击机。长约3.7米（改进型长过3.8米）、直径约200毫米（改进型为254毫米）、翼展约10米，重约0.23吨（改进型重约0.3吨），时速达4280千米。AIM－7型射程约45.6千米以上，RIM－7射程约5.3千米，改进型“海麻雀”射程约15.5千米。

RIM－66C/156“标准”导弹是舰载防空和反舰导弹，主要用于拦截导弹，攻击飞机和舰艇，是目前海军“提康德罗加”级巡洋舰和“伯克”级导弹驱逐舰的主要防空武器。美海军目前正在研发的“标准”Ⅲ型导弹将是海军区域性弹道导弹防御的拦截武器，可为海军提供战区弹道导弹防御能力。SM－2型中程“标准”导弹长约38米、直径约34厘米、翼展约1米、重约0.68吨，采用双推进固体燃料火箭，弹头为高效炸药。SM－2型增程“标准”导弹长约6.6米、直径34.3厘米、翼展约8.9米、重约1.36吨，采用双推进固体燃料火箭，弹头同样为高效炸药。

（二）鱼雷

美海军鱼雷主要包括MK－46型鱼雷、MK－48型鱼雷、MK－54轻型组合鱼雷和AS－ROC“阿斯洛克”垂直发射反潜火箭。其中，MK－46鱼雷是美海军轻型反潜武器中的主体，主要用于打击高性能潜艇。MK－48鱼雷是一种只由潜艇使用的重型鱼雷，主要用于反潜作战，也是战略弹道导弹潜艇上的主要防御武器。MK－54鱼雷是一种轻型组合鱼雷，也是第一种全数字化鱼雷。“阿斯洛克”垂直发射反潜火箭是一种轨道发射器，主要用于发射MK－46及其改进型鱼雷，射程超过10千米，长约5米、直径35.8厘米、重约7.5吨，采用固体燃料火箭，携带常规弹头，可为海军舰船提供全天候、快速反潜能力。

（三）舰炮

美海军舰炮主要包括MK－45、MK－75、MK－38和MK－15四种型号，发射速率每分钟几十发到数千发不等。

MK－45型舰炮是一种轻型单管全自动舰炮，可打击水面舰艇、低空飞行器和近岸目标。重约22.2吨，甲板以上部分高约3米，射速每分钟20发，最大射程约21.7千米。MK－75型舰炮是一种全自动遥控式舰炮，射速为每分钟80发、射程约18.5千米。MK－38型舰炮是海军水面作战中心研制的武器系统，重约0.59吨，射击速度每分钟175发，有效射程约2.5千米。

MK－15“密集阵”近战武器系统是一种舰上防空系统，美国海军现有185艘舰艇上均装备了该系统。该系统武器由火控雷达和6个炮管组成，可以装填高密度穿甲弹，射击速度每分钟3000～4500发。

第六章
作战理论

作战理论是指导美军作战行动的基础。作为世界唯一超级大国和头号军事强国，美国始终高度重视军事理论研究。特别是冷战结束以后，随着世界形势的进一步发展和国际力量对比的此消彼长，美国面临的安全环境不断变化，其国家安全战略不断调整，更加促使美军不断对其作战理论推陈出新，并结合军事技术的发展和美军在近期几场战争中的经验教训不断充实完善和发展。

第一节　联合作战理论

根据美军2010年版联合出版物JP1－02《国防部军语及相关术语辞典》定义，"联合作战"指的是"由联合部队或未组成联合部队的相关军种部队（如支援、协调机构等）采取的军事行动的通称"。[①] 美军认为，未来战争中的主要作战行动都将在一体化的环境中、在战区作战计划的指导下，通过对各军种独有的作战能力进行协调，形成整体合力，进而以压倒性的能力优势实现统一的目标。因此，联合作战理论是实施联合作战的基础，是夺取战争胜利的关键因素，联合作战思想是指导美军当前和未来作战的核心思想。这就从根本上规定了美军进行军事训练和实施作战行动的方式。

---

① DOD：《Dictionary of Military and Associated Terms》，JP1－02，p. 200.

一 历史回顾

联合作战思想在美军中由来已久。早在1920年美军即颁发了《陆军和海军的联合行动条令》，但真正开始研究联合作战理论则是在越南战争以后。越南战争的失败迫使美军中的有识之士开始探索新的作战理论。1982年版陆军《作战纲要》首次提出“空地一体战”理论。1986年的《戈德华特—尼克尔斯国防部改组法》规定了参联会主席负责联合作战理论的研究与制定。1986年版陆军《作战纲要》正式提出了联合作战问题。1991年的海湾战争更是针对联合作战理论进行了有效的检验和发展。此后，联合作战理论成为指导美军全军的作战理论。1996年和2000年，参联会又先后颁布了《2010年联合构想》和《2020年联合构想》，对未来联合作战问题进行了进一步的阐释。在此后的科索沃战争、阿富汗战争和伊拉克战争中，联合作战理论得到了全面检验。

根据美参联会出台的一系列联合作战文件，特别是《2010年联合构想》和《2020年联合构想》对联合作战思想的阐述，美军联合作战的基本指导思想可以概括为“以信息优势为基础，发挥全谱优势，实施‘主导机动、精确打击、全维防护和聚焦式后勤’的联合作战”。同时，高度重视信息作战、联合指挥与控制和互通性在实施联合作战中的重要作用。

所谓“全谱优势”，就是指在所有军事行动中美军均能单独、或者与多国及跨国机构协同，击败任何敌人并控制局势。这些军事行动包括保持战略威慑态势、战区内的军事参与和军事存在活动、使用战略部队和大规模杀伤性武器的冲突、大规模战区战争、地区冲突和小规模突发事件、介于和平与战争之间的模糊情况（如维持和平与强制和平行动），以及非战斗性人道主义援助行动和对国家当局的支援行动等。美军认为，全谱优势的根本标志是成功遂行所有作战行动并夺取战争的胜利。因此，美军要求联合部队具有全球作战的能力，能够对付拥有大规模杀伤性武器的对手，并能够改变冲突频谱中各种强度的不确定状态。①

二 基本理念

联合作战理论的基本理念：第一，主导机动，即在完成所领受军事任务的过程中，联合部队通过在陆、海、空、天、电等多个维度综合运用自身的信息能力、作战能力和机动能力，以决定性的速度和压倒性的行动节奏夺取位置优势，形成对战场的全维控制；第二，精确打击，即在各类军事行动中，联合部队均能发挥自身 C^4ISR 系统（即指挥、控制、通信、计算机、情报、监视和侦察系统）的优势，迅速、准确地发现、监视、识别并跟踪目标，并且有效地选择、组织并运用适当的系统对其实施打击，以实现预期的打击效果，并对其进行及时准确的评估，以便在必要的情况下以决定性的速度和节奏再次对目标实施打击；第三，全维防护，即在完成各类作战任务的过程中，通过实施主动和被动的防护措施，对执行任务的人员、装备等提供全程、全方位的保护，使其免遭敌方的破坏，最大限度地减少伤亡，保持美军的行动自由；第四，聚焦后勤，即在实施各类军事行动的过程中，根据未来战争高度流动和作战单位高度分散的特点，向联合部队指挥官提供当时、当地所需的人员、物资、装备等，保障兵力投送和持续作战。

美军认为，“互通性指的是武器装备系统、部队单位或军种部队与其他武器装备系统、部队单位或军种互相提供勤务保障，并利用其达到有效地共同作战的能力”。这一特点是有效实施多国的和跨部门的一体化作战的基础，也是2020年联合部队的必要条件。未来联合部队将拥有大量的技术装备和灵活的组织体制，因此必须

① 军事科学院世界军事研究部：《美国军事基本情况》，2004，军事科学出版社，第337页。

研究开发出具有兼容性的程序和规则，制订协同计划，并依据危机时的特殊情况进行自我调整。

三　基本原则

在 JP1 号联合出版物《美国武装部队条令》中，美军提出了联合作战的九条基本原则，即目标、进攻、集中、节约兵力、机动、统一指挥、安全、突然和简明。“目标”指的是为每次军事行动指明一个明确的、决定性的和可实现的目标。目标必须直接、快速和经济地促成作战意图。每一次行动必须有助于战略目标的实现。“进攻”指的是夺取、保持和利用主动权。美军认为，进攻是达到目标的最有效和决定性途径，进攻行动是军队为保持行动自由和取得决定性战果而夺取并掌握主动权的手段。因此，进攻的重要性对于战争的各级都是毋庸置疑的。“集中”，即在最有利的时间和地点集中战斗力效果（而不是部队），并最大限度地减少己方人员、资源的损耗。“节约兵力”指的是合理地区分和使用力量，以便在决定性的时间、地点集中战斗力。“机动”指的是夺取或保持自身相对于敌人的位置优势，以利于己方部队发扬火力或实施威慑。“统一指挥”指的是所有部队均在同一指挥官的指挥下行动，以确保不同部队、部门和机构行动的统一和协调。“安全”意味着通过周密的计划和对敌方战略、战术和作战原则的深入分析，采取措施保护己方部队，进而增强自身的行动自由。“突然”指的是在出其不意的时间、地点，或以出其不意的方式打击敌人，其方法包括共享信息、实施有效的情报欺骗、快速调动部队、使用敌人意想不到的战斗力和作战方式等等。“简明”，即制定明确而简单的计划和简洁的命令，以减少误解和混乱，确保计划、命令得到正确的理解和执行。

此外，根据军事行动实践，美军还提出了三项新原则，即“约束”（限制附带损伤并防止不必要地使用武力）、“持久”（耐心、坚决和不懈地追求实现国家的目的和目标）、“合法”（投入行动的部队必须维持行动的合法性和行动所在东道国政府的合法性）。这些基本原则是在遵循美军“九大军事原则”的基础上，根据联合作战的特点并结合美军的实际经验而提出的。在实施联合作战时，两种原则应当结合使用。

美军还提出了关于联合作战的筹划及各项注意要素。联合作战筹划指的是为战役或联合作战计划及其后续实施拟制方案与框架的活动，这是联合作战指挥的核心活动。作战筹划的要素是帮助指挥官及其参谋人员设想战役或作战行动并制定作战构想的工具，包括17项内容：终止、最终状态与目标、效果、重心、决定点、直接与间接、作战线、作战范围、同时性与纵深性、时机与节奏、部队和职能、全局性影响力、平衡性、预见性、协同性、顶点以及作战安排。

总的来看，联合作战思想反映了现代战争特别是高技术条件下局部战争的特点和规律。在信息时代的背景下，美军未来将以夺取“全谱优势”为目标，以各种指挥系统和武器装备的网络连接为基础，凭借信息、火力、机动和心理等综合能力努力控制全维空间，谋求和维护其全球霸权。其联合作战理论也将呈现以下特点：首先，指导的军事行动类型将不断增加。既有战争行动，也有非战争军事行动。既有传统的陆海空领域内的行动，也有太空、网络和电磁领域内的行动。其次，需要联合的机构、力量更为多样。除了传统的陆海空军各军种的联合外，还包括民间的其他部门和机构。既有本国的力量，也有国外的力量。最后，指挥、控制与协调将更加快捷高效。随着信息化水平和互通程度的不断改进，未来联合作战的指挥控制将更加快速，更能有效应对复杂多变的局势，达成联合作战的预期目的。

第二节　信息作战理论

信息作战，也称“信息战”，指的是在战时或危机时，在保护己方信息和信息系统的同时，干扰、破坏敌方信息和信息系统，以保持或夺取信息优势为根本目的而采取的一系列军事行动。

一　历史回顾

1976年，美国军事理论家T. 罗那为波音公司撰写的一份题为《武器系统与信息战》的研究报告中，首次提出了“信息战”概念。但直到1991年初海湾战争之后，人们才开始对信息战理论进行广泛、深入的研究。美国政府、军界和民间学术组织更是展开了激烈的讨论。有些学者和官员认为，海湾战争就是人类历史上进行的第一场信息战争，而反对者则不同意这种说法，认为真正的信息战争还远未到来。这场争论标志着美军对信息战的认识迈出了实质性的步伐，进而引发了关于信息战本质特征、主要样式、基本战法以及强弱点分析等方面的理论探索。

1996年4月美空军部公布的《空军信息战概则》、8月美陆军部颁发的FM100－6《信息作战》条令和1998年美参联会颁发的联合出版物JP3－13《联合信息战条令》中，明确提出了作战保密、军事欺骗、心理战、电子战和物理破坏的信息作战5项内容。

二　基本内容

根据所处层面、所用手段等的不同，信息作战的类型可以分为国家信息战与国防信息战、战略信息战与战术信息战、进攻性信息战与防御性信息战等类型。一般而言，采用进攻性信息战与防御性信息战的划分较为常见。进攻性信息作战指的是使用己方建制、隶属和支援的各种作战力量，对敌方信息和信息系统实施攻击，进而影响敌方决策过程，达成既定目标的军事行动。进攻性信息作战的作战样式包括保密、欺骗、心理战、物理摧毁和网络攻击等。防御性信息作战指的是综合运用各种软硬手段，通过多种行动样式，保护己方信息和信息系统的安全，确保己方及时、准确、无缝地获取所需信息的作战行动。防御性信息作战的主要样式包括信息保障、信息安全、物理安全、保密、反欺骗、反宣传、反情报、电子防护等。进攻性和防御性信息作战贯穿于战争的各个阶段和军事行动的各个领域。

美军认为，信息作战的特点在于设法利用、瘫痪和破坏敌方的信息系统，同时保证己方信息系统的完好，免遭被敌方利用、瘫痪和破坏，以取得信息优势。而信息优势则是“在信息领域取得支配地位，以便在遂行作战时不会遇到有力的对抗”。对于信息战的作用，美军认为，现代高技术战争正朝着以争夺制信息权为主的方向发展，而信息被公认为是取得现代战争胜利的关键。作为对火力战的革命性的完善与补充，信息战在现代高技术战争中正发挥着越来越重要的作用。它能够更加有效地利用各种资源，以最佳的情报系统所创造的良好的组织协调条件，满足美军快速反应、纵深打击、精确打击和部队高度机动等作战行动所提出的信息要求，实现以最小的伤亡赢得战争的胜利。

三　基本原则

美军的信息作战行动遵循以下基本原则。首先，“攻防一体”原则。美军各种作战思想均强调积极进攻，信息战也不例外。美军的信息战一般是从对敌方目标实施电磁攻击开始。同时，采取各种措施，保护自身的信息系统安全，使自己“耳聪目明”。其次，“打击重心”原则。美军强调利用各类手段，首先对敌方指挥中枢进行打击，包括敌国指挥当局、联合参谋部、战区总部、各级部队司令部等，从而破坏敌方指挥控制系统，同时摈弃注重硬件摧毁和人员杀伤数量的传统观念。再次，“战场透明”原则。该原则指的是通过破坏或瘫痪敌方各级军事信息系统，阻止敌方有效地获得和使用各类信息、情报，同时利用己方的各种先进技术和手段，全时段、全领域地监视和观察侦查敌方动向，对敌我情况心中有数。同时，根据战局的发展变化，适时调整和补充侦察与监视方法，确保对战场信息实施不间断搜集。最后，“快速反应”原则。即充分发挥己方的信息优势，利用双方获取和处理信息的速度差，抓住战机，先敌出手，从而陷敌于被动。

四　整体特点

总的看来，信息战具有以下几个特点。

一是军民界限模糊，手段灵活多样。信息战的一个重要特点是军民界限较为模糊，无论是军队，还是地方机构，无论是合法主体，还是恐怖组织均可实施。这就使得信息战的实施具有较强的兼容性。同时，由于主体的不同，信息战的手段多种多样，既有以夺取"制信息权"为核心的指挥控制战，也有以保护己方情报、获取敌方情报为核心的情报战，既可以是政府部门实施的舆论影响，也可以是私营企业甚至个人实施的病毒破坏，等等，并且随着军事理论和科技水平的进一步发展，信息战的样式和手段将更加复杂多样。

二是一体化程度较高，注重整体合力。由于信息作战涉及的主体较多，领域和范围较广，因此要求军队内部的各军种、各部门和地方政府、机构、个人之间进行广泛而密切的信息联合，使军地双方的指挥、控制、情报、通信、后勤系统构成一个有机整体，发挥整体力量，从而提高信息作战的效能。

三是作战时空广大、持续时间较短。与常规的作战形式不同，信息作战往往不具有明确的边界，即使是很小规模的行动，也有可能同时在陆、海、空、天、网络等空间内展开，其目标的距离、数量往往远远超过常规的作战行动。同时，由于信息打击的目标往往较为明确，所用手段一般又不受常规武器的射程、威力和使用条件的限制，从而使得信息作战行动可以用较短的时间达成所需的效果。

四是技术依赖性强，重视"攻防一体"。美军认为，支持信息战的是庞大的综合技术群，包括电子、通信、控制等多种信息技术，可以说，信息技术的发展为实施信息战提供了不可替代的技术基础。而根据信息作战的定义，这些技术及其系统在为信息作战服务的同时，也会成为敌方信息战打击的目标。因此，在实施信息战的过程中，作战双方都会把保护自己的信息和信息系统、打击对方的信息和信息系统作为整个作战过程的重中之重，“攻防一体”的特点较为突出。

第三节 快速决定性作战理论

“快速决定性作战”指的是根据“知彼知己”、“指挥与控制”和“基于效果作战”的原则，协调使用军事手段和其他国家战略力量，通过一系列快速、猛烈、多维、分布式的动作、袭击和打击，削弱敌人的关键能力和凝聚力，以达成预期军事目的的联合作战。

一 历史回顾

1999 年 4 月美国防部的《防务计划指导》首次提出“快速决定性作战”概念，要求美军“开发新的联合作战概念和能力，以提高未来联合部队司令官快速和决定性地实施特别有挑战性的重要作战任务（如胁迫敌人采取某些行动或剥夺敌人胁迫或攻击其邻国的能力等）的能力”。根据这一指示和 1997 年参联会颁发的《2010 年联合构想》，结合美军 1998 年 12 月实施的“沙漠之狐”行动和 1999 年进行的“联盟力量”行动，联合部队司令部于 1999 年推出《快速决定性作战 0.5》版白皮书，提出试验性的“快速决定性作战”理论。

2001 年 5 月，联合部队司令部又根据参联会颁发的《2020 年联合构想》及联合未来实验室进行的模拟、仿真和实验，提出《快速决定性作战 1.0》版白皮书，并在“千年挑战 2002”实兵演习中对其进行了检验。2003 年的伊拉克战争中，该理论又经过了实战检验，得到了进一步的发展和完善。

二　基本内容

“快速决定性作战”要求以战略目的为中心，实施“快速”和“决定性”的联合作战行动。由此可见，“快速决定性作战”理论的中心在于是否达成预期的战略和战役效果，是否实现预期的军事目的和国家的战略目标，而其两大构成要素分别是“快速”和“决定性”。“快速”指的是在绝对和相对速度上都要快于敌人，尽快达成作战目的。为此，作战部队必须详细了解敌我情况，尽早制订计划，及时做出决策，快速反应和机动。“决定性”则是指通过打击敌人的凝聚力，摧毁其抵抗意志和能力，把自己的意志强加于敌人。这就要求作战部队准确判断敌方的重心、薄弱环节和关键节点，综合运用国家的各种能力，实施基于效果的作战，发挥自身的信息优势，实施快速机动、高强度突击和不对称攻击等联合行动，剥夺敌方的关键能力和凝聚力，摧毁敌方领导层的抵抗意志，迫其屈服，从而快速达成预期的政治和军事目的。

美军的“快速决定性作战”理论是基于未来联合作战的特征而提出的。美军认为，未来的联合作战将具有四大特征。第一，以知识为中心。即在先进的未来信息系统的基础上，对敌情、我情和战场环境的深入理解与认识。这一点对于强化决策优势、提高作战速度进而取得决定性胜利至关重要。第二，基于效果。即通过在各个层面、不同领域综合运用各种军事、非军事能力，取得针对敌方的预期结果，即“效果”。第三，实行内聚式联合。在建立一体化的联合指挥控制系统和互通的作战系统的基础上，通过加强联合训练实现思想和行动上的一致。第四，全面网络化。即在联合部队内部各单位之间实现知识共享，使其能够协调、平行地制订计划、做出决策并采取行动，从而提高联合能力。①

---

① 军事科学院世界军事研究部：《美国军事基本情况》，2004，军事科学出版社，第336～337页。

三 主要途径

按照美军的观点，“快速决定性作战”的关键途径主要有四个，即“确保进入”、“快速部署”、“灵敏支援”和“全维防护”。

“确保进入”是指建立强大的联盟，尽可能地孤立敌人；利用美军信息、机动和火力的综合优势，确保陆、海、空、天、信息多维的进入，获取“多维优势”；确保联合部队指挥官利用这种“多维优势”和进入权，在适当的时间和地点，采取多种选择手段打击敌方关键弱点，以达成预期的效果。

“快速部署”，既包括快速部署部队，也包括快速投送足够的联合战斗力量，以确保联合部队指挥官拥有全维的作战能力。为此，要改革联合部署程序，加强战略机动“三合一”（海运、空运和预置）建设，加快部队的轻型化转型，提高快速部署能力。

“灵敏支援”是指通过分布式的、全球联网的后勤能力在广阔的作战空间内向各部队提供支援保障，确保其能够持续、有效地实施作战行动。为此，应当打破部队编制的限制，利用分布式基地和模块化编组的方式，建立“联合战区后勤管理”系统，以便向各个部（分）队提供持续、有效的支援。

“全维防护”则是指在原有的概念基础上，运用多层次的主动和被动防护措施，在陆、海、空、天、信息等领域加强对部队的防护。

美军认为，为了有效实施“快速决定性作战”，未来的联合部队应当具备九种能力，即实时的战场感知能力、统一行动能力、战场空间控制能力、创造压倒优势的致命与非致命效果的能力、综合使用部队达成预期效果的能力、招之即来的全球机动与攻击能力、全维防护能力、干扰与破坏敌方指挥与控制部队的能力。①

---

① 柯春桥：《美军“快速决定性作战”理论与伊拉克革命》，《外国军事学术》2003年第7期。

作为一种全新的作战概念，美军的“快速决定性作战”理论仍在不断试验和发展之中。虽然在伊拉克战争中该理论得到了部分检验，但美国军界、学界对其褒贬不一，其作用与效果仍处在争论之中。但不可否认的是，这一理论正在并将长期影响美军的部队建设和作战理论，对美军未来的作战样式和战法产生重大的影响。

第四节　网络中心战理论

“网络中心战”理论指的是“通过全球信息网格，将分散配置的作战要素集成为网络化的作战指挥体系、作战力量体系和作战保障体系，实现各作战要素间战场态势感知共享，最大限度地把信息优势转变为决策优势和行动优势，充分发挥整体作战效能的一种作战理论”。[①]

一　历史回顾

“网络中心战”理论是美军针对未来可能出现的信息化战争形态而提出的一种新型作战构想。1997 年 4 月，美国海军作战部长约翰逊海军上将首次提出“网络中心战”概念。1998 年 1 月，美国海军军事学院院长阿瑟·塞布罗斯基海军中将发表题为《网络中心战：起源与未来》的论文，成为网络中心战理论的奠基之作。随后，美国海军内部对该理论进行了广泛和深入的讨论。2001 年 7 月，美国国防部发布《网络中心战》报告，全面阐述了“网络中心战”的内涵、目的与意义、实现条件和途径，强调“网络中心战应成为美国国防力量转型战略规划的基石”，标志着国防部正式接受了“网络中心战”理论。

2004 年 1 月，美国国防部军事转型办公室发布《网络中心战：

① 樊高月：《美军网络中心战理论与实践》，《外国军事学术》2007 年第 10 期。

创造决定性作战优势》和《网络中心战实施纲要》，进一步明确了实现“网络中心战构想”的方法和手段、步骤与途径，提出以建设“网络中心战”能力来统领军事转型的总体规划和中心环节。从此，“网络中心战”理论得到了美国政府和各军种的高度重视，在美军信息化转型中得以逐步发展，并在伊拉克战争中得到了初步验证。

2005 年 5 月，美国国防部发布第 5144.1 号指令，规定由负责网络与信息一体化的助理国防部长兼任国防部首席信息官，负责网络中心战建设的指导、监督与管理。2005 年 3 月的《美国国防战略》和 2006 年 2 月的《四年防务评估报告》都重申了网络中心战的战略地位。2006 年 10 月，美国国防部负责网络与信息一体化的助理部长兼首席信息官格里姆斯签发了《国防部首席信息官战略计划》，标志着美军网络中心战建设进入全面发展阶段。[①]

二 基本内容

“网络中心战”理论的实质是通过成熟的网络化部队，提高信息共享程度、态势感知质量、协作和自我同步能力，在广阔空间实施高度同步的联合作战，极大地提高完成任务的效率。[②] 其核心是实现各作战单元的网络化，即以计算机系统为基础，通过构建高度智能化的综合网络，实现各作战单元的无缝连接。这一综合网络包括三个主要部分，即信息栅格网、传感器网和交战网。在这三个网络之间，应当实现全域、实时、无缝地链接与共享，从而形成“信息结构——作战空间感知——实时协同——最终效果”的战斗力生成链。通过构建和完善这三个网络，各作战单元和作战系统将被集成为一个统一、高效的作战体系，各军种部队和作战人员将实现战场信息共享、行动协调同步，其信息优势将被有效地转化为战场优势，从而顺利实施联合作战。

---

① 樊高月：《美军网络中心战理论与实践》，《外国军事学术》2007 年第 10 期。

② 樊高月：《美军网络中心战理论与实践》，《外国军事学术》2007 年第 10 期。

三 基本特点

“网络中心战”的特点：第一，作战中心由平台转向网络，计算机、网络扮演了核心角色；第二，信息成为战斗力的倍增器，及时、有效、全面的信息能够大大增强战斗力、扩大作战效果，使信息优势转化为战场优势；第三，作战单元网络化使相互协调更加高效，各作战单元已经形成一个统一整体；第四，作战行动的形式和指挥官的指挥方式更加灵活多样。由于能够及时掌握战场态势，加之各作战单元的自主性、主动性大为提升，作战行动的灵活性和适应性进一步增强，指挥官也可采取多种方式领导作战。

美军认为，在开展“网络中心战”时，首先应当建立一体化的完善的传感器网络体系框架，在战略、战役、战术三个层面和陆、海、空、天四个维度建立互联互通的信息系统，进行信息采集、数据融合和信息管理。在建立完善的“信息结构”的基础上，努力提高作战部队和作战人员的作战空间感知与信息共享能力，使各作战单位和个人能够实时、全面地了解战场态势，实现“作战空间感知”。这样，各作战单位和作战人员就能够根据战场实际情况，以灵活多样的方式，主动开展作战行动，实现“实时协同”。而及时掌握信息，实时、主动协同的结果就是己方部队能够控制作战节奏，增加自身实力，降低作战风险，进而实现预期的“最终效果”。

“网络中心战”理论是美军在其军事变革和战争实践的基础上推出的一项重要军事理论，是指导其军事转型的重要指南。近年来，美国防部及各军种均已颁布了相关政策性文件和具体规定，并采取了一系列措施，以提升网络中心战能力。但由于该理论仍处在不断发展之中，仍然存在许多缺欠与不足，加之美国、美军实际存在的诸多主客观条件的限制，该理论的实际效果仍然需要接受实践的检验。

第五节　混合战争理论

“混合战争”理论认为，由于全球化的影响和技术扩散等原因，按照传统或非传统、正规或非正规、高强度或低强度的标准来区分威胁已经无法体现安全环境的复杂性，美军正面临由常规军事能力、非常规军事能力、恐怖袭击以及犯罪活动交织而成的“混合威胁”。相应地，未来战争也不再是单一模式，而是多种模式的结合，是一种战争界限更加模糊、作战样式更趋融合的混合战争。这种“混合战争”结合了传统战争的致命性和非常规战争的长期性，是传统战争和非常规战争的高度混合体。

一　历史回顾

2007 年 12 月，美国海军陆战队退役中校弗兰克·霍夫曼在其《21 世纪冲突：混合战争的兴起》一书中首次提出“混合战争”理论。该理论一经提出，便引起了外界的极大关注，美国军方也对其高度重视，并逐步接受了这一理论。2008 年美国联合部队司令部发布的《联合作战环境》、2009 年美国参联会发布的《联合作战顶层概念 3.0 版》均不同程度地吸收了“混合战争”理论的观点，并在 2010 年版的《四年防务评估报告》中，将“混合战争”理论正式作为应对多元化安全威胁的战略指导。①

二　主要内容

“混合战争”理论主要包括以下两部分内容。

第一，对安全环境的判断。美军认为，目前美国正面临一个复杂和不确定的安全环境。美军的潜在对手已不仅仅局限于常规局部

① 张志伟、张犟：《混合战争：全球化时代解析战争的一面透镜》，2010 年 12 月 23 日《解放军报》。

战争中的敌对国家军队，恐怖组织、宗教集团甚至个人等非国家力量也开始扮演着越来越重要的角色，传统的威慑与正规作战手段对其很难发挥作用。导致冲突的诱因复杂多样，除了传统的领土争端、民族矛盾、宗教纠纷以外，争夺资源、气候变化以及文化差异等都可能引发冲突。由于以上原因，对美国的安全威胁有增无减，并且呈现多元化的特点。美国未来面临的安全威胁可分为四类：传统威胁、非常规威胁、灾难性威胁和破坏性威胁。除传统威胁呈下降趋势外，后三种非对称威胁均呈上升趋势。

第二，对传统战争理论的反思。在阿富汗战争和伊拉克战争中，美军凭借自身在技术、信息、资金、装备等方面的绝对优势，轻松取得了初期的胜利，但在战后制止冲突、扶植政权、维护稳定的行动中，却被塔利班和伊拉克反美武装打得风声鹤唳，伤亡惨重。在付出了沉重的物质代价、承受了巨大的战争伤亡之后，美国并未得到其想要的效果，反而出现了恐怖分子“越打越多”、反恐战争“越反越恐”的局面。美军的传统战争理论在混合威胁面前束手无策，迫使美军反思其传统的战争指导理论。

三　作用和意义

首先，“混合战争”理论引发了美军战争理念和指导思想的变革。“混合战争”理论强调战争的复杂性，认为以往美军战争理念中的“技术制胜论”干扰了正确的战略思维。“混合战争”理论的提出者霍夫曼认为，“美国的信息优势无法消除‘战争迷雾’”，因而必须由依靠“技术制胜”转到依靠“综合应对”，这样才能打赢应对混合威胁的战争。同时，霍夫曼强调，美军以往遵循的“基于效果作战”理论只注重消除敌方战斗力、打击敌人的抵抗意志，而不是从物理上将其摧毁，消灭其有生力量，这就使敌方力量得以保存。因此在指导作战时，应当由“基于效果”转为“基于目标”，根据战争的最终目标筹划战争行动。这样才能有效地消除各种混合威胁。

其次，“混合战争”理论为美军的战略规划和战争准备提供了新的指南。“混合战争”为“均衡战略”提供了理论基础。2009 年初美国国防部长盖茨发表《均衡的战略》一文，强调美国防务建设要实现“应对现实冲突与防范未来危机”、“应对多样化挑战的不同能力”、“继承传统文化与发展创新体制”的均衡。2009 年 6 月盖茨对“均衡战略”中的“多样性”和“混合性”做出明确解释，指出美军特别需要提升“非正规战”能力。而“混合战争”理论则正是在美国反恐战争严重受挫的背景下提出的，切合了美军的实际需要，为“均衡战略”提供了理论基础。

“混合战争”将成为美军未来主要的战争样式。由于全球化的影响和技术扩散等原因，美军的对手越来越复杂。既有地区强国、美国所谓的“无赖国家”等国家行为体，又有恐怖组织、宗教集团，甚至是个人等“非国家行为体”。在美军看来，未来既要应对类似伊拉克战争、阿富汗战争的“低端非正规战争”，也要应对来自某些“崛起大国”的“高端非正规战争”，还要应对各种非国家行为体的“非对称威胁”。因此，在美军新颁布的《联合作战顶层概念 3.0 版》中，明确把“混合战争”作为美军未来战争的主要样式。

“混合战争”理论将主导美军的军事转型。美军认为，不能期望未来的敌人以过去的方式或以美军擅长应对的方式作战。面对作战对象、手段及战场环境的新变化，美军必须有所改变并在军队建设、军事训练、装备发展等各个方面作出调整、转型，从而使美军未来能够更加有效地应对“混合威胁”。①

在美国反恐战争受到挫折、“平衡”战略受到重视的情况下，霍夫曼提出的“混合战争”理论受到了美军高层的重视。不过该理论仅揭示了美国安全环境的变化、战争形式的发展，并对传统战争理论进行了反思，却没有提出指导美军战争实践的具体措施。因

---

① 张志伟、张犨：《混合战争：全球化时代解析战争的一面透镜》，2010 年 12 月 23 日《解放军报》。

此，对于如何将其用于指导当前战争，以及其指导效果等均有待进一步研究和验证。①

第六节　空海一体战理论

“空海一体战”理论是美国为应对某些国家（主要指中国）的所谓“反进入”和“区域拒止”战略而采取的反制措施。“反进入”指的是阻止美军进入某一战区，“区域拒止”指的是通过直接控制某个区域而限制美军行动自由。

一　历史回顾

为应对“反进入”和“区域拒止”战略，2009 年 9 月，美国空军参谋长施瓦茨与海军作战部长拉夫黑德签署“空海一体战”秘密备忘录，同时成立空海军联合工作组，负责协调推进“空海一体战”。2010 年 2 月，美国防部《四年防务评估报告》首次明确表示美国空军和海军正在共同开发一种新的联合空海一体战概念。不久，美国智库战略与预算评估中心发表题为《为何采取空海一体战》和《空海一体战：起航点作战概念》两份研究报告，对实施“空海一体战”的目的、意义、措施和方法进行了全面阐述，指出“空海一体战”要解决的最重要的问题是帮助美军恢复并维持西太平洋地区军事平衡，抵消中国不断发展的“反进入”和“区域拒止”能力，遏制中国不断增强的军事实力，防止中国在未来战争中速胜或对美国盟国及伙伴国构成威胁。

二　基本内容

“空海一体战”的要意在于构建以天基系统为核心，由天基平台、空基平台和海基平台等构成的多层次立体作战体系，在全维空

---

①　樊高月：《美军网络中心战理论与实践》，《外国军事学术》2007 年第 10 期。

间内加速实现各种作战力量的有效融合和作战综合集成，与作战对手进行全维空间的全面交战。“空海一体战”的核心兵器是航母战斗群、战略轰炸机、太空情报监视系统、航空情报监视系统以及情报处理和指挥中枢。①

三　主要特点

首先，依赖情报、监视和侦察系统、指挥和控制系统、作战网络。在发生敌对行动之前，解放军的“反进入”和“区域拒止”战略能否有效发挥作用，关键取决于远距离发现、识别并定位正在靠近的敌军目标的能力。同样，美军也高度依赖于自身作战网络的正常运行，因此双方都将致力于实施“致盲行动”，即通过摧毁或破坏敌方指挥和控制系统及传感器网络，剥夺敌方至关重要的情报、监视和侦察系统获取信息的能力，同时保护己方的这些系统和能力不遭毁坏。

其次，强调空、海军高度融合的一体化作战能力和地区盟国的支持。“空海一体战”的成功实施依赖于空、海军密切配合，相互为对方完成任务提供关键支持，形成空、海军高度融合的一体化作战能力。同时，也需要日、澳等美国的传统地区盟国提供物资、情报、设施、人员等方面的支援与配合。

“空海一体战”理论反映了美国军事战略重心的变化。美国前国防部长盖茨称，与20世纪美军的“空地一体战”概念一样，“空海一体战”概念将使美军在21世纪初具有同样的威慑力量。在20世纪冷战背景下，美国提出的“空地一体战”概念针对的是苏联。而现在提出的“空海一体战”概念，其时空背景则转移到了亚太地区。② 同时，作为新军事战略的重要组成部

① 参见温宪《美军加快实施“空海一体战”》，人民网，http：//military. people. com. cn/GB/17223163. html，2012年2月26日。

② 参见温宪《美军加快实施“空海一体战”》，人民网，http：//military. people. com. cn/GB/17223163. html，2012年2月26日。

分，美国将以“空海一体战”理论为牵引，把更大的精力投入未来武器技术的发展之中，以便继续保持其在武器技术方面的全面垄断优势，为提升一体化联合作战能力、打赢未来战争做好准备。

自“空海一体战”理论提出以来，美军军方高层、相关军种、研究机构等均给予了高度重视和充分肯定。但是，“空海一体战”理论的实施面临国防预算紧张、军种矛盾和竞争、技术兼容性不足等问题和困难。而且在当前反恐战争久拖不决、美军仍然泥足深陷的情况下，如何平衡“打赢当前战争”与“准备未来战争”的关系，各方仍未找到最佳答案。因此，“空海一体战”理论的发展前景仍须关注。①

① 刘鹏：《试析美军“空海一体战”的特点与问题》，《现代国际关系》2010年第9期。

第七章
国家战争动员

国家战争动员是指为进行战争或应付其他紧急情况而进行准备的过程，包括集中现役部队的人力物力并进行编组、启用后备力量、延长军人服役时间、发挥军工企业的最大生产效能等，尽快使国家和军队进入临战状态。美国作为世界超级大国，历来重视战争动员准备。他们认为“动员是迅速向世界显示决心的一个有效手段”，“是维护国家安全和利益及支持总体战略的一个关键因素”。为此，美国在加强国会立法的基础上，建立了以总统为决策核心，以政府部门为执行主体的国防动员体制，而且针对不同动员活动的不同内容，制订了《国家紧急动员计划》等各种动员计划 20 余类近 40 种。

第一节　历史回顾

美国战争动员的历史演变大致上可以划分为四个阶段。第一阶段从建国至 19 世纪末，这个阶段美国经历了一系列的战争，包括独立战争、第二次美英战争、南北战争、美墨战争和美西战争等，此间战争动员缺乏系统和长远的指导思想，动员体制也不完善。第二阶段从 20 世纪初至二战结束，此间，美国经历了两次世界大战，因此，在战争动员方面采取的是临战动员的指导思想。第三阶段是从二战结束至 80 年代末的冷战时期，经历了朝鲜战争、越南战争、东欧剧变、苏联解体等重大历史事件。此间，美国为备战应战，尤其是与苏联争霸导致其长期扩军备战，建立了庞大的军事工业体系和常备军，因此，战争动员强调大规模快速动员的指导思想。第四阶段是冷战后至今，此间，美国推进了新军事变革，并经历了海湾战争、科索沃战争、阿富汗战争和伊拉克战争等战事，在战争动员中更加强调灵敏、精确、高效等要求。

一　第一阶段

美国在建国前相当长的时期和建国后的一个多世纪里，在战争动员方面没有明确的指导思想，也没有比较成形的法规。国会于1792年通过的《民兵法》是美国早期的一部有关国家军事制度和兵役制度的法规。它的主要作用是规范和协调在发生武装冲突的情况下联邦政府同各州的武装力量，即民兵部队之间的关系。虽然《民兵法》在许多方面还有漏洞，但是从18世纪70年代美国独立战争至19世纪末，它一直被用作美国战争动员的基本法规，反映了美国早期的战争动员指导思想。美国在18世纪和19世纪经历的战争规模较小，强度较低，进展较慢，对资源的需求也不多。美国凭借得天独厚的大西洋、太平洋两洋屏障，在战争动员方面拥有充足的时间和空间，因而采取根据战局的发展情况进行随机动员的方式，动员工作带有很大的随意性。

南北战争之后，美国处于重建时期。当时欧洲在战争动员理论方面已经取得了较大发展，如德国在1871年战争期间，在动员方面总结了五条基本原则：一是必须事先根据政府的对外政策制定各个部门都能够接受的动员计划；二是参加动员行动的武装力量必须事先采购必要的武器装备和弹药，并且对其进行保养和维修；三是后备力量必须经过训练并且保证随叫随到；四是经常进行动员演习，以检验战备程度；五是建立有效的情报评估系统。法国也在1870年制订了战争动员计划。由于国情不同，美国没有及时借鉴欧洲的经验，直到一次大战之前，在陆军部长伊莱休·鲁特等人的努力下，才对美国比较落后的动员指导思想和动员机制进行了一些改革，开始注重防患于未然，初步制订了动员计划。

二　第二阶段

美国在第一次世界大战和第二次世界大战时期，起初都不想卷入欧洲的战争，对完善和落实战争动员计划的态度也比较消极。由于总统和政府有关部门未能很好地协调外交政策和军事政策，两次大战期间，美国都是在战争已经爆发或者一触即发之时才开始建立动员体制和制订战争计划，并且在战争进行之中才使之得到逐步完善。其后果是战争动员的起点低，调整的幅度大，经常因为估计不足或判断失误而造成被动和浪费。例如，一战爆发的 1914 年，美军总兵力为 20 万人，战时兵力扩充为 400 万。二战期间，美军兵力从 1939 年的 33 万扩充至 1945 年战争结束时的 1200 万，扩军近 40 倍。再如，美国在一次大战期间缺少一个有效的战争动员协调机构，导致国有企业、私营企业和各军种之间为争夺各类物资、原材料、劳动力和电力而产生摩擦。东海岸各港口拥挤不堪，内陆交通一片混乱，总统不得不临时征用全国的铁路系统为输送兵员服务。在人力动员方面，新兵报到之后，没有足够的训练基地，几个月内领不到被服、装备和武器弹药。由于美国海运力量不足，只好借用英国船只将远征军运往欧洲战场。在国内来不及生产武器装备的情况下，美军参战部队只好使用英制和法制火炮、坦克、机枪甚至飞机，必须在战区接受进一步训练后才能在战场上发挥作用。二次大战期间，美国的兵员动员经常滞后，作战部队的士兵和初级军官长期缺编，有时不得不用训练不足的新兵补充缺编单位，导致部队战斗力下降和延误部署。美制武器装备的生产也是战争结束之后才达到最高水平。

三　第三阶段

二战后，美国认为自己国力增强，在战争动员方面占有时间和空间的天然优势，有充足的战争准备时间，会给潜在入侵者造成各种困难。因此，国防部将大批有作战经验的军官和士兵作退伍处理，削减了战备经费，导致战备水平下降。1950 年朝鲜战争爆发，几乎使美国措手不及。1962 年出现的古巴导弹危机事件，使美国意识到自己丧失了地理位置上的优势。20 世纪 70 年代，美国尝试着进行了一系列代号为“漂亮金块”的全国性动员演习，发现了很多问题，从而促使美国当局对战争动员体制进行反思并开始进行改革。

进入 20 世纪 80 年代，美国及北约集团与苏联和华约集团形成对峙局面，双方均致力于全面扩军备战和军备竞赛。美国随时准备同苏联进行全面战争甚至核大战，长期处于准临战状态，对战争动员的要求是规模大和速度快。国会为此重新修订了《国防生产法》、《国家紧急状态法》等有关法律法规。国防部和政府其他部门制订了比较完备的《动员总计划》。国防部还强调要实行“总体力量政策”，突出后备役部队和文职人员在战争和危机中的作用。美国建立了庞大的军工生产基地，储存了大量战略物资，发展了先进的军事科学技术和武器装备。1989 年 10 月，美国进行了有史以来时间最长的一次国家级动员演习。1991 年 8 月海湾危机爆发时，美国已经在战争动员和危机管理方面具有较充足的准备和经验。

四　第四阶段

冷战结束以后，世界格局向多极化发展，制约世界大战的因素不断增多，世界大战在短时间内难以发生，局部战争成为主要战争形态。与局部战争相适应，美国战争动员也由应付大规模战争向应付局部战争转型。1990 年初，海湾战争爆发，美国按照全面战争的动员计划组织动员，后备役（特别是陆军后备役部队）战前动员计划依然以华约进攻北约后同苏联打一场全面战争为假设前提，美国像应付大规模战争一样与军火商签订了多达 12 万项的军品生产合同。然而，海湾战争仅仅持续了 42 天，除了一些食品类的生活物资在规定时间内完成外，其他较为复杂的军品订货因战争时间太短而未能如期完成。显然，海湾战争中美国的战争动员过多，造成了巨大的人力、物力和财力浪费。为适应战争规模和战争形态的变化，在以后的科索沃战争、阿富汗战争和伊拉克战争中，都不再像以往那样进行大规模战争动员，仅从武装力量动员来看，其规模较海湾战争大大缩小，分别只有约 10 万、8 万和 30 万。同时，美国从海湾战争开始，战时军品生产动员的规模也大大缩小，一般的作战物资特别是战时消耗量大的作战物资，主要依靠平时储备。临战或战争期间进行的小规模军工生产动员，主要满足部队作战的特殊需要，如激光制导等特殊作战物资，没有出现像海湾战争那样组织大规模的军品生产。从近几场战争可以看出，美国的战争动员目标已经从适应大规模的全面战争向应付高技术局部战争转变。

除了战争动员规模发生变化外，美国在战争动员指导思想方面更加强调危机管理。美军认为动员应该包括更为广泛的内容，应该注重非战争行动，战争动员注重逐级动员和根据危机情况具体作出灵活反应。国防部提出，动员是一个渐进有序的过程，应该从多种动员方案中选择最佳方案，分阶段实施，动员规模和等级应根据敌情变化而进行调整。同时，美国通过采用比较灵活的战争动员手段，克服了因计划不周和参战部队结构不合理造成的困难。特别是近年来，在国防动员领域，信息化动员、一体化动员、精确化动员等新思想、新理念层出不穷，为未来信息化战争条件下的国防动员工作提供了发展思路。美军尤其在信息化动员方面比较领先。

第二节　基本概况

当今，美国实行的是总体力量动员政策，在依靠现役部队的同时，越来越注重发挥后备役部队的作用。在美国看来，强大的国防主要依赖三大方面，一是依靠强大的经济实力和基础设施，二是依靠切实可靠的多国联盟和地区联盟，三是快速有效的战争动员体系，战争动员对部队的扩充、部署、使用、保障和重新部署等方面具有重要的保障和支援作用。

一　主要类型

动员会导致国民经济及社会生活从平时状态转入战争状态，影响国家和社会生活的方方面面。根据动员所涉及的范围，可以划分为四种类型：武装力量动员、工业动员、联盟动员和民防动员。

（一）武装力量动员

主要从人力资源领域展开，影响到动员的各重要资源领域。武装力量动员的目标：在平时，保证现役和后备役部队拥有足够的人力装备和给养，威慑潜在敌人；在战争初期，使首批参战部队齐装满员地进入预定作战地域，保证后续部队的展开，掩护国家转入战时状态；在战争中后期，为战争提供足够的后备兵员和作战物资，支持战争直到取得最后胜利。武装力量动员的具体内容包括提高现役部队的战备等级，起用后备役人员、国防部文职人员和合同人员；动用国内交通运输力量和战略运输力量，必要时实行征兵制；增加国防拨款和武器装备采购，统一调拨战争物资和动用战争储备物资等。

（二）工业动员

属于传统意义上的战争动员领域，但在应付危机时仍然适用。美国政府认为，美国民用工业生产力转为国防工业生产力的周期越短，能力越强，潜在敌人对美国采取战争行动时承担的风险就越大。工业动员的目的是为战争提供必需的物质资源。平时，工业动员的主要任务是建立和维持工业动员基础，使国防工业在国家进入紧急状态时具有紧急增产的能力。具体措施包括储备重要物资、建设备用生产线和工厂、保留特定生产能力、制定保留生产能力和在需要时扩大生产能力的法律和法规等。战时，工业动员的主要任务是确定军事和民用需求量，制定军工生产的先后次序，实行物资分配、产量和信贷的统一调配和实行消费控制等。

（三）联盟动员

联盟动员主要通过外交活动、经济手段以及各种非战争行动实施，具体行动包括在联合国或者其他国际组织和地区组织中争取大多数成员国的支持，建立地区性国家联盟或战时同盟，确定双边或者多边的共同战略以及各有关国家在人力资源保障和后勤支援等方面应该承担的义务，建立必要的指挥、控制、通信联络以及经济支援系统，完善各类后勤保障系统。最大限度地争取东道国的支持，确定战后目标以及长期的政治和经济目标。未来的一段时间内，美国将会更加重视联盟动员，原因如下。一是多变的安全环境和美国经济资源的有限性，决定了美国必须借助其他国家的力量，以减轻自身负担，强化自身军事优势，否则单靠美国自身也很难实施任何大规模的作战行动；二是在美国看来，与盟国共同作战，比自己实施单边主义行动更能在政治、法律和道义上占据优势，能为战争盖上一块道义上的“遮羞布”，如果美国撇开盟国开战，即使进行中小规模的军事干涉行动，也极易造成被动的局面。

（四）民防动员

民防动员的目的在于保护平民、国家工业和公共设施不受或少受战争的破坏，并在遭受破坏之后能够较快地得到恢复。主要措施包括建造掩蔽设施，加固工业、军事和公共设施，实施物资和人员的疏散，消除核生化武器的污染，提供应急医疗服务，建立自卫和消防组织等。

二 动员等级

美国根据动员的深度和广度，将动员行动划分为若干个等级，以提供用以衡量是否达到预期动员程度的标准，便于有关部门根据标准协调军事动员和国家动员的资源分配，避免反应过度而造成的混乱和浪费，以及反应不足而削弱国家处理危机的能力。1995 年颁布的美参联会 JP4 - 05 号联合出版物《联合动员计划》，将战争动员划分为 6 个等级，即选择性动员、征召志愿预备役、总统下令征召 20 万精选预备役人员服现役、局部动员、全面动员和总动员。

（一）选择性动员

通常适用于抢险救灾或国内发生动乱、骚乱等紧急情况，近年来也适用于美国派兵到国外执行维和行动或人道主义援助等情况。总统和（或）国会有权动员部分后备役部队和人员扩充现役部队，有权调动必要的资源。各军种部长可根据需要起用拥有特殊技能的后备役人员短期服现役或补充现役部队。

（二）征召志愿预备役

征召志愿预备役是和平时期进行的一种动员行动，它主要出于实施国际人道主义援助和缉毒行动的需要，也可在危机或冲突的早期实施。采取这种行动时，总统可根据情况征召志愿预备役人员，并可将其部署到世界各地，以加强在那里执行任务的现役部队。这种动员的法律依据是《美国法典》第10编第672条d款。征召志愿预备役作为一个动员等级是1995年后新增加的，但有关的动员条款早已编入《美国法典》，早在1989年入侵巴拿马的“正义事业”行动中，就实施了志愿预备役人员的动员。1999年4月27日，克林顿下令征召3.3万名志愿预备役人员增强对南联盟的空袭力量也属于这种动员，它由国防部长提出，由总统批准执行。①

（三）总统下令征召20万精选预备役人员服现役

在没有宣布国家进入紧急状态的情况下，总统从维护国家安全利益出发，根据遂行作战任务或者其他任务的需要，通过颁布行政命令征召20万精选后备役人员服现役，参加执行国内或者国外的各项作战任务和作战支援任务，时间最长不得超过270天。此项授权的灵活性较大，出动军队的规模和强度便于掌握，可用于抢险救灾、平息国内暴乱、国外维和行动和战争等情况。伊拉克军队入侵科威特之后，美国总统布什于1990年8月22日签发命令，首次使用了征召20万精选后备役人员参加军事行动的授权。

① 刘鹏辉：《发达国家政府管理制度文库》，时事出版社，2001，第5页。

（四）局部动员

在国家安全受到威胁或者战争的情况下，总统宣布国家进入紧急状态时，国会和（或）总统可以下令征召最多100万待命后备役部队和人员服现役，时间最长不超过2年，超过2年则要由国会做出决定。如果国会休会，总统有权延长军人的任职和服现役时间，最长不超过6个月。总统和国会还有权调动必要的资源，扩大军工生产以支持部队的作战行动。美国在朝鲜战争期间曾实行过局部动员。

（五）全面动员

国家安全受到威胁，国会通过法律或者联合决议宣布国家进入紧急状态或者宣战时，国会和（或）总统可下令动用业已批准的、总体力量结构中的全部待命后备役和待编后备役来扩充现役部队。现役部队全部转入战时状态，军人的服役期延长至战争结束后半年，工业部门转入战时生产，各类战争资源均由国家指挥当局根据需要统一分配。全面动员要求最大限度地动员现有兵力，但并不要求组建新的部队。

（六）总动员

在国家安全受到严重威胁或者发生全面持久战争的情况下，国会和（或）总统下令启用选征兵役系统，实行征兵，在现有军队结构之外大批组建新部队扩充现役部队，动员国家的全部资源来支援战争或应付紧急事件。动员时采取的一切行动均需经国会授权批准。美国曾在二战期间先实施全面动员，后又实施总动员。

三　组织实施

美国遵循“循序渐进地对危机作出反应的方案”指导和规范国家和军队的动员行动，该方案将动员行动划分为三个阶段。

第一阶段为计划和准备阶段。要求国家和军队保持高度的警惕性，密切关注国内外可能对国家安全造成威胁的事态发展。

第二阶段为危机管理阶段。此前总统随时可能宣布国家进入紧急状态，并行使征召20万名精选后备役人员加强现役部队的权力，联邦政府可以有限度地要求某些军工企业扩大生产。在不扰乱正常经济秩序和不造成政治风险的前提下，政府有关部门可以批准实施有限度的动员和战备行动。

第三阶段为紧急状态或战争状态阶段。国会正式宣战或总统宣布国家进入紧急状态，经济动员正式开始，军工企业加速和扩大军品生产，其他有关行业也从平时转入战时状态。重要资源的分配首先保证国家应付危机或战争的需要。正常的经济生产秩序受到比较严重的干扰。国家指挥当局统一指挥和协调政府部门和军队的动员行动，对战备资源进行统一调配使用，确保军事行动顺利进行。

美国在战争动员的各阶段都强调政府和军队各部门之间的充分协调，扩大军品生产能力，开发人力资源，调整经济和贸易政策，合理配置、利用能源和交通运输能力。近20年来，在世界政治格局发生深刻变化的背景下，美国战争动员已经从大规模全面战争动员转变到高技术局部战争动员上来，战争动员的组织实施就是做到“六个确保”：确保战争动员是规模有限的动员，在充分、足够的原则之下，尽量减轻对国内经济和社会的冲击；确保战争动员是技术密集型的动员，以使美军的高技术优势得到充分发挥；确保战争动员能够起到威慑作用，以配合攻心为上的“震慑”行动；确保战争动员行动在开战前一次性完成，使用于初期交战的力量成为决定性的力量；确保动员部署是快速的，以便在敌方来不及做出充分反应的情况下就对其实施决定性打击；确保战争动员是精确的，达到在规定的时间和地点提供作战所需的资源。

四　基本原则

美国总体力量政策规定：要把现役和后备部队合成一支有结合、相互依存的统一的整体力量，使现役和后备役部队在战争中同步动员、同步使用。为贯彻落实上述“总体力量”方针，美国参联会有关文件规定，动员必须遵守四项基本原则。

（一）目标明确原则

目标，指激发人们行为的、预期要求达到的目的或结果。历次战争实践都表明，美国实施战争动员，通过科学地确立动员目标，使其动员系统各要素运行都具有明确的方向性，从而有效地保障了战争需求。美国在海湾战争、科索沃战争、阿富汗战争和伊拉克战争中，政治目标较为明确。在海湾战争中确立的目标是“解放科威特，保卫沙特阿拉伯，保护美国公民，恢复地区稳定”。在阿富汗战争中确立的目标是“消灭基地组织，建立一个民主的亲美政府，使美国在亚洲保持军事存在”。在伊拉克战争中确立的目标是“采取斩首行动，推翻萨达姆政府，控制中东石油”。为达成上述目标，美国对后备役人员和文职人员进行了动员，保证了战争的胜利。

（二）协调一致原则

美军认为，美军的战争动员行动必须强调树立多元一体的大系统观念，着眼整体作战的需要，科学筹划和运用好各种动员力量，确保政府和军队、诸军种与后备力量、前方和后方、作战和动员的紧密结合。注重动员体系中诸要素的协调运行是美国战争动员的关键。为此，美国不断调整完善动员的决策、领导及执行协调机构，以实现动员体系中各因素协调运行。根据国家战争需求，美国授予动员机构有调动本国一切人力、物力、财力等资源的权力，并精简一切不必要的程序，理顺关系，避免机构间职能交叉，消除梗塞因素，将动员机构建设成上下贯通、左右沟通、不同层次协调运行的网络体系，以指挥和带动动员起来的人力、物力、财力围绕战争需求而有条不紊地运转。

（三）灵活多样原则

灵活多样，即动员行动必须根据战争或者危机的实际情况采取灵活多样的反应方式。只有灵活，才能适应危机的变化，才能弥补计划不周的缺陷，并且缓解各部门因动员而产生的摩擦。美军的战争动员手段极为灵活。如在阿富汗战争中，除了调整其联盟动员和交通运输动员，美军还充分考虑了此次战争的需要，加强了阿富汗战争中的心理动员等。①

（四）及时可靠原则

及时可靠，指时刻掌握作战或处理危机的主动权，在正确的时间和正确的地点集中优势兵力，先于敌方作出反应。在动员中，必须合理地调配资源、人力和信息。

五 国防复员

在国防动员中，复员与动员具有同等重要的意义。复员是指从危机或战争状态恢复到和平状态的过程。美国的复员行动要求，国家既要从战争体制和军工经济体制恢复到正常状态，同时还要继续保持国家的经济活力，保持国家应付未来危机的能力。

制定复员计划，既必须明确军队和地方有关部门在危机和冲突结束之后应该执行的任务，也必须同战场恢复计划和重新部署计划协调进行。从美军的实践来看，复员行动涉及各资源领域，在某个资源领域采取复员行动会影响到若干其他资源领域，还可能引起军队内部和地方内部、军队和地方之间相互争夺重要资源等问题。因此，复员的管理和实施比动员更加复杂和困难。

复员行动必须遵守下述原则：（1）复员工作应首先确保军事任务的完成。（2）复员计划应该及早制订。（3）制定复员计划时，必须通盘考虑，避免产生不良后果。复员工作不能影响国家安全与战备，不能影响国民经济的正常秩序，也不能影响军人和国防部文职人员的士气和福利待遇等。（4）加强协调和通气。要求军队和地方各部门在落实复员政策和执行复员计划时，必须经常通气和协调，做好公关工作，取得民众的理解和支持。

《动员计划联合条令》规定，动员实施后不久就应该着手制订复员计划。在制订复员计划时，必须注意以下几个方面：武装力量

---

① 王美权：《美国战争动员与危机管理》，国防大学出版社，2007，第29～30页。

在和平时期保持常备不懈；国家经济在危机结束之后能够健康发展；军人和国防部文职人员的士气不受影响，福利待遇继续得到保障等。在复员工作中，地方有关部门和国防部所属单位必须相互协调，确保武装力量达到并且保持应付未来军事冲突的规模。超编现役人员可转服后备役或做退伍安置。多余物资和装备或封存、或销毁、或转让他国、或当废品出售给国防部废品再利用营销办公室。

第三节 主要体制

动员体制是将战争潜力转化为战争能力的机制。美国的动员体制由动员组织机构、动员法规体系和动员计划体系三部分组成。

一 动员组织机构

美国并未专设负责动员的组织机构，而是把动员职责和职能分配给各有关部门。《美国宪法》将美国武装力量的领导权赋予总统，将宣战权赋予国会。国家指挥当局负责指挥国家武装力量，包括对战争动员行使指挥权，国家安全委员会根据总统的指示制定国家安全政策。通过行政命令将战争动员和战备的各项责任和职责分配给联邦政府有关部门和国防部系统。

战争动员涉及政治、经济、军事和社会各个领域。动员的职能和职责分别由国会、政府和军队承担。立法部门参与战争动员的主要职责是为动员提供财政资金和确定实施动员的法律依据，对和平时期的动员准备工作和战时的动员实施情况进行监督。行政部门主要负责制订动员计划，确立动员程序，保持和发展动员能力，并在需要时实施动员。军队是进行动员的主要执行部门之一，参联会和各军种部的各个部门都要承担动员行动中的一些职能。总之，美国动员组织体系的特点是机构数量众多，相互关系复杂。

（一）国会的动员机构

国会许多专设委员会都承担某项动员职责。如参议院武装部队委员会负责军事计划和国防开支的核准，战备物资的确定，选征兵役制度的实行等；预算、拨款和财政委员会保障动员所需的财力；政府事务委员会在采购政策和机构调整方面具有立法权；能源委员会负责各类能源的生产和储备。战争动员涉及美国国会大部分专设委员会，可以说，国会拥有比较广泛的，但也比较分散的处理战争动员事务的权力。

（二）政府的动员机构

联邦政府各部和政府大多数直属局委几乎都承担某种动员职能。如国务院必须协助制定并执行国家安全政策和外交政策；劳工部必须协助制订和在必要时实施国家的人力动员计划；商业部必须保障战时工业资源的供应和生产能力的扩大；退伍军人事务部需要承担兵员动员的有关职能；国防部系统则在战争动员中承担主要责任。

美国政府下设联邦紧急管理署，统一指导和协调各部门各单位的动员行动。该署根据 1947 年《国家安全法》运作，是美国平时或战时进行紧急动员、民防、救灾等活动的协调机构，具体职责包括协调应付核进攻、核电站事故和核武器事故的准备工作；在情况紧急时协调资源动员；确定战略物资及其储备指标；支援州与地方政府的救灾计划、救灾准备、减灾和灾后恢复工作；对联邦、州和地方政府的应急管理人员进行培训等。联邦紧急管理署作为一个协调机构，与国防部、商务部、内政部、农业部、联邦勤务总署等机构协调进行经济和工业动员准备工作；与国防部、选征兵役局、劳工部、退伍军人事务部等机构协调进行人力动员准备工作；与运输部、商务部、能源部、海运局、民航委员会等机构协调进行运输动员准备工作；与财政部、联邦进出口银行、联邦储备系统和预算局等单位协调进行财力动员准备工作；与国家宇航局、能源部、国家科学基金会等机构协调进行科技动员准备工作；与卫生和公共福利部协调进行民防动员准备工作。

除联邦紧急管理署外，国家安全委员会还设有“紧急准备和动员计划政策协调委员会”。它是国家安全委员会下属委员会之一，由联邦紧急管理署署长任主席，成员包括所有内阁部和负有动员职责的直属单位的高级官员。委员会的主要任务是就国家动员政策的制定、国家紧急动员计划的执行和动员过程中可能出现的问题协调各部门之间的行动。

（三）军队的动员机构

军队的动员机构主要包括国防部、参联会及其下属有关机构和单位，其中比较重要的有国防信息系统局、国防后勤局、国防财会局和中央图像办公室等。

国防部在动员方面的职责比较广泛，归纳起来主要有五项：制定军事动员和工业动员计划；制定部队人员补充、装备补充及保障计划；向实施动员计划的政府有关当局申请支援；在危机和战争中动员后备役部队及人员；在危机和战争中动员非军事人员。具体行动包括：为制订应急准备计划提供战略指导；确定不同时期的各种军事需求；使用授予国防部的各种优先次序确定权，与工业界协商制定军事装备和补给品的采购与生产计划；提出战备和关键物资的需求量和储备建议；分析国防工业状况，就其如何保持足够生产能力提供咨询等。国防部系统中没有专设的动员管理机构，而是根据动员职责和具体任务，以主管部门为核心，形成各领域的动员组织系统。

例如，军事动员计划主要由参联会主席与各军种和各有关部门协商后制订。参联会主席还要向国防部长提出可用于不同危机情况的动员选择方案，提出工业动员的战略指导方针，跟踪动员行动的具体实施情况，甚至为总统起草动员报告。再如，在兵员动员方面，国防部负责人员与战备的副部长及下属机构负责确定动员需求和制定动员计划。参联会所属的联合参谋部下设人力人事部，各大总部及下属司令部、各军种部和军种参谋部均设有人力人事部门，具体负责提出人力需求报告，制订人力动员计划，落实动员准备工作，并在必要时执行统一的联合动员计划。各军种的运输、能源、后勤、卫生等部门和系统均设有自己的动员机构，共同形成联合统一和完整的国防部动员系统。

国防部还要同政府有关部门协调国家动员工作，提出咨询和要求，与联邦和地方政府部门以及民间机构保持联系，与国际组织、地区组织、盟国政府和军队协调实施动员行动。

二 动员法规体系

美国战争动员职责分散在国会、政府和军队各部门，动员工作涉及美国社会的各个方面，因此必须通过法律手段才能保证动员工作的正常进行。美国在多年战争实践中建立了比较完善的动员法规体系。

总体来看，美国有关动员的法规体系十分庞杂，既有长期法律，也有临时法律；既有立法部门颁布的法律，也有行政部门发布的行政命令、规定、条令和条例；既有以动员为主要内容的法律，也有某些条款涉及动员的法律。然而，这些法规均是美国进行战争动员的依据，其主要作用是确定动员规模，规定动员程序，明确动员的有关权力机构，规定各部门在动员方面的基本职责与权限，设置动员机构，制定动员及动员准备的各种制度和基本措施等。

美国有关动员的法规体系可以分为两大类别：一类是和平时期的动员法规体系，即总统或国会宣布国家进入紧急状态之前，根据形势发展需要采取行动的法律依据；另一类是总统或国会宣布国家进入紧急状态或者国会宣战之后进行动员的法律依据。总统宣布国家进入紧急状态之前如果需要实施有限的动员行动，可供总统选择的方案具有较强的可操作性。国防部长和军种部长在需要行使动员职权时也有法可依。如总统可下令征召 20 万名精选后备役人员服现役，暂停后备役军人的退休和退役。军种部长可征召服现役超过 20 年并已退役或退休的后备役人员服现役等。

美国有关战争动员的基本法律主要有 1946 年《战略和重要物资储备法》、1947 年《国家安全法》、1950 年《国防生产法》、

1973年《战争授权法》和1976年《国家紧急状态法》等。

二战期间美国战略物资严重短缺，重要物资严重依赖进口，国会因此通过1946年《战略和重要物资储备法》，授权当时的军火委员会列出重要战略物资清单，授权财政部长按清单超额采购和储备重要战略物资，并定期更新，以备不测。该法在战后根据新出现的情况进行过若干次修订。该法强调储备原材料，而不是武器弹药成品，并且规定，和平时期为应付紧急情况而储备的物资量必须能够满足至少3年的国家需求。目前，国防物资的储备主要由国防部、联邦紧急管理署和联邦勤务总署共同负责。由联邦紧急管理署牵头，由国务院、国防部、商务部、内政部、财政部、能源部、管理与预算局、中央情报局、联邦勤务总署和国家安全委员会的成员组成的“部际储备目标审查委员会”每年制定一份《年度物资计划》，确定储备物资的种类和数量。该计划在得到总统和国会批准之后实施。国防物资的采购、储备、更新和处理则由联邦勤务总署具体负责。

1947年《国家安全法》是有关国家安全的重要法律，它赋予美国总统实施动员的基本权力，授权设立动员的领导和组织机构。国家安全委员会就是根据该法而设立的，其职能包括协调与国家安全有关的对内和对外政策，协调军事政策。联邦紧急管理署的前身国家安全资源委员会，也是根据该法而设立的。

1950年《国防生产法》由美国国会在朝鲜战争期间批准并开始实施，后经国会多次修订和更新，日趋完善。该法授予总统实施工业动员和调整经济发展方向的权力，主要涉及物资与装备、运输和工业基地等关键领域。它不仅是战时为军队提供必需的经济和工业保障的法律，也是平时进行动员准备的法律依据。《国防生产法》具体规定了国防生产物资分配和设施使用的先后顺序，可保证总统批准的国防项目和国防保障项目优先付诸实施。如在1973年石油危机期间美国增加石油生产、宇航局设立重要航天项目等，均根据该法得到优先落实。此外，《国防生产法》还赋予总统扩大军工生产所必需的财政权力，如批准国防部、运输部和财政部等单位向国防项目承包商贷款。总统还可以根据《国防生产法》要求私营企业优先实行国防急需的项目和优先履行与国家安全有关的合同。总统在紧急情况下还可以依法协调政府、企业和劳工之间的关系，保证战争动员工作的顺利进行。

1973 年颁布的《战争授权法》主要是为了强化《美国宪法》赋予国会的宣战权。该法规定，总统作为武装部队总司令，只有在以下三种情况下才能动用部队：国会已经宣战；总统已有特别法律授权；美国本土、领地或武装部队遭到进攻并进入紧急状态。该法还要求总统定期向国会报告部队参战的情况，并且规定，除非国会下令宣战或批准延长 60 天的期限，总统必须在 50 天内撤军。自 1973 年以来，历届美国总统普遍认为《战争授权法》非法侵犯了总统行使武装部队总司令职责的权力。美国出兵参加海湾战争和到索马里执行维和任务之前，总统都依法将有关情况通报了国会。但是，美国军方人士认为《战争授权法》将来有可能对美国采取军事行动造成一些障碍。

1976 年颁布的《国家紧急状态法》主要用于限制总统在宣布国家进入紧急状态之后滥用权力。在该法产生之前，总统在发动战争和动用军队方面的权力较大，其后果是有可能对敌方发出错误的、过于挑衅的信号，并有可能使盟国产生不必要的担忧。《国家紧急状态法》规定：总统宣布国家进入紧急状态时，必须同时或在此后颁布的行政命令中说明他的法律依据，如果采取的行动超出法律允许的范围，总统必须颁布新的行政命令，并且进一步说明行政命令的法律依据。国会必须每 6 个月对总统命令和战况审查一次，并且有权在必要时作出两院联合决议，取消总统命令。通过国会和总统在法律方面的相互制约，可约束总统依法行事，避免向敌国和盟国发出错误的信号。

除上述基本法律之外，美国还有不少涉及动员的法规，如关于兵员动员的 1948 年《军事选征兵役法》、1951 年《普遍军训与兵

役法》和1952年《武装部队后备役法》；关于物资动员的1948年《国家工业储备法》、1950年《全国物资矿产政策研究与开发法》和1981年《国防授权法》；涉及运输动员的《州际商务法》、《海运法》、《民航后备队条例》和1981年《海事法》等。1991年，美国将《美国法典》、《公法》、联邦条例、行政命令以及部门条例中涉及动员的法规汇编成册，颁布了《与国防部有关的战争与紧急状态法律法令汇编》，列出了400余种国家进入紧急状态或危机情况下总统或政府官员授权采取的应急措施，使得各重要资源领域的动员计划与行动均有法可依。

美国有关动员的应急法规虽然体系庞杂，但也具有实用和灵活的特点。总统和政府可根据情况选用最恰当的方案作出反应。如在伊朗扣押美国人质期间，卡特总统宣布国家进入紧急状态，并依法冻结了伊朗在美国的资产。再如布什总统在海湾战争期间始终未宣布美国进入紧急状态，却依据和平时期的应急法律在短期内将大量部队部署到海湾战区。国会还通过临时立法，将总统征召20万精选后备役人员服现役的期限从原规定的180天延长至360天，实际批准人数为23.1万。

三　动员计划体系

美国政府各部门和国防部系统各部门制定了各自的动员计划，以便在短时间内顺利地进行动员。联邦政府制定有《国家紧急动员计划》，明确了政府各部门应该承担的动员职责。国防部系统是动员行动的主要执行者，重新颁布的《国防部动员总计划》是军队系统最高级别的动员计划。该计划明确了国防部直属部、局、署、各军种部以及海岸警卫队等各单位的动员职责，阐明了各部门在和平时期进行应急准备和在紧急状态中进行动员时所要完成的任务。《动员总计划》将三个军种部和海岸警卫队的任务分为“平时”“危机时”和“战时”三大类，各类都有详细的内容。如“平时”任务分为制订计划建设部队、组织人员、进行财政准备、制订获得动员设施的计划和程序、确定工业基础的需求、训练人员与部队和建立自动数据处理系统等八项，各项又分为若干条，内容详细具体。

《国防部动员总计划》涉及的动员行动由国会、总统和国防部长决定。而国防部第二级动员计划涉及的行动则由军种部和国防部直属部、局决定。国防部的动员计划体系和主要动员计划包括《陆军动员、作战计划与实施系统》、《海军能力与动员计划》、《空军战争与动员计划》、《海军陆战队动员管理计划》、《海岸警卫队人力动员与支援计划》以及《国防后勤局基本应急计划》等。此类计划由参联会、军种部和国防部有关部、局根据《国防部动员总计划》分配的任务拟定各自的具体动员计划，明确所属单位的动员职责，内容比较具体和详细。如参联会在《动员计划联合条令》中详细规定了动员行动中人事、情报、作战、后勤、战略计划与政策、C^4I、战役计划与通用性部队结构资源与评估等单位和部门的职责。各军种的动员计划还明确了动员计划与作战计划及紧急行动计划的关系，规定了各单位的具体实施方案。除此之外，在第二级动员计划之下，还有各部队和下属单位制定的第三级动员计划，内容更加具体。

第八章
国防预算和军费开支

国防预算是美国军事战略的晴雨表，也是其国防建设的控制器。从美国的国防预算和开支中可以看出美国的战略企图，国防建设的规模、结构和发展方向。

第一节　基本程序

二战结束后，美国的国防预算编制方法经历了一个发展演变的过程，即从基数预算法发展到 PPBS 制度（计划—规划—预算制度），再到 PPBE 制度（计划—规划—预算—执行制度）。1945 ~ 1961 年，主要采用“基数预算法”制度。预算周期开始时，总统向国防部长下达指示，规定下一财政年度的国防预算数额。这个数额通常是这样得出的：根据政治和经济的全面情况，首先对政府的财政总收入作出估计，然后扣除固定的支付款项、国内各项福利计划的预计开支及援外费用等，最后剩下的钱数就是国防限额。总统一旦决定了限额，国防部长就可根据这一限额确定各军种之间的分配比例。该比例是从上一年国防预算的分配基数上推算出来的。具体的军费开支、军事科研、武器采购计划，则由三军各自独立审定。各军种根据军种内部的习惯势力以及自己对国家战略和先后顺序方针的理解，来确定下属各单位的分配额。这种预算制度的弊病是各军种预算决策相互隔离和封闭，各军种军费预算的提出仅考虑本系统军事发展需要，而没有考虑到整个国防系统的发展要求。这导致同类军事项目预算重复提报，军事战略计划与国防预算未能有效配合，庞大的国防预算规模无法形成具有统一目标的国防力量，以至于预算和部队发展规划脱节，军费效益不高。

1961 年，美国总统肯尼迪起用国防经济学家、管理奇才麦克纳马拉担任国防部长。麦克纳马拉上任后，认为确认国防预算首先应该确立联合战略目标，然后再制定目标规划、计划和预算。为此，他运用“成本效益分析”和系统管理方法，改进国防部的财务管理与预算编制程序，创建了“规划、计划、预算（PPBS）”制度，把国家利益、国家战略、国防目标、军事战略、军事需求、部队结构和预算分配紧密地结合起来，提出了“计划—规划—预算制度”，英文缩写是“PPBS”（即 PLANNING - PROGRAMMING - BUDGETING SYSTEM）。“PPBS”是通过一套严格的审查和审议制度，将任务与资源的矛盾通过预算提案的决策过程统一起来。这一过程将远、中、近期的发展目标相结合，统筹考虑外交政策、军事战略、部队结构和资源配置，力求实现“以尽可能少的费用建成并使用军队”的目标。此后，“PPBS”几经改革不断完善，现已发展成为一种分散与集中相结合的一元化组织管理体系，为美国国防预算科学化奠定了坚实的理论和实践基础。

2001 年，拉姆斯菲尔德出任国防部长。他认为随着美国国家安全和军事战略的调整，国防预算应该是一种面向未来、基于能力的国防资源分配方法。基于此，2003 年 5 月，美国国防部对“规划、计划、预算制度”（PPBS）进行全面修订，推出了以“两年预算制”为主要特点的“规划、计划、预算与执行”制度（PPBE），使规划、计划与军事需求更有机地联系起来，提高经费分配与使用效率。

一　PPBE 制度的基本框架

整个 PPBE 的制定要跨三个年度，可分为规划、计划与预算两个阶段。

（一）规划阶段

规划阶段是“规划、计划、预算与执行”制度的第一阶段，时间为每年 9 月初至次年 5 月。在该阶段要依次制定 5 个指导性文件。

第一，制定《国家安全战略》。在美国总统领导下，国家安全委员会与中央情报局、国防情报局、参联会议及国防部等部门，根据国际安全形势和国家利益与安全目标，制定宏观的安全政策，发布《国家安全战略》（National Security Strategy，NSS）。《国家安全战略》是制定国防预算的重要依据，主要阐明国家利益、国家安全目标及优先顺序，并提出国防预算宏观需求。第二，制定《国家军事战略》。根据《国家安全战略》，参谋长联席会议会同作战司令部及各军种，制定实现国家安全目标的军事战略，并发布《国家军事战略》（National Military Strategy，NMS），提出未来几年全球战略设想和支撑国家安全目标的战略原则，并报国防部长审查。第三，制定《联合规划文件》。参联会和各军种、联合司令部、国防部各业务局等根据《国家安全战略》提出的设想，制定《联合规划文件》，阐述各个领域需求和各项计划的优先顺序。第四，制定《战略规划指南》。国防部长办公厅会同参联会，根据《联合规划文件》，制定《战略规划指南》，确定未来防务规划目标、政策和战略方针，并提出优先发展的计划和项目。第五，制定《联合计划指南》。国防部长办公厅会同参联会、作战司令部、军种部等部门制定《联合计划指南》。这是规划阶段的最终成果和指导性文件，确定美国未来两年的主要国防计划和优先发展的能力，为计划阶段的工作提供指导。

（二）计划与预算阶段

在“规划、计划、预算制度”（PPBS）中，计划与预算分两个阶段依次进行，期间在计划评审过程中产生大量重复性工作。在“规划、计划、预算与执行”（PPBE）制度中，计划和预算工作合为一个阶段同时进行。计划与预算阶段分为预算年和非预算年，预算年是指偶数年，在该年度要提出未来第二、第三财年的详细预算。例如，2010 年财年为偶数年（预算年），各军兵种和国防部要提出详细的 2012 财年和 2013 财年预算。非预算年是指奇数年，在该年度对未来第二财年预算进行调整。例如，2011 财年是奇数年（非预算年），在该年度要对 2010 财年编制的 2013 财年预算进行调整。

1. 预算年中的主要工作

预算年需要完成的工作有两项：计划工作和预算工作。

（1）预算年中的计划工作。计划工作的中心任务是制定和评审《计划决策备忘录》，也就是先由各军种和国防部各业务局根据《联合计划指南》提出计划建议，然后再由国防部对该计划进行评审，最后由国防部常务副部长签署《计划决策备忘录》。

国防部根据《计划决策备忘录》，修订各军种以前的《计划目标备忘录》，尔后形成《未来年份国防计划》。《未来年份国防计划》是 PPBE 制度在计划阶段形成的最重要计划。

按功能和任务划分，《未来年份国防计划》一般分为 11 大类：战略力量；常规力量；指挥、控制、通信、情报；机动力量；国民警卫队和后备役部队；研究与发展；中央物资供应与维护；训练、医疗及其他人员活动；行政管理及相关活动；对其他国家的支援；特种作战力量。各大类下面再分项目和细目。可以从三个维度来看待《未来年份国防计划》的基本内容。维度之一：按照兵力计划划分。《未来年份国防计划》主要由 11 个主要兵力计划项目组成，6 个面向作战、5 个面向保障，反映美国国防部的宏观兵力任务和保障任务，并包含为实现军事战略目标或计划所必需的资源，同时反映了完成任务目标的财政时间期限和为完成任务目标提出的各种措施。维度之二：按照国会拨款的用途划分。包括研究、发展、试验和鉴定，采购，军职人员，活动与维持，军事以及其他。维度之三：按照部门划分，包括陆军、海军、空军、国防部业务局以

及其他。

（2）预算年中的预算工作。在PPBE制度中，预算与计划工作是同时进行的，此阶段的主要预算工作是在《未来年份国防计划》基础上，依照时间顺序，依次编制及签署以下5个文件。第一步，各军种和国防部相关部门根据《战略规划指南》和《联合计划指南》编制《概算书》。《概算书》不但包括预算财年的预算情况，而且包括以前财年和现财年的预算情况，以利于不同时期的预算比较。第二步，评审《概算书》。负责财务工作的副国防部长办公室与行政管理与预算局举行听证会，评审《概算书》。第三步，发布《计划预算决策书》。根据《概算书》评审结果，负责财务工作的副国防部长办公室编制《计划预算决策书》，并提交给国防部常务副部长审批。第四步，签署《重大预算问题书》。在国防部常务副部长签署《计划预算决策书》后，各军种和国防部各业务局可以申请召开由国防部和各军种相关部门参加的会议，结合计划阶段的《计划决策备忘录》，签署《重大预算问题书》，对《计划预算决策书》中的部分预算项目进行微调。第五步，签署《总统预算》并提交国会审议。总统根据《计划决策备忘录》和《计划预算决策书》，在《重大预算问题书》的基础上，签署《总统预算》，最后提交国会审议。

2. 非预算年的主要工作

在PPBE制度中，预算和计划工作放在预算年完成，在非预算年，各军种和国防部不需要再编制预算，只需要提交《计划变更建议书》和《预算变更建议书》。主管财务的国防部副部长办公室负责对《计划变更建议书》和《预算变更建议书》进行审查，确保结果符合预算年度的实际情况和实际需要。然后在审查的基础上，由负责财务工作的副国防部长办公室编制《计划预算决策书》，并提交给国防部常务副部长审批。与预算年的预算工作流程相似，再依次编制和签署《重大预算问题书》、《总统预算》，并最终确定出非预算年的计划和预算。

二　国会审查与批准

总统每年1月向国会提出预算案。同时，总统要提交《国家安全战略报告》，国防部提交《国防报告》，参联会提交《军事态势报告》，以供国会审议之用。国会审批预算案一般需要8个月的时间。

国会收到总统的预算案以后，先把它交给众议院的拨款委员会。拨款委员会按分工把其中的国防预算部分交给国防拨款小组委员会审查。小组委员会将为此举行一系列听证会。国防部、军种部的负责人和其他有关人员均要到会陈述拨款理由、为预算辩护并回答提问。之后，国防拨款小组委员将国防预算案以议案的形式向拨款委员会提出建议，经拨款委员会审议后，送交众议院大会进行公开辩论后表决。众议院通过后转交参议院，参议院再以同样的程序审查表决。两院都通过后，便将预算案送交总统签字。如果两院对拨款的意见不一致，则通过两院协商委员会协商解决，通常会采取一个折中方案。协商的结果再交两院分别表决通过，并呈送总统签字。总统拥有否决权，如果他不同意，可在10天之内退回两院重新表决，超过这个期限，决议自行生效。

国会一般要在每年的9月30日前完成审批工作。如果新的财年开始时（10月1日），国会尚未完成拨款审批手续，就会通过一次“连续决议案”，授权受到影响的政府部门继续执行其计划，直到批准拨款为止。政府各部门，不论其预算是否纳入联邦总预算中，均须经法律授权后才能承担债务，动用联邦经费。

三　国防预算的执行与决算

国会通过国防拨款法案后，财政部发出拨款许可证，由白宫行政管理与预算局向国防部分配拨款。国防部在获得拨款后，再把国防经费指标分配给各军种和国防部各业务局，而不把经费拨付给上述单位，国防经费由国防财务局及其下属单位的各个财会中心统一管理与支付。在具体款项指标拨付中，由于投资性拨款（如武器系统的研制与采购）属于专项拨款，往往需要跨几个年度，因此按《总统预算》中规定的使用计划执行，但国防部每个季度要向国会递交武器系统采购情况报告。至于活动维持费拨款，各军种和国防部要制订执行计划，每月要报告执行情况，年中要进行一次大检查。在预算执行过程中，同一项目内经费开支计划的调整，若不超过国会规定的限额，可以自行调整，若调整额超过限度，在不同项目之间挪用经费，或者需要追加预算，都必须经过国会批准。

PPBE 制度十分重视预算执行及其结果。在执行阶段国防部在每个季度都根据预算计划和评估标准对预算执行情况进行详细评审，以确定国防费的分配和开支情况是否合理，是否达到计划目标，国防部对各军种的预算执行情况实施全程监督。

预算执行年结束后，行政管理与预算局、总审计局、国防部及各军种决算机构，要对预算执行情况进行检查与决算，审查他们承担的债务和最后的支出是否符合授权法律条文和拨款的要求，是否符合其他有关债务和经费开支的法律条令的要求。此外，国会也要对政府的各项计划进行审计和稽核，并向国会、行政管理和预算局等有关部门报告调整结果并提出建议。需要指出的是，美国过去的国防决算审计主要关注预算的支出是否合法上，现在的国防决算审计更加重视预算支出的效益，也就是现在更倾向于做什么、效果如何等方面。

整个国防预算的编制、审批和执行过程，从计划开始到预算执行完，历时 3 年多。国防部在预算年（偶数年）每一年都同时进行 3 套不同的工作：执行本财年预算；为下财年预算进行立法辩护；制定第 3 财年的预算方案。美国现在实施的两年预算制，也就是各军种每两年而不是每一年提交一次《计划目标备忘录》和《概算书》。在非预算年（奇数年）每一年都同时进行 3 套不同的工作：执行本财年预算；为下财年预算调整进行立法辩护；制定第 3 财年的预算调整方案。例如，2010 财年的预算正在执行，

2012 财年的预算案就在交付国会审批，而 2013 财年的预算正在制定过程中。

四　国防预算的分类方法

广义上讲，美国的国防预算（也称军事预算）包括国防部预算、情报预算、能源部用于军事项目的预算和其他开支，其中国防部预算通常占整个国防预算的 95% 以上，因此我们一般把美国的国防部预算笼统地称为国防预算。美国国防部在预算编制过程中通常对国防预算采取以下分类方法。

（一）按项目区分

包括军职人员经费，活动与维持经费，采购费，研究、发展、试验与鉴定费，军事建筑费，家庭住房费，国防部本部应急费，周转与管理基金，核防御活动费等几项费用。我们在分析其军费分配时，习惯上区分为三大部分：军事投资费（主要包括武器装备的研制费、采购费和军事建筑费）、活动维持费（主要包括用于军队的日常活动、维修保养、物资消耗以及其他活动的费用）和军事人员费（主要包括现役军人、后备役人员和在编文职人员的薪金和各种补贴，不在编的大批文职人员的费用和其他劳务费，隐藏在军费内的其他项目之中）。

（二）按任务区分

美军任务一般分为 11 大类，即先前在《未来年份国防计划》中提到的项目：战略力量；常规力量；指挥、控制、通信、情报；机动力量；国民警卫队和后备役部队；研究与发展；中央物资供应与维护；训练、医疗及其他人员活动；行政管理及相关活动；对其他国家的支援；特种作战力量。这些项目基本体现了美国国防部的主要任务和目标。

（三）按单位区分

包括陆军、海军、空军、国防部直属单位和国防系统一般支出等 5 个单位。

美军费之所以采取不同的区分方法，主要是为了从不同角度对预算进行核算，从中发现问题，以便加强军费管理，提高使用效率。

第二节　历史回顾

美国的国防预算授权与开支情况受美国政治局势、财经状况、军事战略、建军思想及垄断财团背景等诸多因素的影响，其中军事战略和建军思想对国防预算的影响最为直接。因此，本节主要以美国军事战略的调整和军队建设思想的演变为线索，对美国历年国防预算及开支情况进行概述。

一　“遏制”战略时期

二战结束后，美军兵力由 1945 年 6 月的 1212.3 万人缩编到 1948 年 5 月的 144.5 万人，军费开支也开始骤减。1948 年，杜鲁门政府借口欧洲局势紧张，开始扩充军备，军费也随之上涨。美国出台“遏制”政策后，要求以扩大核武器的研制和生产，增加军费开支，全面追求军事优势，来对抗和遏制共产主义国家。朝鲜战争期间，美国的国防预算由 1950 财年的 794 亿美元猛增至 1951 财年的 1245 亿美元，增加了 1.8 倍，1952 年更达 2888 亿。该时期军费开支主要特点有两个。一是军费开支水平时落时起，波动较大。美国的军费开支在 1945 财年（二战期间）达到顶峰，战后 3 年急剧下降，1948 财年仅有 117.71 亿美元，后又在柏林危机和朝鲜战争影响下迅速攀升，1952 财年猛增至 388.14 亿美元。二是陆、海、空三军平均分配军费。美国空军于 1947 年 9 月成为与陆、海军并列的独立军种。鉴于新军种的基础较薄弱，美军强调优先发展空军，逐步提高空军的兵力和军费，同时相应发展陆、海军，即“把得到的经费分为三个大体平衡的部分，给陆、海、空军”。1949 财年，陆军军费下降到总额的 50.2%，海军占 34.5%，而空军只占

14%。到1952财政年度，陆军军费下降到40.5%，海军军费下降到25.6%，而空军军费上升到32.8%，超过了海军，三军军费趋于均衡。

二 “大规模报复”战略时期

“大规模报复”战略改变了“遏制”战略侧重打常规战争的设想，转而依靠核优势准备打全面核大战。为此，艾森豪威尔政府将前政府三军均衡发展的方针，改为重点发展空军，特别是战略空军和核武器，国防预算也作了相应的倾斜。其主要特点有两个。一是陆军军费明显下降，空军军费大幅提升，海军军费稳步增加。1952~1960年6月，陆军在美军总兵力中的比例由40%下降到35.2%，军费由157亿美元下降到93.9亿美元，军费比例由40.5%下降到22.8%，海军在美军总兵力中的比例由29%上升为31.9%。海军由于发展核动力舰艇和“北极星”导弹，其军费由1952财政年度的99.3亿美元上升到1960财政年度的116.4亿美元，军费比例由25.6%上升到28.2%。空军兵力的比例增加最多，由27%增加到32.9%。空军军费由1952财政年度的127.4亿美元猛增至1960财政年度的190.6亿美元，其比重由32.8%上升到46.2%，几乎相当于陆、海军军费的总和。二是武器采购费和研制费明显增加。艾森豪威尔政府时期，美国积极发展导弹和核武器。美军的导弹采购费用由1953财政年度的2.95亿美元，猛增至1957财政年度的20.95亿美元。研制费用从1954财政年度的18.95亿美元，增至1957财政年度的19.9亿美元。其中核武器的研究和生产费用从9.95亿美元增至139亿美元。

三 “灵活反应”战略时期

肯尼迪和约翰逊政府否定了艾森豪威尔政府突出发展核力量、忽视常规军事力量的做法，主张“保持一支强大的多样化的军事力量，一支能够进行广泛军事活动的军队”，以核力量为“盾”，以常规力量为“剑”，准备进行各种类型的战争。在新战略思想的指导下，美国国防预算授权与开支情况也进行了调整。其主要特点有两个。一是军费开支逐年增加。为了建立多样化的军事力量，并实现打赢“两个半战争”的战备指标，美国的军费开支在此期间逐年上升，1960 财年为 412.15 亿美元，1964 财年已升至 497.6 亿美元，升幅达 20%。因发动侵越战争，1966 年军费开支更猛增至 551.81 亿美元，比前一年高出 20.4%，此后两年仍以高比率增长，1968 年已达 780.27 亿美元。二是陆军军费增加，三军军费渐趋均衡。肯尼迪和约翰逊政府强调陆军在“灵活反应战略”中的重要作用，“主张建立一支空前强大的现役陆军部队”。因此，1961～1968 年陆军现役部队兵力增加了 98 万人，陆军军费开支也由 1961 财年的 101.3 亿美元增加到 1968 财年的 252.23 亿美元，军费比例从 23.4% 上升到 32.3%。与此同时，空军军费比例则由 1960 财年的 46.2% 骤减到 1968 财年的 33%，海军军费比例基本保持不变，三军军费分配又趋于均衡。

四　“现实威慑”战略时期

由于长期陷入越南战争，美国的国力和军力遭到严重削弱。尼克松上台后不久便决心从越南战场脱身，并逐步压缩军费削减兵力，之后的福特与卡特政府基本上延续了这一政策。该时期军费开支的特点：一是军费开支大幅下调。20 世纪 70 年代，“由于越战而激起的反军狂热，在费用开支的优先次序上，美国国会的注意力几乎已完全转到国内事务上来”。1969～1979 年，美军总兵力由 335 万人降至 202.7 万人，削减了 132.3 万人。军费开支则由 1969 财年的 2296 亿美元下降到 1976 财年的 1551 亿美元，降幅达 32%，政府提出的军事预算，被国会削减的数额平均每年达 60 亿美元之多。1977 财年以后军费开支又出现略微增长，1980 财年达到 1700 亿美元。二是武器装备采购费和部队维持费增加。20 世纪 70 年代，美国在削减常规部队兵力的同时，采取了更新武器装备、提高部队现代化程度的建军方针。因此，在军费开支总额下降的情况下，武器装备采购费、部队维持费却在增加。在一定程度上，这是由新武器采购价格的大幅上涨造成的。如在 20 世纪 70 年代初 F－15 型战斗机的单价为 2000 万美元，比 60 年代初用以装备部队的 F－4 型战斗机的单价上涨了 10 倍之多。武器研制费，尤其是核武器的研制费也在增加。尼克松政府上台不久就提出了“足够的战略核力量”概念，强调提高核武器精度和使弹体小型化。1980 年 7 月，卡特政府又正式出台了“抵消战略”，为美国研制新一代进攻性战略核武器开了绿灯。在政策的推动下，核武器的研制费明显增加，1980 财年达 30.59 亿美元，比 1973 财年上涨了近 1.2 倍。

五　新的“灵活反应”战略时期

1979 年苏联入侵阿富汗，宣告了美国“现实威慑”战略的破产。里根执政后即改变了前任政府的“缓和”政策，采取了与苏联全面对抗的强硬政策。在新的“灵活反应”战略指导下，美国大幅增加军费开支，重振军备，全面谋求对苏军事优势，以针锋相对的强硬姿态和灵活多变的手法对付苏联在世界各地的扩张。这一时期美国军费开支的主要特点：一是保持高额军费，提高武器装备费的比重。在里根执政的 8 年期间，美国大力推行扩充军事实力政策，始终保持高额军费。1981～1985 财政年度，美国军费预算授权额逐年增长，成为 20 世纪 70 年代以来美国军费增长幅度最大、增长速度最快的一个时期，财年实际平均增长率保持在 7% 以上。里根执政的后 3 年，即 1986 至 1988 财政年度，美国军费扣除通货膨胀因素，实际上有所削减，但仍保持高额军费。为了发挥美国的军事技术潜力，保持美国武器装备的质量优势，1982～1988 财政年度美国用于研制和采购武器装备的费用累计达 8159.14 亿美元，平均每年度达 1165.59 亿美元。武器装备研制与采购费在整个军费中的比重，由 1982 财年的 39% 逐步上升至 1988 财年的 41%，为美军提高武器装备的现代化程度提供了资金条件。二是突出研究先进军事技术，重点保障“战略防御计划”的落实。美国为了保持并扩大对苏联的技术优势，把新技术的研究置于突出地位。要求以最快速度将新技术应用于武器装备，将技术潜力转化为军事实力。美军的武器装备研究发展费在1981财年只有166亿美元，1988财年增至355亿美元，增加了一倍多，这是美军主要军事项目中费用增长最多的。为了争夺太空优势，里根总统提出了雄心勃勃的“星球大战计划”，并逐年增加专项拨款。1987财年，“战略防御计划”拨款额为48亿美元，比1985财年增加一倍多。三是活动维持费侧重于提高部队的快速反应能力。里根政府强调增强美军到海外作战的快速反应能力，并认为提高战备程度是增强快速反应能力的关键。1985财年美军用于提高战备程度的经费为804亿美元，比1987财年实增50%，主要用来加强部队训练和采购武器弹药及零部件。美军认为，及时掌握情报信息、保障军事指挥机关与部队联络的畅通，也是提高快速反应能力的重要途径。因此，美军大力改进导航、通信、信息系统，加强计算机与通信保密。1986财年的情报、通信费用高达279亿美元，比1985财年度增加11%。

六 “地区防务”战略时期

里根政府时期美国军费开支的迅猛增长造成财政赤字的大幅增加。1981~1989年，财政赤字年平均高达1600亿美元，远远高于20世纪50~70年代的年均280亿美元。高赤字导致巨额国债，到1986年4月，里根政府的外债总额达2万亿美元，是美国历史上所有39任总统执政192年国债累计总额的两倍。为摆脱经济困境，布什上台后开始调整里根时期的经济政策，削减军费开支。而国际形势的变化也为美国采取这一政策提供了有利的外部条件。进入90年代后，以美苏对抗为主要标志的两极格局不复存在，东西方持续了40多年的“冷战”宣告结束。美国于1992年2月提出“地区防务”战略，把美国的防务重点由对付苏联全球性挑战转向对付地区性冲突。新的安全环境使美国裁减部队成为可能。因此，布什上台后的军费开支呈现两大特点：一是军费开支逐年递减。布什上台后，美国逐步削减兵员与军费。1990财政年度美国防预算为2929亿美元，扣除通货膨胀因素，实际比1989财年下降约2.4%。1991和1992财年的国防预算则分别下降9.6%和1.8%。二是加强高技术的研究与开发，确保军事技术优势。布什政府认为，美国和前苏联核武库的超饱和及高技术的崛起，使核武器和常规武器数量的增加失去了战略意义，主张着重提高武器装备的质量，强调对军事高技术的研究与开发。因此，尽管美国的国防开支有所削减，但仍为研究和发展新型武器提供充足经费。在1993财年的预算中，研究与发展项目的拨款高达388亿美元，比1992财年实增1.5%。

七 “灵活反应与选择参与”战略时期

克林顿上台后逐渐认识到，美国的资源和人力是有限的，不能也不应对所有的危机和冲突作出反应，只能灵活并有选择地参与对美国利益关系重要的地区及国际事务。在“灵活反应与选择参与”战略的指导下，美国继续裁减军队，削减军费，使军队建设服从并服务于国家的“经济安全”。一是压缩军队规模，削减国防预算。克林顿政府认为未来可能发生的将是目的有限、规模有限、持续时间有限的地区性战争与冲突。随着高技术武器装备的发展和运用。打赢这种战争和冲突，不是靠军队的数量，而是靠质量。为此，克林顿政府进一步裁减了美军兵力。1993~1997年，美军现役部队总兵力由170.51万人降至145.21万人。与此同时，美国的国防预算也逐年下降。1994~1997财年的国防预算，扣除通货膨胀因素，实际分别下降了8.2%、0.3%、2.7%和4.1%。二是作战与保养费相对增加。在总兵力减少的情况下，美军提出要通过“提高人员素质、加强战备和现代化”等措施全面加强美国的军事实力，以确保战略目标的实现。因此，国防部进行预算决策时所遵循的一个基本准则，就是保障美军的战备，维持美军的训练、作战和武器装备保养的需要。1993～1997财年美军作战与保养费的总量虽有所减少，但由于兵力的缩减和旧式武器装备的淘汰，其实际平均占有费用在不断增加。三是侧重加强海军建设，三军中海军军费比例最高。海军在美国海外驻军收缩的情况下承担着“前沿存在”和“力量投送”的重要使命，在未来战争中的地位和作用明显增强，因此美军把海军常规部队列为三军部队建设的重点。1993～1996财年，美海军军费虽然也随着军费总额的削减而有所减少，但在全军军费开支中所占比例却一直保持在30%～31%，为三军之最。

八 “塑造—反应—准备”战略时期

1997年7月，美国军方提出了“塑造—反应—准备”军事战略，确立了和平时期营造有利的安全环境、对各种危机作出反应、着手准备应付未来不确定因素三大战略任务和“促进和平与稳定”、“打败对手”的战略目标。为实现目标，克林顿政府进一步压缩军队规模，并把加强战备和保持军事技术优势作为美军质量建设的首要任务，国防预算的分配也随之进行了调整。1998财年的作战与维持费和采购费的预算授权额分别增加了2.9%和3.2%。同时，为提高军人士气，吸引和留住高素质的军事人才，1998年预算中还将军人薪金提高了2.8%，以后每年增长3.0%，这是法律规定的最高增长率。

但是，由于1990～1999财年美国国防预算授权额下降了28%，陆、海、空三军军费拨款分别下降了33.9%、33.7%和33%，美军人员素质低、战备水平差、技术装备达不到预期效果等问题逐渐暴露出来，其严重程度已到了人们不得不对美国军队的战备状态提出质疑的地步。众议院国家安全委员会主席斯彭斯在一份声明中指出，美军面临结构性的战备问题，今后5年内军费至少短缺700～800亿美元，如不改变这一状况，美军将在今后几年内成为一支“空壳部队”。面对美军的实际困难和来自国会与军方越来越大的压力，克林顿总统做出了增加军费的决定。他在 1999 年的《国情咨文》中提出，2000 ~2005 财政年度为国防部增加 1120 亿美元的经费。这将是美国防预算自冷战结束以来首次长期持续增长。

九 “保护—防止—战胜”战略时期

小布什上台后，受“9·11”事件冲击，美国认为其安全环境进入“新的危险期”，恐怖组织的分布范围将更广，战场空间将更加分散，关键军事技术的获取更加难以阻止，恐怖主义与大规模杀伤性武器的结合将成为美国最大的现实威胁。为此，美国军方提出了“保护—防止—战胜”战略，确立了三个支柱性的军事目标：保卫美国以抵御外来攻击和侵略；防止冲突与突然袭击；战胜对手。为此，小布什政府认为必须进一步强化对地区大国的全面优势，“先发制人”打击地区恐怖主义及其支持者，以实现美国“绝对安全”。

这一时期的军费开支呈现出扩张性特征。一是军费开支绝对规模继续扩大。从“9·11”袭击发生到 2005 年的短短 4 年间，美国仅用于全球反恐战争的额外拨款就高达 3460 亿美元。2006 年美国军费为 4193 亿美元，另加用于伊拉克、阿富汗的战费 1000 亿美元，共约 5193 亿美元，比 2005 财年约增长 5%。2007 年美国军费 5470 亿美元，比 2006 年增加 6.94%。2008 年美国军费比 2007 年上升 9.7% 至 6070 亿美元。阿富汗战争和伊拉克战争的胜利，进一步刺激了美国靠武力征服天下的欲望，使美国军费开支继续增长，2009 年美国军费开支高达 6110 亿美元，相比 2008 年增加 7%。

二是武器装备采购与研制的费用涨幅较快。为维持和扩大美国军事力量优势，谋求绝对安全，小布什政府非常重视装备采购与技术研发。从 2000 财年至 2005 财年，武器采购费用上涨了 36%，研发测试费用增加了 78%。从 2005 财年的国防预算来看，美国越来越多地采购适应未来作战需要的新型武器装备。2005 财年用于军事科研、开发、试验与评估费达到689亿美元，用于购买新型装备的费用达749亿美元，与2004财年的742亿美元相比增长不大，但结构有所调整。增加的大部分预算被用在了7个主要装备项目上。同时，美国军费开支对美军转型建设给予了有力支持。如陆军“未来作战系统”、“斯瑞克”旅的组建和配套装备的研制采购，空军的F-22、F-35战斗机以及无人驾驶飞机的研制采购费用都大幅度上涨。国防部2005年度获得的拨款比2004年增加3.5%，并提供100亿美元用于开发导弹防御系统。2006财年装备费达到1474亿美元，这还不包含另外支付的一些弹道防御计划中项目的费用。

三是适度增加导弹防御和反恐资金。为避免来自空中的威胁，保护美国安全，小布什政府大力支持美军继续发展导弹防御系统。国防部的导弹御计划，2005财年预算申请为91亿美元，比2009财年的76亿美元增加15亿美元，增加幅度达20%。精确制导炸弹，包括“战斧”（Toma-hawk）战术巡航导弹、激光制导炸弹（25000枚以上）和联合直接攻击弹药（JDAM，约30000枚），共计16亿美元。在科学技术项目上，2005财年预算申请为105亿美元，其中包括13亿美元的基础研究、38亿美元的应用研究和53亿美元的先进技术开发，比2004财年的102亿美元略有增加。

四是财政赤字和国债限制了美国军费开支疯狂上升。军费大幅度增加，导致美国赤字上升，2005年财政赤字达4270亿美元，比2004年的4120亿美元赤字增加了3.6%，2008年美国政府财政赤字增至4380亿美元。巨额的赤字和国债不但影响美国民众的福利水平，而且逼迫美国政府不得不削减一些军事项目的开支。其中影响最大的是“联合通用导弹”（JCM）项目被完全取消；洛克希德·马丁公司的C-130J运输机生产项目被停止；海军陆战队的“远征战舰”（EFV）项目也被推迟；美海军原定于2006年的一个常规动力航母计划也被取消；海军还减少了建造驱逐舰的计划。“弗吉尼亚”号潜艇的生产量从原定的每年2艘减为每年1艘。就连布什总统全力支持的国家导弹防御系统，预算也被削减。美国空军也大幅削减 F/A－22 型“猛禽”战斗机的计划购买数量，从 277 架减少到 160 架。

美国削减军费开支之举并不是“战略收缩”，而是美政府在巨大的财政赤字压力下，加强美国的全球战略所采取的应变措施。从削减的军费项目看，并不影响美军战斗力，削减军费只是“缓兵之计”。为了赢得伊拉克、阿富汗及反恐战争，美军只能将用于对未来武器装备的投入暂时推后，但并不等于放弃原来的军事发展计划。

十 “巧实力”战略时期

2008 年 10 月奥巴马入主白宫，此时，美国面临着双重危机：金融危机和深陷阿富汗及伊拉克泥潭的战争危机，两场危机使美国元气大伤。为帮助美国摆脱困境，重振全球领导地位，奥巴马推行“巧实力”战略，也就是强调综合运用硬实力和软实力来实现美国的外交目标。

随着美国巧实力战略的实施，美国的军费开支进行了系列调整。一是削减军费开支规模。2011 年 8 月奥巴马与共和党达成妥协，未来 10 年美国国防开支至少削减 4500 亿美元，同时作为一项临时措施，五角大楼已准备在今后 5 年至少削减 2600 亿美元军费。为此，五角大楼“砍掉”了 30 个武器系统，其中就包括耗资 1600 亿美元的陆军的未来作战系统和两个导弹防御系统。同时，美军购买 F/A－22 隐形战斗机和朱姆沃尔特（Zumwalt）级驱逐舰的合同也被取消。

二是维持美国先进军事能力的关键项目研发开支不降反升。在 2012 财年的美国军事预算中，增加了 20 亿美元为空军研发新型轰炸机，以强化远程打击能力；投入 9 亿美元采购新型的空中加油机；投入 13 亿美元提升美国军方的网络攻防能力。此外，美国军方还将投入 120 亿美元用以基础研究，以确保美军保持技术领先优势。

三是继续采购新锐武器装备。根据计划，美军将在2012财年采购28架F/A-18E/F“超级大黄蜂”战斗机、12架EA-18G“咆哮者”电子战飞机、建造2艘“弗吉尼亚”级核攻击潜艇、1艘DDG-51“阿利·伯克”级驱逐舰、4艘濒海战斗舰、1艘LPD-17级两栖攻击舰和两艘高速艇。同时针对外界广泛关注的F-35“闪电Ⅱ”联合攻击战斗机，美军将继续推进研发，并先期接收32架。

纵观第二次世界大战结束以来美国军费开支的变化，可以看出，其军事思想尽管受各个时期军事战略变化的影响，但总的方向十分明确，就是以强大的国民经济和先进的科学技术为基础，不断研制新式武器装备，完善军队的体制编制，以不断增强的军事实力作后盾，来保障国家安全战略目标的实现。

第三节 发展趋势

美国国防预算将依据其军事战略调整而做相应调整，并表现出以下发展趋势。

一 开支数额继续增加，增长幅度有所减缓

冷战结束后，两极格局虽然瓦解，但是，美国并未放弃称霸全球的战略企图。为了打造强大的军事实力，维持和扩张美国在全球的利益，其历年军费开支呈增长态势。据统计，2009年美国的军费开支达到6610亿美元，占到全球军费开支的43%，相当于排名世界第二至世界第十五的14国军费开支的总和。2000~2009年持续增长，10年间增长了75.8%，人均军费开支达到了2100美元，居各国之首。美国军费开支占GDP的比重10年间也一直在增加，从2000年的2.96%持续增加到2009年的4.68%。

2008年美国爆发了波及全球的金融危机，并引发数十年来最严重的经济衰退，受国家总体经济实力制约和日益严重的财政赤字的影响，美国军费开支规模增幅有所减缓。2011年2月奥巴马政府正

式向国会提交2012财年预算需求，其中国防总预算为6710亿美元，与2010年和2009相比呈下降趋势。这是美国的军费开支自2001年“9·11”事件以来，在经历了10年连续增长后的首次下降。但是，这次削减的主要原因是结束了伊拉克和阿富汗战争，节约了大笔“战争费用”，作为美国防预算中的核心军事预算——“基准军费预算”（不包括战争等支出）依然保持增长态势。2012年的基准军费预算达5530亿美元，比2011财年增长了42亿美元，比2010财年更是大幅增长了251亿美元。如果与2001年相比，基准军费预算的增幅超过80%。从美国的军费使用情况来看，基准军费预算的用途为保持和发展美国的武装力量。此项费用不断攀升，表明美国的军事实力在不断增长。

二　军费分配继续以海、空军为主，重视三军协调发展

加强海、空军一直是美军建设的重点和一贯的方针。冷战后，随着美国安全环境的变化和战略任务的转变，美军在进行海外干涉时更倾向于动用海、空部队，利用海、空优势对敌实施远程打击，迫其就范。同时，海、空军武器装备技术比较复杂，生产周期长，价格昂贵，战时又不容易很快补充，客观上需要大量经费。

1998~2000财年，美国海军军费在国防预算中的比例为31%~32%；在2000~2005财年内计划增加的1120亿美元的防务开支中，海军军费增加350亿美元，占32%。海军计划以新增军费研制发展新式舰艇，加大采购力度。如研制联合指挥与控制舰以取代海军的4艘指挥舰，增加新型攻击潜艇及多用途两栖攻击舰等。

空军在1999~2005财年的军费拨款计划中比例增长73%，空军2000财年预算为670亿美元，到2005财年将增加到近800亿美元，6年内可为备件、维修、训练及其他急需的项目增加经费200亿美元。新预算能为关键现代化项目提供资金，并确保空军从冷战时的兵力结构迈向适应新形势的远征军。

美国军队将朝平衡协调方向发展。“平衡战略”最早出现在2008年美国《国防战略报告》中，在2009年首期《外交》杂志上盖茨又发表专文系统论述，其核心就是强调“平衡”是美军转型的新目标，也是国防战略的关键。盖茨认为目前应对恐怖主义的“不规则战争”已位居常规战争准备之上，成为美军转型的重中之重。美军加大对“不规则战争”的关注，并非要放弃对常规战争准备的追求，而是要具备“全频谱”作战能力，但由于美国防务资源有限，必然会有轻重缓急之分。美国不能指望通过增加防务预算从而什么都做、什么都买来消灭国家安全面临的危险。

三　装备购置费和科研费仍将呈现持续上涨的态势

随着国际战略格局的调整和现代科技的不断发展，近些年美国军事理论界提出了以信息战为核心、以数字化部队和数字化战场为主体的新军事理论。为此，美国军事科研和装备购置、维修的经费投入增长较快，特别是用于技术装备的研制开发和升级换代的投入不断增加，用于信息基础设施建设和信息化改造的费用不断上升，用于武器装备现代化的投入不断提高，科研费用占军费的比例呈不断上升趋势。美国的军事科研费，20世纪70年代之前每年平均在100亿美元以内，1980年增至135.6亿美元，1988年增至392.8亿美元，特别是20世纪90年代末期以来，美军进一步加大了对武器装备研制的投入，1999财年为440亿美元，2000财年为530亿美元，2001财年增至600亿美元。美国防拨款不断向尖端技术开发倾斜，且由于武器装备的技术含量日益增长导致研发周期变长，科研费用投入在不断加大。美国1984年开始实施“星球大战计划”，至1989年，其定向能武器、动能武器的申请预算分别高达12.45亿美元、11.99亿美元。20世纪80年代研制的B－2隐形轰炸机突破100亿美元，90年代F－22战斗机的研制费超过130亿美元。2012年美国在国防总开支减少的情况下，其国防研发预算需求仍保持增长，2012年国防部研发费用预算达753亿美元，比 2011 年增长 3.5%。

高技术武器开发和制造费用越来越高导致美国武器采购费用不断增加。美军装备购置费由 20 世纪 90 年代中期的 400 多亿美元逐步增加，2000 财年采购预算总额则为 530 亿美元，2001 财年增加到 618 亿美元，2005 财年达到 751 亿美元，2008 年采购费用达 1017 亿美元。从今后一段时期的发展趋势看，随着美国军队信息化建设的加速发展，信息化武器装备研制生产成本的直线上升，美国的装备购置费和科研费必将呈现持续上涨的态势。

四　保持较高的人事费和活动维持费，提高战备水平

人事费是军事人员费、不在编文职人员费和其他劳务费的总和。军事人员费包括现役军人费、后备役军人费和在编文职人员费。而不在编文职人员费和其他劳务费隐藏在活动维持费、装备研制费、采购费、军事建筑费等其他项目之中。近年来，美军的人事费尤其是军人薪金有较大提高。1998 财年美国军事人员的薪金增长率为 2.8%。1999 财年 2500 亿美元的国防经费中有 36% 用于加薪，所有军事人员平均增加 3.1% 的薪金。2000 财年的国防授权法案规定，从 2001 年 1 月起，军人薪金与退休待遇将提高 48%，增加幅度是 1982 年以来最大的一次。授权法案还规定给予高技术人员，特别是空军高技术人员以额外津贴。在 2001 年以后 6 年新增的 1100 亿美元预算中，将有 365 亿美元用于优先保障人员，其中既包括增加薪金 4.4%，也包括退休制度的各项改革，以征召优秀的男女新兵和延缓技术人员流失。

活动维持费主要用于军队的日常活动，如教育训练、战备活动、维修保养、物资消耗以及其他活动。为了防止重蹈 20 世纪 70 年代“空壳军队”的覆辙，美军近年来十分强调加强战备，提高训练指标，特别把重点放在维持后续部队的作战能力上。美国国防部认为，美军应急部队的战备水平较高，但整个部队战备的持续作战

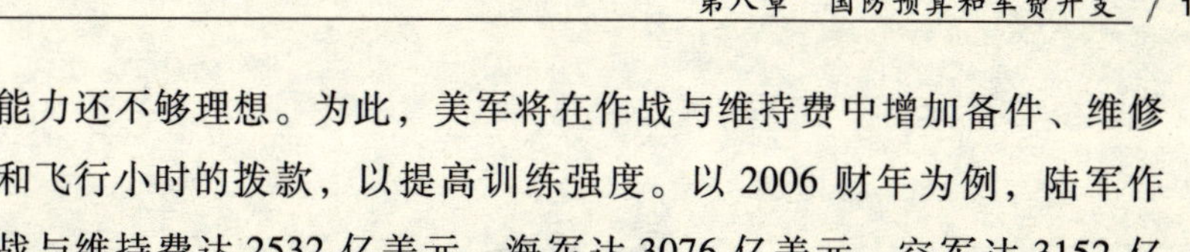

能力还不够理想。为此，美军将在作战与维持费中增加备件、维修和飞行小时的拨款，以提高训练强度。以2006财年为例，陆军作战与维持费达2532亿美元，海军达3076亿美元，空军达3152亿美元。总之，为了保持高度的战备水平，维持军队的正常活动，美军的法定维持费和人事费都将有较大幅度的提高。这笔费用虽属非投资性，但对提高战备水平和军队士气作用重大。

第九章
军事训练转型与军事教育

美军认为，“军事训练历来是提高部队战斗力的基本手段，对战斗力和战备具有生死攸关的意义，是胜利的奠基石”。越南战争后，美军先后三次掀起训练改革高潮。第一次训练改革发生于20世纪70年代末至80年代初，陆军提出“战时仗怎么打、平时就怎么练”的训练指导思想，带动了全军的训练改革。第二次训练改革发生于20世纪80年代中期至90年代末，美军将联合训练摆到最突出的地位，强调联合军事演习的作用。第三次训练改革发生于21世纪初至今，使个人和团队向能力型、知识型，向利用信息优势实施联合作战转变。①

进入新世纪，特别是“9·11”事件以后，美国依仗其超强的科技和经济优势，充分运用信息化建设成果，正以前所未有的广度和深度加速推进军事训练转型。美军各军种根据各自具体情况，从2002年起开始制定转型路线图，如《陆军转型路线图》、《空军转型路线图》、《海军转型路线图》等，并依据新的作战理论和作战概念，积极调整体制编制。美军认为，若要顺利完成上述军事转型规划，必须积极改进训练思想和实施方式，在加速推进作战方式、体制编制、武器装备等转型的同时，加快训练转型的步伐。2003年，美国防部在其《转型计划指南》中明确提出了“发展国家联合训练能力”的设想，其核心是通过构建一体化联合训练的新模

① 何华：《美军如何进行军事训练》，2009年2月20日《光明日报》（9）。

式，不仅实现陆军、海军、空军等各军兵种的高度一体化，而且实现常备力量与后备力量之间、军队与政府各部门之间、本国军队与盟国军队之间的全面一体化。2004 年 6 月 21 日，美国防部正式批准执行《2004 年训练转型实施计划》。这标志着作为美军新军事变革重要组成部分的训练转型开始进入全面实施阶段，由此也正式拉开了自越南战争结束以来美军第三次训练转型的序幕。

第一节 主要动因

美军军事革命和训练转型是人类社会从工业时代向信息时代迈进的必然产物，是新时代世界军事领域矛盾运动的结果，具有鲜明的时代特征和复杂的内在动因。

一 适应国家安全战略和军事战略调整的需要

美军的军事训练是以国家安全战略和军事战略为指导的。“9·11”事件以后，美国着眼世界全球化和信息化的发展趋势，针对国家安全威胁的多样性和不确定性特点，积极调整国家安全战略的基石，强调要以绝对军事优势和全面威慑力为后盾，实施“先发制人”战略，最大限度地维护美国的全球利益和全球霸主地位。为了适应国家安全战略调整的需要，确保美国的绝对军事优势，美军在加速推进作战方式、编制体制、武器装备等转型的同时，也加快了训练转型的步伐。基于国家安全战略的调整，美军强调，武装部队必须具备打赢反恐战争和进行一体化联合作战的能力，成为一支能够实现全谱优势的、联合的、以网络为中心的、分布式的部队，可在各种军事行动中控制任何态势。为实现上述目标，美军在其 2003 年颁布的信息时代军队建设纲领性文件《转型计划指南》中明确提出，美军的军事优势很大程度上得益于实施训练的方式。为了将来继续保持这种优势，必须像进行其他方面的转型一样进行训练转型。

二 适应战争形态由机械化向信息化转变的需要

战争需求是军事训练发展的直接动力，决定着军事训练的发展方向。当前，随着战争形态由机械化战争向信息化战争加速演变，作战样式的“联合”特征日益明显，并呈现出一体化的发展趋势。美军自20世纪80年代提出“空地一体战”理论以来，不断创新联合作战理论，加强联合力量建设，实践联合作战样式。特别是在阿富汗战争和伊拉克战争中，依托C^4ISR系统，把陆、海、空和海军陆战队联通起来，使战场感知、指挥控制、火力打击和后勤保障融为一体，实施一体化的联合作战行动，取得了良好的作战效益，更加坚定了走“联合”之路的思想。在不断发展“网络中心战”理论的同时，还在积极探索指导未来联合作战的新概念。2004年，美军在其颁布的《联合转型路线图》中，对联合作战新概念进行了全面、系统的阐述，并明确把它界定为美军规划和设计新的联合作战能力的依据。按照《联合转型路线图》的解释，新的联合作战概念由“联合行动概念”、“联合功能概念”和“联合赋能概念”组成。其中，“联合功能概念”包括防护、兵力运用、联合指挥控制、联合战场感知、聚焦保障等实施联合行动所需的关键军事能力。显然，为了这种新的战争需求，军事训练转型已经不再是偶然，而是必然。

三 适应全面推进军事转型的需要

长期以来，美军不仅热衷于以战争促发展，而且还十分注重以训练改革促进军队建设。自越南战争以来，已经先后掀起了三次训练改革。前两次训练改革对于推动美军全面建设、提升部队战斗力发挥了重要作用。当前，美国在世界新军事变革中确立了以“保卫、防止、战胜”为目标，以军事转型为核心的军队建设发展思路，强调通过转变思维、作战、训练、保障和演习的方式，以及与国家其他部门和盟国合作的方式，建设一支“以网络为中心的分散配置的高度联合的作战部队”。以此思想为指导，美军各军种根据各自具体情况，从 2002 年起开始制定转型路线图，陆军提出了“传统部队—过渡部队—目标部队”的转型思路，海军提出了“海上打击”、“海上盾牌”、“海上基地”的转型概念，空军提出了“全球警戒、全球到达和全球力量”的转型战略。与此同时，美军积极改进训练思想和实施方式。美军认为，在军队全面加速转型的情况下，他们的工作重点已经从预先周密计划转向时间敏感性计划，从永久性机构转向动态性机构，从等级结构转向模块化结构。因此，必须将过去那种需求驱动的训练体制转变为动态的、基于能力的联合训练体制。基于这种考虑，美军在加速推进作战方式、体制编制、武器装备等转型的同时，也加快了训练转型的步伐。美军相继出台了一系列训练转型指导性文件，掀起第三次训练改革，其根本动因之一就是加快这些新理论、新概念和新思路的实验论证，加速推进军队建设的全面转型。

四　新技术的迅猛发展为军事训练转型提供了手段

人类社会形态的转变是军事训练转型的根本动力。20 世纪末，人类社会已经开始从工业时代向信息时代转变，计算机、通信、网络的发展与融合构成信息革命。信息革命的影响从技术本身扩大到组织、企业、商业、文化、人们的工作和生活方式。低成本、强有力的信息技术的独特性质正在点燃这个领域。除了信息技术外，还有一些新技术，如基因、生物工程、材料、推进剂等，带来了巨大力量，迫使人们不得不思考如何使用它。人类社会的这种时代更替势必从硬件和脑力两个方面影响军事领域。先进技术正在以前所未有的速度和规模发展，经济全球化加速了先进技术的推广和扩散，为军事革命和转型提供了有力的支撑。美军比历史上任何军队都更加重视先进武器系统，更加依赖它们，以便取得关键的能力优势和战略优势。美国防部负责采办、技术和后勤的副部长说，“如果存在一个技术中心战的话，这就是技术中心战”。

第二节　主要内容

美军认为，军事训练转型应着眼于三大战略目标展开：一是根据作战需求，组织全面系统的联合训练，确定实施联合战役的能力，建立联合训练的体制和机制。二是发展功能强大的网络化“实兵、虚拟和推演”相结合的训练与任务演练环境，形成全军联网、全军通用的训练体系。三是改进采办和其他保障程序，搞好训练系统与采办、后勤、军事教育以及指挥控制之间的衔接，把训练转型纳入到军队转型的大系统之中。基于上述战略思考，美军在《国防部训练转型实施计划》（以下简称《实施计划》）中明确提出，要通过发展和运用“联合知识培养与分发能力”、“联合国家训练能力”和“联合评估与赋能能力”来实现训练转型。这三种联合能力，是美军推进训练转型的核心内容和基本目标。

一　联合知识培养与分发能力

该能力主要解决的是美军各级军官、士官、士兵和文职人员单个人员培养和训练的问题，目的是通过以知识为基础、以网络为中心的方式对单个人员进行全程培养和训练，强化他们对联合知识、联合技能和联合战法的熟练掌握，不断提高单个人员的“智能互通化”，形成本能地从联合作战角度考虑问题的思维能力。

为发展联合知识培养与分发能力，《实施计划》明确了四项措施：一是联合个人培养计划，要求单个人员以联合作战所需的单兵联合科目为基础，在其整个职业生涯中进行全程学习、培养和训练，不间断地获取联合知识和强化联合技能。二是联合分布式学习计划，充分利用国防部和各军兵种现有的教育训练资源，以信息技术为手段，以网络系统为中心，创造出一个互通的分布式学习训练环境，使任何人员在任何时间和地点（包括跨军种、跨部门、跨政府和跨国界）都能够接受联合教育训练。三是设立“联合知识培养与分发能力”联合管理办公室，由联合部队司令部、特种作战司令部、有关作战司令部、国防大学和各训练中心等人员组成，主要职责是监管发展联合知识培养与分发能力方面的工作，推进联合个人教育与训练快速螺旋式发展。四是成立联合顾问团，由国防部长办公室、联合部队司令部、各作战司令部、各军种以及国防大学、高级军种学院等部门和单位代表组成，主要职责是指导协调如何发展联合知识培养与分发能力。

二 联合国家训练能力

该能力主要解决的是各级各类单位进行集体训练的问题。针对的是军队整体训练，目的是通过增强训练环境的联合度，使美军各军兵种之间实现“无缝隙”联合训练。为实现此目的，美军提出调整训练结构，在已有的国家训练中心的基础上，建立世界范围的联合训练体系。具体工作分为两个步骤：一是整合现有军种联合训练课目，不断提高训练环境的联合程度。二是提高军种联合训练设施之间的互通性，力求通过运用各种真实、虚拟与仿真环境，建立起世界范围的联合训练网络。

为此，美军提出了获得此种能力的五项发展计划：一是“实兵、虚拟和推演”体系结构计划。“实兵”主要指利用各种训练场地进行的实兵实弹实装演练。“虚拟”主要指利用虚拟现实技术模拟特定的作战环境而进行的模拟训练。“推演”主要指以指挥和参谋人员为主体的部队或个人利用计算机进行的作战进程推演。

二是训练场地现代化计划。通过改进和完善各军兵种训练场地的信息搜集系统、演习跟踪监视系统、训练评估系统、通信系统、假想敌部队装备以及必要的支持系统基础设施，营造联合训练或联军训练环境，使各军兵种的训练场地具备联合训练功能。

三是训练场地使用保障计划。通过建立组织领导机构、制定相关政策法规、加强与政府部门和非政府组织的协调使用等措施，最大限度地保障部队使用训练场地时不受或少受城市开发、环境保护、空中管制、电磁限制等因素的影响。

四是重要国防采购项目嵌入式训练计划。通过依托全球联合训练网络系统，与重要国防采购项目同步设计和实施相关武器装备的训练，为部署在世界各地的美军部队及时提供熟练掌握新装备的训练，实现训练系统与国防采办的一体化。

五是成立“联合国家训练能力”联合管理办公室，主要负责对联合部队训练机构的训练资源进行整合，并监管实兵、虚拟和推演仿真体系结构计划、训练场地现代化计划、训练场地使用保障计划以及重要国防采购项目嵌入训练计划的实施，以满足发展联合国家训练能力的需要。

为了确保国家联合训练能力的落实，美军目前已建立了六个职能领域，包括联合管理办公室、联合训练系统、联合指挥与控制概念、假想敌部队、全球联合训练基础设施、先进训练技术。

联合管理办公室。该办公室主要负责监督落实国家联合训练能力所需的规划与步骤。联合管理办公室负责搜集、合并和批准作战与技术训练需求，制定国防部国家联合训练能力落实计划，并负责分析战区司令部的需求和作战部队的能力，确定使部队能在所有作战科目中获得“怎么打就怎么练”的方法与技术。

联合训练系统。该系统主要负责规范演习，通过详细的计划、实施和评估程序确保战区指挥官和军种的需求能相互促进。还负责制定相关联合战术科目的标准与条件，使演习更加注重作战任务需求。

联合指挥与控制概念。美军着力开发联合指挥与控制概念，以确保在联合科目中有适当的联合部门，向“常备联合部队司令部”提供标准化训练，提供多层次安全环境下的分布式训练能力。不断运用指挥与控制设备以及联合战术、技术与程序，促进转型概念不断发展。

假想敌部队。为了支持联合训练课目，美军在联合部队司令部的集中管理下，计划组建全面协调的真实与虚拟假想敌部队。美军

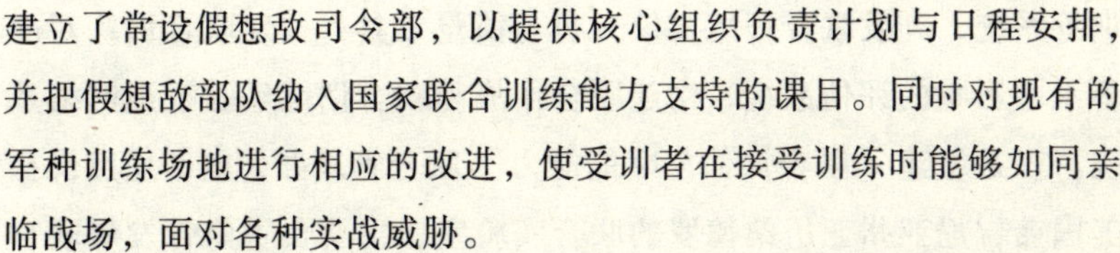

建立了常设假想敌司令部，以提供核心组织负责计划与日程安排，并把假想敌部队纳入国家联合训练能力支持的课目。同时对现有的军种训练场地进行相应的改进，使受训者在接受训练时能够如同亲临战场，面对各种实战威胁。

全球联合训练基础设施。美联合司令部将建立全球联合训练通信基础设施，以支持国家联合训练能力课目。通信结构主要是运用国防信息系统提供的全球信息栅格。基础设施将遵守通用的标准，确保各个国家联合训练场地的互通性与兼容性，并通过在各训练场、各模拟中心及军种与司令部各训练场地进行结构与标准的统一，建立起有利于国家联合训练能力形成的基础设施。

先进训练技术。为了有效促进国家联合训练能力的生成，有效地把真实、虚拟、结构训练要素纳入无缝的联合训练环境中，美军建立了测试与一体化试验室，确保在分布式训练靶场与设施网络中实地训练、虚拟训练与结构训练的互通性。此外，美军还制定了研究、发展和演示规划，把最新的科技成果快速融入联合训练系统当中，以检验部队的作战能力。

三　联合评估与赋能能力

该能力主要解决的是优化训练转型管理机制和提供赋能手段的问题。主要针对优化训练机制和手段，如确定评定标准，建立联合培训后的资格认定制度，对训练转型的计划、项目和投资进行系统评估并提出改进意见等。在发展联合评估与赋能能力上，美国防部在《实施计划》中提出了三项措施。一是联合评估计划。主要包括：建立统一的个人和单位接受联合教育与训练资格认定制度，制定联合训练实绩评定标准，在提高军种训练评估水平的基础上加强对联合训练的评估，健全联合作战和联合训练中总结经验教训的机构，对训练转型的规划、计划、项目和投资进行系统评估，把训练转型与部队战备有机结合等内容，确保对整个训练转型过程实施准确的指导和管理。二是联合赋能计划。主要包括：改进现有的联合训练系统，开发联合训练实绩分析与衡量工具，开发联合训练对战备水平影响的评估系统，构建联合作战和联合训练经验教训网络系统。三是组建“联合评估与赋能能力”联合管理办公室，地点设在美国弗吉尼亚州亚历桑德罗的联合实验室，主要负责监管发展联合评估与赋能能力的相关工作。

第三节 主要做法

近十年来，美军在军事训练转型的探索与实践中，摸索出了一套行之有效的做法，极大地加快了军事训练转型的步伐。

一 注重全局规划，促进协调发展

军事训练转型是一个复杂的系统工程，需要训练各要素全面协调发展。如果没有一个统一的规划设计，必然会顾此失彼、重复建设，达不到最佳效果。美军在总结以往军事训练转型经验教训的基础上，紧贴新军事革命的时代特征，为军事训练转型进行了专门的规划和设计。

一是全局规划，目标明确。美国国防部于2002年和2003年分别颁布了专门用于指导训练转型的《训练转型战略计划》和《训练转型实施计划》。在这些计划中，美军明确了与战略目标相关的近期、中期和远期训练目标，为训练转型提供了依据、指明了方向。

二是合理设计，协调发展。军事训练转型是训练各要素的全面转型，各要素间相互促进，相互制约，共同对军事训练转型起到促进作用。美军在训练转型的总体设计上，既突出重点，又注重协调发展。美军对训练各要素进行了综合梳理，明确了相互之间的关系，为全面推进军事训练转型提供了实践指导。

三是遵循规律，有序推进。美军在这次的新军事变革中，针对自身技术、资源等方面的优势，在某些领域提出了超前发展、跨越

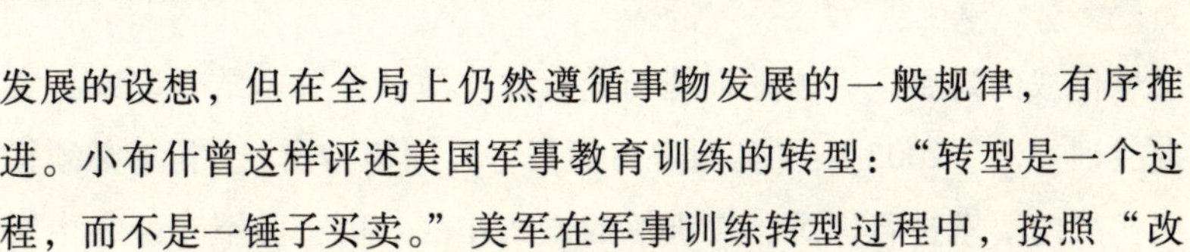

发展的设想，但在全局上仍然遵循事物发展的一般规律，有序推进。小布什曾这样评述美国军事教育训练的转型："转型是一个过程，而不是一锤子买卖。"美军在军事训练转型过程中，按照"改革—提高—再改革"的思路，有序推进，实现滚动式发展。①

二 更新训练观念，牵引转型方向

美军军事训练转型的首要任务就是更新训练观念，使作战部队从工业时代的军事训练观念中解放出来，树立信息时代的军事训练观念。

一是信息主导观念。美军强调，军队信息化作战能力，不仅要依靠各种信息化武器装备，而且要靠新的作战理论和作战方法，更重要的是要通过军事训练，实现官兵与信息化武器装备及信息作战理论的有机结合。美军认为，只有这样，军队所具有的信息能力才能直接转化为打赢信息化战争的能力。美军规定，常规任务部队的信息对抗训练要以夺取制电磁权为重点，在逼真的作战环境中提高部队的电子战能力，同时还要定期到专门的信息训练中心轮训，全面提高争夺信息优势的能力。

二是联合训练观念。美军认为，在信息时代，从大规模战争到较小规模的应急作战行动，即便是一个很小的战术行动，都需要联合作战或联合行动，单一军种难以独立完成任务。为了适应在现代作战环境中的联合作战，美军强调各军种部队都要把联合军事训练放在最优先的位置上。陆海空三军的最新作战条令不再像以往那样总是强调自己多么重要，而是更多地强调自己如何适应联合作战。国防部要求三军探讨如何实施联合军事训练，特别是如何实施战术级别上的军种联合训练的方法。

三是战训互动观念。美军认为，"练为战"的训练指导是传统的单向思维模式的结果，已不适应当前美军所处的国际安全环境和

---

① 参见刘春阳、陈新毕《美军军事训练转型浅析》，《工程兵学术》2008 年 9 月。

反恐作战的需要，必须把训练与遂行的作战任务紧密结合起来，实现战训互动。2002 年《美国国防部报告》明确指出："美军必须按照作战的要求进行训练，按训练的方式作战。由于美军在冲突中实施联合作战，因而在和平时期必须训战结合，以便在需要时能够随时应战。"这充分体现了美军训练指导思想的转变。经历了阿富汗战争和伊拉克战争，美军目前已经形成了"训练—作战—训练"的良性互动，训练促进作战，作战检验和深化训练。

四是任务导向观念。美军强调，军事训练要着眼于作战任务，要以作战任务为导向，确定军事训练的内容。美军一直按照国家安全战略和国家军事战略的要求，以主要作战任务为导向，制定相应的训练和演习计划，合理分配资源，突出与实战密切相关的训练科目。"9·11"事件后，美军根据反恐战争的新形势，及时调整和充实了训练和演习的内容，把反恐作战、信息战、情报战等列为军事训练的重点科目，在实战中取得了较好的效果。

五是创新超越观念。美军把培育创新文化视为军事转型的灵魂。原国防部长拉姆斯菲尔德说："转型不可能一蹴而就。因此，我们正在营造一种可持续转型的文化，保证美军总是比任何潜在的对手超前几步。"在这种理念的指引下，在人才使用上，美军大力培育和保护军事部门内的创新人员，鼓励他们冒险并允许出现失误。在院校教学中，美军抛弃了传统的教学方法，积极引导学员敢于创新与挑战。例如，在训练演习中，美军设置不明情况和局势动荡环境的比例越来越大，迫使指挥官不得不"冒险"，并寻找新的对策。

三　加快体制改革，加强组织领导

美军认为，应着眼未来战争形态及军队规模与任务，不断调整训练体制，以满足信息化条件下军事训练的需求。现已基本形成在国防部和参谋长联席会议统一领导下，由联合部队司令部和各军种具体负责的联合训练体制。这一训练体制的主要特点是，既突出联合训练，又兼顾军种训练；既重视集体训练，也重视单兵训练。

一方面，各军种为适应在现代作战环境中的联合作战，加紧改革军事训练机构。海湾战争以后，美军各军种为适应飞速发展的军事变革，纷纷加快了对军事训练机构改革的步伐。陆军对训练与条令司令部进行了改组，组建了“入伍司令部”，将原来分管后备军官训练团的学员司令部和负责新兵征募的征兵司令部的职能合并，将军官与士兵的训练与有关训练基地紧密结合起来，使官兵都能受到相应级别的严格训练。此外，陆军还对野战炮兵、防空炮兵等兵种的训练机构进行了重新组合。海军的部队训练多年来由太平洋舰队舰种司令部组织实施和验收。由于没有统一的战备训练机构，两大洋的舰队有着各自不同的训练标准和方法。这样既不利于海军内部的整合，也不利于与其他军种进行联合作战。为解决这一长期困扰海军的难题，海军部于 2002 年正式成立了舰队司令部，统管整个海军的战备训练工作，推进了海军部队训练的标准化。空军训练机构在海湾战争后得到了重新组编。空军部将负责训练的原空军训练司令部、3 个空军训练基地、3 个空军国民警卫队训练单位与空军大学合并，组成了空军教育训练司令部，从而形成统一的空军训练和教育体系。空军教育训练司令部的成立使空军的训练与教育资源得到了充分利用，训练方法得到了改进，进一步提高了空军部队的作战能力。

另一方面，明确高层领导的任务和职责。美军认为，训练转型成功依赖于具有创新精神的高层领导履行明确规定的任务和职责。因此，在训练转型实施过程中，美军规定：国防部负责人事和战备的副部长全权负责训练转型；负责战备的副部长助理是“训练转型执行代理人”；战备和训练主任负责监督训练转型的进程和管理；综合处理组和工作组负责监督训练转型方案的实施；训练转型协调官负责协调整个国防部各部门的合作和指导综合处理组以及工作组的各项工作。

四　改善训练环境，创新训练方式

军事训练环境是军事训练的时间、空间、设施、装备、器材物质以及思想、社会环境等的统称，是促进或制约军事训练转型的重要因素。近年来，美军着眼信息化条件下训练需求，运用信息技术创新训练手段，努力改善训练环境。重点是以构设模拟电磁环境、侦察监视环境、精确火力打击环境的信息化战场为核心，大力提高基地化训练、模拟化训练、网络化训练的信息化程度，研究大型训练基地和作战实验室相配套、手段功能多样、开放共享、联合保障的模式，实现训练保障由以物资器材供应为主向以信息技术支持为主的转变。

美军已建立了环境逼真的大型训练基地，以及网络化的“实兵、虚拟和推定”三合一的训练环境。这一环境的建立大大提高了美军训练设施与资源的使用效率，实现了由军种训练为主向联合训练为主的转变。近年来，美军的几个主要联合训练中心的规模都有所扩大，训练设施也都有所改善，实施联合训练的能力普遍有所提高。例如，陆军的欧文堡国家训练中心于 2002 年得到扩建后，可供 2 个旅级规模的特遣部队同时进行训练。

另外，美军还实施大宗国防采购项目“嵌入式”训练的倡议。美军加强与国防采购同步设计和实施相关武器装备的训练，并通过全球联合训练网络，为部署在世界各地的美军部队及时提供训练指导。例如，空军在采购 F-22 战斗机的同时，也将采购与该机配套的训练模拟器和辅助设备，使新装备能够尽快形成战斗力。

训练方式的转变是以训练环境的改善为重要依托的。美军认为，训练方式是实现战斗力生成的载体，军事训练转型就是以先进的和近似实战的训练方式将美军的装备技术潜力转化成实际的战斗力。近年来，美军大力改进并创新了与信息化相适应的训练方式，深化军事训练转型实践。

一是基地化训练。目前，美军已在国内外建立了各军兵种训练

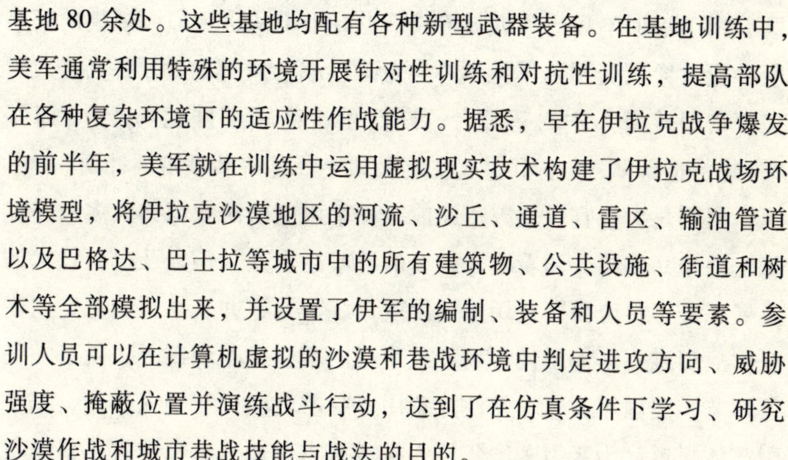

基地80余处。这些基地均配有各种新型武器装备。在基地训练中，美军通常利用特殊的环境开展针对性训练和对抗性训练，提高部队在各种复杂环境下的适应性作战能力。据悉，早在伊拉克战争爆发的前半年，美军就在训练中运用虚拟现实技术构建了伊拉克战场环境模型，将伊拉克沙漠地区的河流、沙丘、通道、雷区、输油管道以及巴格达、巴士拉等城市中的所有建筑物、公共设施、街道和树木等全部模拟出来，并设置了伊军的编制、装备和人员等要素。参训人员可以在计算机虚拟的沙漠和巷战环境中判定进攻方向、威胁强度、掩蔽位置并演练战斗行动，达到了在仿真条件下学习、研究沙漠作战和城市巷战技能与战法的目的。

二是模拟化训练。美军认为，模拟训练是一种可以最大限度贴近实战的训练方式。据美军统计，从未参加过实战的飞行员，在首次执行作战任务时的生存概率只有60%，而经过模拟对抗训练之后，同等条件下，飞行员的生存概率可以提高到90%。进入20世纪90年代后，美军成立了国家模拟中心，推动了模拟训练的广泛开展。在模拟演练中，美军把各个单一的模拟系统或模拟器通过网络连接起来，利用虚拟现实技术模拟指挥决策、智能分析、战场环境等内容，训练效果基本达到实战化。此外，美军还将模拟器或模拟系统嵌入到作战装备或作战指挥系统中，达到了“战训一致”的目的。

三是网络化训练。网络化训练是训练信息化的标志。美军充分运用部队信息化建设成果，突出抓好基本作战要素的集成建设，为加强网络化训练创造了条件。美军整合了现有网络资源，加强网上训练，逐步建立整建制、有规模、分科目的网上训练体系。美军还普及推广网上训练模式，按照作战编成和指挥编组，实施全要素、多节点、交互式的网上联训和对抗演练。

另外，美军开始积极利用网络游戏进行军事训练。据美军统计，参加伊拉克战争的军人接受过作战游戏培训的达到90%。据美国媒体报道，好莱坞的电脑游戏商已开发出500余款高仿真的作战游戏。与此同时，美军自己也不断开发出各类军事训练游戏，其中既有用于培训单兵的单机版游戏，也有用于从班到师级规模的网络版游戏。像《美国陆军》、《“全光谱”战士》等游戏软件已经成为美军培训转型人才的新平台，广泛用于陆军“陆地勇士”、海军“卓越特遣部队”、空军“航空航天领导者”等转型培训计划。

据五角大楼官员透露，此前，美军用电脑游戏练兵大多数是训练士兵单兵作战。随着越来越多的游戏迷士兵入伍以及电脑技术的发展，美军将全面普及用电脑游戏训练士兵，并从单兵训练走向联合作战训练，从而引发一场训练革命。不只是在训练上，就是在征兵环节，美国军方也非常注重利用电脑游戏吸引年轻人参军。据美国媒体报道，为吸引美国年轻人报考西点，西点军校校方不惜花费巨资研发了一款名为《美国陆军》的新型反恐电脑游戏。美陆军及西点军校共同向高中生及年轻人免费提供这款游戏。

五　拓展训练内容，重视联合训练

训练内容是军事训练的核心要素和适应训练转型变革的重点，美军在推进军事训练的转型中进一步拓展了训练内容。

一是加强信息战训练。信息战是决定未来战争胜负的基本作战样式，美军的各军事院校都已经把信息战作为军事教育和军事训练的重点。美国国防大学信息资源管理学院成立了信息战与战略系，专门培养从事信息战的专家和指挥军官。美国国防大学国家军事学院和武装力量工业学院、美陆海空军的高级军事学院、陆海空军的初级军事院校等都开设了信息战与信息管理课程。美军各部队也加大了信息战训练的力度。信息战训练分为进攻性信息战训练和防御性信息战训练两类。进攻性信息战训练包括：单兵训练、集体训练、信息战策划训练、信息战实战训练和信息战协调训练。防御性信息战训练包括：单兵训练、集体训练等。在防御性信息战训练中，通常使用“红色分队”进行计算机网络攻击。

二是充实军事训练内容。美军强调，军事训练的核心是需求。军事训练应着眼于任务，以任务为导向和牵引。在确定军事训练的内容时，美军强调根据国家安全战略和国家军事战略的要求，以主要作战任务为导向，而且往往针对某个作战对手或作战方向，确定有针对性的训练内容，制定相应的训练和演习计划，合理分配资源，为进一步行动打下基础。近来美军根据反恐战争的新形势，及时调整、充实和完善训练和演习的内容，把反恐作战、信息战、情报战、电子战等列为军事训练的优先科目，在实战中取得了较好的效果。另外，增加了太空战、特种战、反恐战和网络战等训练内容。美空军航天司令部先后于2001、2003、2005、2007、2009和2010年组织了代号为“施里弗”的6次大规模太空战演习，检验和提高了天基武器系统的攻防作战能力。

三是强调联合训练。美国防部认为，为适应复杂多变的国际环境，美军必须能够在联合作战、军种作战和多国作战等各种作战行动中与其他武装力量进行统一的计划、协调和行动。1996年美参谋长联席会议发表的《2010年联合构想》，是美军进行转型改革的指导性文件。2001年发表了《2020年联合构想》，提出了夺取“全谱优势”的目标。2003年发表的《转型计划指南》和《军事转型战略途径》阐述了美国军事转型的指导方针和主要措施。2006年美军对联合作战理论牵引下的联合训练进行了重大调整，将原来的6类联合训练，即军种训练、互通性训练、联合训练、美国/多国互通性训练、联合/多国训练、跨机构/跨政府训练，改为目前的3类联合训练，即个人联合训练、参谋机构联合训练和集体联合训练，并对其训练内容进行了重新划分，对现有军种和联合训练课目按照“由少到多，由小到大”的顺序进行了系统整合。2007年又颁布了《美国武装力量联合训练方针与指南》，进一步阐述了联合训练的基本问题，重新界定了联合训练职责，统一了联合训练用语，为美军的联合训练提供了新的依据。①

---

① 单红岩、邓可：《美军军事训练转型研究》，《海军大连舰艇学院学报》2009年第10期。

第四节　军事教育

进入21世纪以来，美军军事教育根据其军事战略调整和军事转型的需要进行了一些改革，表现出新的特点和特色。

一　把“联合”作为职业军事教育的主线

美军非常重视发展联合职业教育，认为联合职业教育是培养复合型人才的主要途径。联合职业教育由国防部长通过参联会主席实施统一领导，具体组织实施由国防大学和各军种院校分别负责。美军强调在整个职业军事教育体系始终贯穿联合教育和训练，不断强化军人自觉的联合思维能力。联合是美国职业军事教育的主线，它贯穿于职业军事教育的各个层次。

目前，在美军各军种高级院校中，教学内容75%以上涉及联合与联军作战问题。美军认为，联合职业军事教育应贯穿军官成长的全过程，大致包括任命前、初级、中级、高级和将官5个级别的联合职业教育，分别在不同级别的军事院校或培训班中进行。美军规定，晋升一定级别的军衔和职务，必须要受过相应级别的联合职业教育。例如，按照规定，拟晋升中校的军官，一般要经过各军种中级院校及联合中级院校的联合职业军事教育培训；拟晋升将官的所有现役军官必须参加国防大学举办的为期6周的“拱顶石”学习班培训。

军官所受到的联合军事专业教育根据级别的不同而有所不同。中级军官要学习军种部队如何参与联合作战的知识；将官要学习国家军事战略与国家安全战略的知识，提高利用各种力量达成国家安全目标的认识能力，以及全面理解国家安全战略问题的能力。美军要求承担各级联合军事专业教育任务的院校，要按照统一颁发的《联合教学大纲》组织教学。

美国防大学还专门为高级军官开设了“顶点课程”，这是美军最高层次的联合职业军事教育课程。顶点课程内容的设置在各军种经验丰富、德高望重的退役四星将军的帮助下完成，每年由参联会主席审查和批准。参联会主席往往根据实际需要对课程设置做进一步的修改，以使其反映最新的联合作战需求。进入21世纪，为适应武装部队的加速转型，美军又提出进行联合教育转型，对联合教育的方式进行根本性改革，使转型后的联合教育更好地服务于培养军官自觉的联合思维能力。

二　重视军地教育资源的融合

美军认为，"军事教育是军事变革的关键，但绝不仅是军队自己的事"，只有充分利用社会教育资源，实行开放办学，才能实现军民融合式发展。美国军方十分注重利用地方大学的优势为军事院校服务，即依靠地方大学办学。这能节约大量的办学人力、物力和财力资源，有助于发展与完善军事院校的相应学科专业，加强相应课程体系建设。

美军十分重视通过多种渠道构建教官队伍。美军不仅从部队、机关和海外基地任职、有丰富阅历的军官中挑选军事教官，而且从地方高等院校、研究机构或智库聘用一定数量的有造诣的专家、教授担任文职教官。美军还聘请地方大学的专家、教授担任军事院校的客座教授，以非正式编制人员的身份讲授与自己的专业或工作范围相关的课程（约占学院开设课程的70%～80%），或开设相应讲座，或向军事院校提出相关的专业、学术和教育建议。

美军在利用社会资源培训军事人才的办学模式上，强调凡是地方院校能培养的，军队一般不再设置重复的培训内容。根据与陆海空三军的专业对口、有工程技术和文理科学位授予权的标准，美陆海空三军分别在265所、66所和148所地方大学设有后备军官训练团。由各军种主管机构负责与地方大学签订合同，向各所大学的后备军官训练团下达每年度招收学员与军官任命指标，制订基本教学大纲，拨发补助经费，委派军事教官，检查教育与训练质量等。这些训练团每年为美军输送的新任命军官，在陆军中占49%，在海军中占36%，在空军中占35%，有“地方大学中的军官学校”之誉，形成了“地方大学科技教育+军事训练”的军官培养模式。[①] 美军依托地方培养的高技术人才占30%以上。美国军官的研究生教育，坚持以地方院校为依托，每年选派部分优秀军官离职带薪到地方院校学习进修或攻读学位。

三　打造高素质的教官队伍

美军认为，搞好联合职业军事教育的关键是建设一支高素质的教官队伍。为此，美军要求从事联合职业教育的教官一般要有硕士或博士学历；军种中级院校的军事教官中应有75%受过中级或高级联合职业军事教育，应有10%的教官来自其他军种，其中每个军种的教官不得少于总数的5%；军种高级院校中，应有75%的教官受过高级联合职业军事教育，应有25%的教官来自其他军种，其中每个军种的教官不得少于10%；国防大学的军事教官中，各军种大致相当，其中应有75%的教官受过高级联合职业军事教育。同时，美军各军种的高级院校也被要求招收一定比例的其他军种学员，以提高跨军种交流与学习的机会。[②]

再者，美军教员队伍组合形式多样。美国军事院校在招收军职教员时，都要根据年龄、学历、军衔和职务上的苛刻条件，进行全面考核和严格审查，以达到择优录用的目的。在招收文职教员时，美军要根据相当严格的条件进行广泛征召，以达到择优雇用的目的。因此，美军教员队伍建设呈现出多重结合的特点。

一是军职与文职相结合。据统计，目前在美国军事院校供职的教员总数约为 18 万人，其中军职教员约占 70%，文职教员约占

---

① 参见邓万学《美国军事院校教育的特点》，《炮兵学院学报》2007 年第 1 期。

② 柯春桥：《美军推进军事训练转型的主要做法》，《外国军事学术》2004 年第 7 期。

30%，具有硕士以上学位者占90%。

二是专职与聘用相结合。在美国军事院校中任教一段相对固定时间的军职教员和文职教员都是专职教员。此外，为了弥补这些专职教员的不足和满足某些教学上的特殊需要，也为了减少军事院校教员的编制员额和精简教学机构，美国军事院校还聘用了本国地方高等院校、研究机构、政府部门的学者、教授、专家或知名人士，以及外军军官、军士或国外非军事人员。

三是常任教授或终身教授与任期制相结合。美国军事院校通常都设有常任教授或终身教授。譬如，西点军校至今依然有60名常任教授和副教授，其中20余名则是由美国总统任命的终身教授。此外，美军规定军职教员的任期为2～3年，文职教员的任期为1～5年。这有利于选调有作战和部队训练等实践经验的军官到院校任教，也有利于选调地方高校、科研机构和政府部门的优秀学者、教授和人才到校轮换任教，从而提高教育质量。①

四 把创新思维作为职业军事教育的灵魂

美军认为，创新就是“有用的标新立异”。美军强调，创新性思维、批判性思维、解决问题的创新能力、知识多面性、好奇心以及对模棱两可的事件的处理能力是军官成功地完成任务必须具备的创新素质。军事教育的最重要任务是培养学员的“创造性思维”，以及主动学习、独立思考的习惯。西点军校教学中十分推崇培养学员三种精神：错误中学习和敢于犯错误的精神、敢于批判的精神、敢于“否定”或“革命”的精神。

美军在各级军事院校的教学中广泛制定各种规章制度来调动学员学习的积极性和主动性，大力推广使用布鲁纳的“发现法”和改造采用杜威的“问题教学法”，以发展学员的创造能力和培养学员从事创造性活动的兴趣。充分启迪学员的思维，重视和强调尊重每

① 参见邓万学《美国军事院校教育的特点》，《炮兵学院学报》2007年第1期。

个学员的个性和个人特长、爱好和个人意愿，重视因材施教。美军教学普遍采用开放式、讨论式、交互式的方法，注意调动学员学习的主动性，鼓励学员的自主创新精神。为了锻炼学员的创造性思维和批判性思维，美军职业军事教育中往往将专题研讨会确定为基本的教学形式，增加战例研究、练习、对抗演练和分析性讨论等内容，以培养学员进行创造性思维的能力。美国防大学教学中集体授课、小组讨论、个人自学与体育活动分别占总课时的20%、45%、30%和5%，学员自主活动时间占到了80%。

日常教育中，美军十分注重培养学员自我批判、大胆质疑、不断反思的素质。每一场战争后，美军都会设置不少战争反思的研讨内容，如越南战争中“为什么没能觉察并对失败作出反应”、反恐战争中“为什么美军赢得了战争的胜利却深陷战争的泥潭”等思考题。美军认为他们是世界上唯一一支允许下级对上级品头论足的军队，因而自诩“是一支经得起批评的军队”。

学员强烈的未来意识是培养创新思维的一个重要内容。美军前国防大学校长奇尔科特将军曾指出：“未来就是方向，未来就是希望，对于一个民族、一个国家、一支军队来说，最可怕的就是对未来不清楚。”奇尔科特曾担任过鲍威尔的助手，他认为发展21世纪的军事教育要靠一批具有强烈未来意识的人。当前，针对国家安全威胁的多样化，美军正迅速转变军事教育训练理念，把包括反恐和游击战在内的非常规战争提升至与常规战争同等重要的地位。他们认为，军官要具备分析洞察能力、历史洞察能力、作战洞察能力、组织洞察能力等多种“洞察素质”，而最重要的则是预见未来的洞察力，这种素质的获得不能单靠知识灌输，教育者要尽力激发受教育者的前瞻思维，从而提升其思维质量。

五　注重国际交流与合作

美军认为，院校教育只有实行开放办学，才能随时吸收世界上最先进的科学文化成果，培养出打赢未来战争所需要的人才。美军认为，不同于工业时代和农业时代的军事变革，信息时代的军事变革以加强对外军事合作为重要内容。美国防部《转型计划指南》将对外军事合作转型同作战方式转型、公务处理方式转型并列为三大转型活动。

在对外合作上，美军理念开放，不定期邀请外国教官来校讲课，直接学习和借鉴外国军事理论和相关知识。军校每年会招收部分外国学员，加强与外军的直接学术研讨。同时，通过海外联合军事行动，派遣军官学员到外国军校深造，出国访问和考察，加强与外国军官的交流合作。还通过互派军事学者、参观访问、出国考察、学术研讨，在外军基地训练、举行军事演习等方式，加强同外国军队的交流。

美军是世界上开展军事交流与合作人次最多、规模最大、成果最丰硕的军队。据不完全统计，美国每年都要定期与盟国、伙伴国举行约50次双边或多边的联合军事演习。另外，还向几十个国家派送军事留学生，同时接受几十个国家的军事留学生到美军院校学习。美军还经常主动邀请盟国或伙伴国的军人观摩美军的训练与演习，通过大量、频繁的对外交流与学习，使美军军官增长见识，丰富知识，开阔视野。

第十章
军备控制与裁军

“军备控制与裁军是国际政治、国际安全与国际关系中的一项重要内容，它与现实外交和军事斗争密切相关，直接关系到国家的安全利益。”①“严格地说，军备控制（arms control）是指通过双边或多边国际协定对武器系统（包括武器本身及其指挥控制、后勤保杀伤性武器障和相关的情报收集系统）的研制、试验、生产、部署、使用及转让或武装力量的规模等进行限制；而裁军（disarmament）则是通过双边或多边国际协定对武器装备或武装力量进行裁减。”②我们将两个概念叠加在一起，以“军备控制与裁军”（以下简称“军控与裁军”）作为我们阐述本章内容的基本概念。

冷战时期，军控与裁军一直是美苏之间“削弱对方，发展自己”，以争夺军事优势的一个工具。冷战结束后，随着东西方对抗的消失，美国将军控与裁军的重点从防止核战争转向防止大规模杀伤性武器的扩散。2001年的“9·11”事件后，美国根据国际国内安全形势的变化，迅速调整其国家军事战略。为了应对“恐怖主义与大规模毁灭性武器及其运载系统的扩散”这一现实威胁，美国军控与裁军政策的重要性显著提升，其重点集中体现在大力加强防扩散体制，推行导弹技术控制制度，积极推进美俄双边战略武器削减，增强军贸透明度等方面。美国也力图以此重建其在军控与裁军领域的世界领导地位。

---

① 腾建群等：《国际军备控制与裁军概论》，世界知识出版社，2009，第3页。

② 刘华秋主编《军备控制与裁军手册》，国防工业出版社，2000，第1~2页。

第一节　基本政策

随着冷战的结束，东西方对抗消失。在世界享受“和平红利”的同时，美国妄图称霸世界的野心也开始膨胀。“9·11”事件的发生，促使小布什政府以谋求自身所谓的“绝对安全”国家安全战略走向前台。尽管单边主义政策倾向在小布什政府的第二个任期有所收敛，但其军控政策所导致的世界军备控制与裁军成为“失去的八年”已是人们的共识。2009 年奥巴马政府上台，美国军备控制与裁军政策和策略趋向于多边主义，但作为美国核武器政策的两大战略目标核威慑及防扩散不仅丝毫无损，还有所增强。

一　小布什政府奉行单边主义倾向的政策

“9·11”事件以来，国际安全形势发生了深刻变化。安全威胁呈多元化，不确定和不可预测因素增多，传统安全威胁与非传统安全威胁相互交织，非传统安全威胁突出。恐怖主义和大规模杀伤性武器及其运载工具的扩散成为影响国际安全的重大问题。美国将军控重点转向防扩散与反扩散。小布什政府为了追求自身的“绝对安全”，推行单边主义政策，宣布退出《美苏反导条约》，加速发展弹道导弹防御系统；拒绝签署《禁止生物武器公约》的核查议定书；拒绝批准《全面禁止核试验条约》；加快发展可用于实战的战术核武器。①

（一）单方面退出《限制反弹道导弹系统的条约》

美国认为 1972 年《反导条约》（ABM）阻碍美国研制弹道导弹防御系统的进展，在条约框架内不可能完成必要的试验计划。小布什政府在要求修改现有的军控框架失败后，于 2002 年初，以“曾经导致美国和苏联‘保持几千枚核武器处于一触即发、相互瞄

① 刘华秋：《国际军备控制与裁军述论》，《军事百科》2008 年第 4 期，第 60 页。

准对方’的敌对状态已被‘一种全新的、更有希望和建设性的关系所取代。我们正逐步以相互合作代替相互确保摧毁’”① 为由，单方面宣布退出《反导条约》（ABM）。1972 年，美苏签订的 ABM 条约虽系双边核军控条约，但有助于防止核战争的爆发，事关世界和平与安全。条约明确规定：只有在出现最高国家利益受到威胁的非常情况下，缔约方才可以要求退出条约。小布什政府不顾国内外强烈反对的单方面废约行为，给了全球争取防扩散的努力一次重大打击。小布什政府的真正意图在于借此摆脱条约束缚，放手发展国家导弹防御系统，加快其部署步伐。

（二）对多边军控条约采取消极态度，努力摆脱国际军控机制的约束

“9·11”恐怖袭击后，美国认为全球安全环境出现了对其切身利益的威胁，而军控与裁军并不能为全面应对这些威胁提供最有效的手段。小布什政府上台伊始，就对一系列军控问题进行了不寻常的严格审查。为追求自身的“绝对安全”，“决心加强现有的各项条约，寻求新的条约和安排以应对当今而非昔日对和平和稳定的威胁”，并在此基础上确定，“美国继续参与某个领域军控进程（无论是多边还是双边）的前提条件是：这样做必须有助于解决目前美国的安全问题。”② 小布什政府认为许多正式军控协议既耗时又不可执行，而且还限制了其手脚，因此，对多边军控条约采取消极态度。“小布什总统准备在军控和不扩散方面与其他伙伴国共同努力，但是如果其他伙伴不愿同他一起干，他也会迅速地单独行动。”③ 美国还试图摆脱国际军控机制的约束。如，无意启动“禁产公约”

① 〔瑞典〕斯德哥尔摩国际和平研究所、中国军控与裁军协会《SIPRI 年鉴 2002》，世界知识出版社，2003，第 681 页。

② 〔瑞典〕斯德哥尔摩国际和平研究所、中国军控与裁军协会：《SIPRI 年鉴 2002》，世界知识出版社，2003，第 670 ~ 678 页。

③ 〔瑞典〕斯德哥尔摩国际和平研究所、中国军控与裁军协会：《SIPRI 年鉴 2002》，世界知识出版社，2003，第 676 页。

谈判；拒绝考虑《全面禁核试条约》（CTBT）的批约问题；拒绝谈判新的外空条约、不使用核武器公约以及对无核国家安全保证条约，尤其是拒绝谈判任何可核查的多边军控条约。

（三）更加强调核武器在美国安全战略中的作用

美国认为，核武器将继续在“国家安全政策中发挥独特、不可或缺的重要作用”。美国防部在2002年出台的《核态势评估报告》中指出，核武器在无限期的未来仍将是美国国家安全的基石；美国在旧有的“三位一体”核力量基础上，增加常规战略打击力量和导弹防御体系，并增加核基础设施的灵活反应能力，构成新的“三位一体”核力量；继续坚持首先使用核武器的政策。①

2004年，小布什政府推出“实战灵活的核威慑”新核战略，提出包括使用核武器在内的“先发制人”战略和发展小型、微型核武器以及钻地核弹的建议。美国防部认为，“对小型核武器的禁令削弱了美国抵御大规模杀伤性武器的能力，并且影响了美国遏制新的和正在增大的威胁的能力”。因此，国防部在向国会提交的2004年预算报告中要求取消对研制和开发低当量核武器的限制。美国核政策在继续执行核威慑政策的同时，将拓宽核作战能力的领域，提高核武器的质量。②

为了确保美国本土、海外基地和盟国安全，小布什政府全面修改了克林顿时期的核武器使用原则，降低使用核武器的门槛，扩大核武器使用范围，将使用大规模杀伤性武器的国家和恐怖组织作为

---

① 老的“三位一体”核力量是指包括轰炸机、陆基导弹和潜射导弹三位一体的核力量；新“三位一体”战略力量包括：进攻性打击系统（核与非核）、防御系统（主动和被动），以及为应付新威胁及时提供新能力的国防基础。引自刘卿《试论布什政府的军备政策》，《国际问题研究》2006年第3期，第54页；吴长燕：《当前国际军控与裁军存在的五大问题》，《国际资料信息》2006年第6期，第9页；姚云竹：《美国防部〈核态势评估报告〉前言及要点》，《空军军事学术》2002年第2期，第14页。

② 防化指挥工程学院：《2004～2005年国际核军控与裁军形势分析》，2006年。

核打击目标。2005 年 3 月，国防部拟定新版《联合核行动的指导原则》，突出强调战区核作战，明确列出战区总部司令可向总统请求使用核武器的八种情况。同时，强调维持现有的核武库规模，加强研发新一代战术核武器。在冷战时期洲际弹道导弹、潜射弹道导弹和战略轰炸机组成的三位一体打击力量的基础上，提出整合战略攻防能力，建立新“三位一体”战略力量体系。①

二 奥巴马政府的军控与裁军新政

2009 年 1 月，奥巴马政府上台后，对美军控政策作出令人瞩目的调整。他宣称美国要为实现无核武器世界而努力，降低核武器在国家安全战略中的作用，推动美国国会批准全面禁核试条约和多边“禁产公约”谈判，平衡对待核不扩散制度的三大支柱，并启动美俄核裁军谈判，签署新条约，② 但效果差强人意。

（一）倡导建立“无核世界”

近几年来，关于重新审议美国核军备政策以及推动实现全面核裁军的呼声高涨。美国国会两党小组四位前政要乔治·舒尔茨、亨利·基辛格、威廉·佩里和萨姆·纳恩③相继于 2007 年和 2008 年发表《无核世界》和《走向无核世界》两篇文章。他们认为，世界正处在一个极其关键的时刻，而国际上对应付核危险却并没有作出强有力的反应。为此，文章强烈要求拥有核武器的国家把实现无核世界作为严肃的政策目标，并采取近期措施，让世界变得更安全，为实现无核世界创造条件。这些观点比较典型地反映出美国社会团体对美国未来核军控与裁军政策的认知，在政界和学界引起广

---

① 刘卿：《试论布什政府的军备政策》，《国际问题研究》2006 年第 3 期，第 54 页。

② 李长和：《国际军控与裁军新态势》，《国际展望》2010 年第 4 期，第 6 ~ 7 页。

③ 乔治·舒尔茨（前国务卿，1982 ~ 1989 年）、亨利·基辛格（前国务卿，1973 ~ 1977 年）、威廉·佩里（前国防部长，1994 ~ 1997 年）、萨姆·纳恩（参议院武装力量委员会前主席）。

泛讨论。当时还只是总统候选人的奥巴马就已经表示对他们的部分核裁军建议的支持。[①] 2009 年 4 月 5 日，出席欧美峰会的美国总统奥巴马在捷克首都布拉格的哈德卡尼广场发表了“无核世界”演讲，正式提出“无核武器世界”的倡议，声称“美国将致力于寻求一个无核武器的世界”。奥巴马还从安全和战略利益需要出发，明确提出了包括核裁军、核战略和防扩散等众多核政策领域的具体步骤，把寻求建立“无核武器世界”置于美国核政策的中心地位。[②]

（二）试图在军控领域重建美国的领导地位

冷战时期，美国在国际军控和防扩散领域一直发挥主导作用。冷战结束后，随着国际格局进一步朝多极化发展和美国权势的相对衰落，美国在国际军控和防扩散领域的主导地位受到挑战。奥巴马上台后，力图扭转小布什政府八年期间美国在军控外交方面所处的被动局面，重塑美国在核问题上的形象，恢复美国在全球核裁军和防扩散领域的影响力。

在世界范围内推动核裁军。奥巴马政府先后参加了国际核安全峰会和《不扩散核武器条约》审议大会。在大会上奥巴马政府对核军控和防扩散进行了积极表态，并就核裁军、核不扩散及和平利用核能与其他与会国家达成共识，以此期望达成“通过承担我们对《核不扩散条约》的义务，我们将能更好地促使朝鲜和伊朗等国家承担他们的义务，尤其是能使我们在与伊朗打交道时有更多的信誉和手段”。[③] 而美国防部在 2010 年 4 月 6 日公布的《核态势评估报

---

① 〔瑞典〕斯德哥尔摩国际和平研究所、中国军控与裁军协会：《SIPRI 年鉴 2010》，时事出版社，2011，第 48、55 页。

② 杨竹山：《奥巴马政府的核不扩散政策对核不扩散机制的影响》，《周边军情与研究》2011 年第 2 期，第 8 页。

③ Barack Obama's Foreign Policy Speech, include Nuclear Plicy, July 15, 2008, *Remarks of Senator Barack Obama: A New Strategy for a New World*, Washington, D. C., July 15, 2008.

告》中，毫不隐晦地道出玄机："美国通过降低自己核武器的作用和数量，显示恪守《不扩散核武器条约》第六条的义务。推进核裁军，可使我国能够更有力地说服《条约》缔约国和我们共同努力采取必要的措施，使《条约》焕发活力并确保全世界核材料的安全。"①

重启与俄罗斯谈判并签署新的削减战略武器协定。2010 年 4 月 8 日，美国总统奥巴马与俄罗斯总统梅德韦杰夫在布拉格签署了《俄美关于进一步削减和限制进攻性战略武器措施的条约》（或称"START 后续条约"），该条约对核武器数目的限定比 2002 年《战略进攻性武器削减条约》（SORT）设定的 2200 枚上限降低了 30%。

提升美国核武透明度。奥巴马政府内部经过数月的辩论于 2010 年 5 月 3 日即第 8 次《不扩散核武器条约》审议大会召开之际公布了长期以来作为军事秘密的美国核武库的数量（五角大楼宣布美国的核武器数量为 5113 枚，其中包括战备部署的以及库存的"非作战状态"核弹头），并将其作为"迈向核武透明的关键一步"，以表明美国在削减冷战时期遗留下来的庞大核武库上所取得的进步，证明美国切实遵照《不扩散核武器条约》履行核裁军的义务。美国国务卿希拉里称美国此举旨在提升美国核武器状况的透明度，激励"其他有核国家效仿并遵从"，以增进国家间的相互信任。②

（三）强调以对话、合作为主导的多边主义军控与裁军政策

奥巴马政府开始向以多边主义为主转变，并注意加强美国与其他大国的合作，通过对话解决核扩散。奥巴马表示，"以语言和行动，我们正向世界表明，一个接触的新时代开始了"。对于多边核合作，奥巴马还指出："作为总统，我将和其他国家合作以保护、

① 李长和：《国际军控与裁军新态势》，《国际展望》2010 年第 4 期，第 8 页。

② 杨竹山：《奥巴马政府的核不扩散政策对核不扩散机制的影响》，《周边军情与研究》2011 年第 2 期，第 8 页。

拆毁和阻止核武器扩散。”奥巴马政府在其核不扩散政策的推行上侧重多边主义，一方面是因为经济危机造成美国无力单方面应对核扩散，需要与其他国家进行防扩散合作，另一方面是因为美国认识到其他国家特别是大国在国际防扩散领域中的重要地位和作用。

针对与俄罗斯的核合作，奥巴马指出，“美俄拥有世界上的绝大多数核武器，俄罗斯是我们目前在解决伊朗和朝鲜这两个地区核扩散问题的重要战略伙伴”。在对待朝鲜、伊朗等国的核问题上，奥巴马表示：“伊朗和朝鲜可能会在中东和东亚触发危险的地区性核竞赛。我们的首要措施必须是持续、直接开展进取性外交。”奥巴马政府实际上是通过与其他大国进行多边合作，作为更好对朝鲜和伊朗施加压力的一种手段，因为这一转变将有助于美国占领道德和舆论高地，从而使美国可以调动起更多的力量和争取到更多的支持以更好地对朝鲜和伊朗施压。这样经过持续寻求对话解决问题的努力后，奥巴马政府将得到足够的道义优势以做出任何大胆选择。

第二节　主要特点

21 世纪前 10 年的美国军备控制与裁军政策与策略，既是冷战后美国军备控制与裁军政策的延续，也具有鲜明的时代特色。推进美俄双边核武器的削减始终是美国军控与裁军政策的第一位的问题，而为了弥补其削减核武器所造成的战略力量削弱，美国历届政府始终注重其核武器的现代化改造。防止大规模杀伤性武器及其运载系统的扩散则是美国为应对其当前国家安全的首要威胁所做出的必然选择。与此同时，由于美国基于政治倾向的选择而在地区防（反）扩散政策上实行双重甚至多重标准，则又严重损害了国际防扩散的公平性。

一　积极推进美俄双边核武器的削减

由于俄国是世界上唯一可以通过核打击摧毁美国的国家，因此，对美国来说，进一步削减战略核武器，无损美国军事上的优势，却可以阻止俄罗斯在核武器方面谋取优势，符合美国的军事战略。自20世纪60年代末始，美俄（苏联）就展开了多轮次的战略核武器谈判。随着冷战的结束，美俄（苏）先后签署了《美苏关于削减和限制进攻性战略武器条约》（START Ⅰ，1991年），《美俄关于进一步削减和限制进攻性战略武器条约》（START Ⅱ，1993年）。这些条约的达成，对改善大国关系缓和世界局势和促进世界经济发展都起到积极的作用。

“9·11”事件后，美俄重新开始新一轮削减进攻性战略武器谈判。2002年5月24日，美国总统小布什和俄罗斯总统普京签署了《俄美削减进攻性战略武器条约》（莫斯科条约）。2003年6月1日条约正式生效进入实施阶段。条约规定，两国应削减处于实战部署的战略核弹头，使各自的弹头数在2012年12月31日前不超过1700~2200枚的水平。每一方在所限定的弹头总数内自行决定进攻性战略武器的组成和结构。①

奥巴马政府核议程中的第一步是兑现其竞选承诺，重建美俄军备控制程序。奥巴马在2008年总统竞选期间表示，他希望与俄罗斯合作，在2013年1月前“大幅度削减全球核武库”，并“在START Ⅰ条约到期之前将其主要监督和核查条款延期”。② 2009年7月，奥巴马总统和梅德韦杰夫总统在美俄两国关系多年不佳的情况下，历史性地“重启”两国关系，两国总统同意签署新的《削减战略武器条约》来削减他们的核武库。

经过近1年的艰苦谈判，美国和俄罗斯两国政府于2010年4月9日就进一步削减和限制进攻性战略武器达成新的协议，取代

① 〔瑞典〕斯德哥尔摩国际和平研究所、中国军控与裁军协会：《SIPRI年鉴2004》，世界知识出版社，2005，第824、826页。

② 〔瑞典〕斯德哥尔摩国际和平研究所、中国军控与裁军协会：《SIPRI年鉴2009》，时事出版社，2010，第527页。

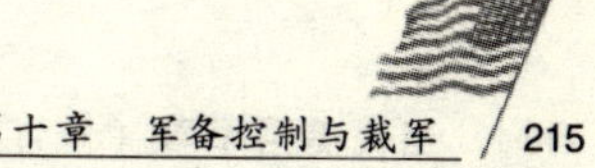

2009 年 12 月 5 日到期的《削减和限制进攻性战略武器条约》，成为美俄核裁军进程的新机制。根据协议，两国各自部署的核弹头数量限额 1550 枚，部署与非部署核导弹及重型轰炸机总限额 800 件，其中已部署战略武器运载工具数量限额 700 件。[①] 协议的达成对于美俄增进战略互信并在《不扩散核武器条约》框架下共同推动全球范围内的核裁军进程具有一定的积极意义。

二　将“防、反扩散”作为军控与裁军政策的“重中之重”

美国认为，两极格局终结后，世界大战的危险已不再存在。其后，经过历届美国政府对冷战后美国的安全环境和安全战略进行审议，逐步确认大规模杀伤性武器及其运载系统的扩散已成为美国安全的首要威胁，并且将对付这一威胁列为美国外交与防务“最优先的目标”。在此背景下，美国提出了防、反扩散战略。[②] 防扩散与反扩散是由克林顿政府在 20 世纪 90 年代中期提出的。在 1993 年的联大会议上，克林顿宣称美国将竭尽全力阻止大规模杀伤性武器、先进导弹及其技术的扩散。[③]

“9·11”事件后，美国视恐怖主义与大规模杀伤性武器的结合为最大威胁，其不扩散政策也逐步从防扩散向反扩散转变。2003 年 5 月 31 日，美国总统小布什在访问波兰期间正式宣布将采取一切手段阻止大规模杀伤性武器在全球范围内扩散，即“防扩散安全倡议”（PSI）。按照 PSI 的设想，美国准备在其主导下建立“全球反扩散同盟”，对被怀疑载有大规模杀伤性武器及其相关物项的船只、飞机等运输工具进行检查，以截获违禁武器、

① 罗曦：《2010 年国际军备控制与裁军进程综述》，《外国军事学术》2011 年第 1 期，第 69 页。

② 胡像闽：《美国反扩散战略初析》，《国际战略研究》1996 年第 4 期，第 21 页。

③ 中国军控与裁军协会：《2004 国际军备控制与裁军报告》，世界知识出版社，2004，第 162 ~ 163 页。

导弹及相关物项。[1] 其后，在美国的主导下，多个国家先后就这一倡议召开一系列会议并进行联合军事演习，寻求共识，加强协作。

奥巴马政府新政策把防扩散与恐怖主义联系在一起，进一步提升防扩散问题的重要性。《核态势评估报告》把“防止核扩散及核恐怖主义”列为美国核政策及核态势五大目标的头一条。[2] 2010年4月奥巴马在核安峰会上再次强调恐怖主义对国际核安全构成了直接的、不可忽视的威胁，“一旦成功掌握，恐怖分子必将使用核武器”。奥巴马政府除强化不扩散体制外，还把重点放在核安全上。奥巴马政府采取的措施包括：一是把防止核恐怖分子窃取核燃料作为核安全的重点，通过加强现有的防扩散倡议和机制及核安全方面的多边国际合作，阻止核材料走私和流失；二是组织召开全球核安全峰会和《不扩散核武器条约》审议大会，引起全球对核安全问题的关注，加强核安全领域的多边国际合作；三是推动国际社会尽快就禁止为核武器生产裂变材料（FMCT）开展多边谈判；四是加大对美国核武库和核设施安全的投入以确保其安全。[3]

三 推进核武现代化

小布什政府认为，核武器将继续在“国家安全政策中发挥独特、不可或缺的重要作用”。美国2002年出台的《核态势评估报告》强调，美国核力量发展的指导思想由过去强调保持核大国战略力量平衡向积极夺取全面核优势转变，提出建设新“三位一体”的战略力量，实现战略力量的“三结合”。即：进攻力量上，核力量与非核力量相结合；防御力量上，主动防御与被动防御相结合；国防基础能力与指挥、控制和情报的军事信息化相结合。[4] 同时，为

---

① 中国军控与裁军协会：《2004国际军备控制与裁军报告》，世界知识出版社，2004，第160页。

② 李长和：《国际军控与裁军新态势》，《国际展望》2010年第4期，第6~7页。

③ 张业亮：《奥巴马政府的核政策》，《美国研究》2010年第2期。

④ 王仲春：《核武器·核国家·核战略》，时事出版社，2007，第341页。

了推行其“实战灵活的核威慑”新核战略，小布什政府先后实施了一系列核武器现代化的计划。

一是提出包括使用核武器在内的“先发制人”战略和发展小型、微型核武器以及钻地核弹。2003 年 5 月 20 日，美国参议院以 51∶43 票同意取消为期 10 年不得研究和发展低当量核武器的禁令。其后，尽管国会在 2005 财年《国防授权法》中否决了政府对新型核武器的预算请求，但小布什政府并没有就此放弃，反而继续提出新计划，要求国会批准的 2006 财年《能源与水利拨款法案》中有七项与核有关，包括拨款 400 万美元用于“坚实型核钻地弹”计划，2500 万美元用于“可靠的替代弹头”计划，后者是为了增加美国核武器库的可靠性和寿命。①

二是强化核力量指挥与控制系统建设。改进其指挥、控制、情报与规划系统；提高新“三位一体”力量对付多种偶发事件的能力和灵活性；恢复与改进后备反应基础设施；一旦接到命令，就能够研制、生产和定型新核弹头，以快速响应国家的新需要，并且要求试验场做好准备，缩短试验准备周期，在需要的情况下恢复核试验。②

三是加速改造和发展远程打击力量。美国于 2002 年制定了耗资 60 亿美元“民兵Ⅲ”导弹现代化改造计划，以提高该型导弹的精确性和可靠性，并把它的服役期延长至 2020 年以后。同时，对先进巡航导弹和空射巡航导弹实施延寿计划。2006 年出台的《四年防务评估报告》建议加快对现有的 B－52、B1 和 B2 型远程轰炸机现代化改造，争取在 2018 年之前开发出新的“陆基的、具有穿透力的”远程攻击武器，并投入战场，将下一代远程轰炸机的配备计划提前 20 年。③ 2003 年 10 月，美海军推出了“潜射弹道导弹目

---

① 刘卿：《试论布什政府的军备政策》，《国际问题研究》2006 年第 3 期，第 54～57 页。

② 王仲春：《核武器·核国家·核战略》，时事出版社，2007，第 351～352 页。

③ 刘卿：《试论布什政府的军备政策》，《国际问题研究》2006 年第 3 期，第 55 页。

标再锁定系统”计划，用以增加潜艇进攻时的灵活性和打击的精确性。美国陆军也改装自己的 B－61 和 B－83 核弹，用于攻击钢筋混凝土和岩石之下的目标。

奥巴马政府上台后，尽管其一方面表示不研发新型核武器，但同时又计划未来 10 年内投入巨资升级美国的核武库和核武器运载工具。在核武器升级方面，奥巴马曾向参议院递交一份秘密的《维持核武库投入规划》报告。① 根据这份报告，美国将在未来 10 年内投入总共 1800 亿美元用来彻底升级美国的核武库和投送系统，以确保美国的核威慑力量。

四　在执行防（反）扩散政策中采取双重或多重标准

近年来，美国竭力推动建立以它主导的、以其西方盟友为主要成员的“全球反扩散联盟”和国际核不扩散机制。美国还制定了反核扩散战略，改变了过去主要依靠外交手段解决核扩散问题的做法，提出外交手段与军事手段并重，主张在对核扩散问题上加强政治和外交压力的同时，在军事上做好打击敌方核设施和运载工具以及防御敌方大规模杀伤性武器攻击的准备。但与此同时，美国基于政治倾向的选择而在地区反扩散政策上实行双重甚至多重标准，严重损害了国际防扩散的公平性。

一是默许以色列事实拥有并发展核武器，并对《不扩散核武器条约》审议大会提出的建立中东无核武器和无大规模杀伤性武器区建议态度消极，不愿采取积极行动。

二是放任日本开发核能力。目前，日本是无核国家中唯一拥有浓缩铀和后处理钚的近乎完整的大规模核燃料生产能力和设施的国家。美国参议员萨姆·纳恩曾在 1994 年指出，日本拥有必要的技术和钚，可以很快制造出核武器。许多国家认为应该对日本施加更

---

① 罗曦：《2010 年国际军备控制与裁军进程综述》，《外国军事学术》2011 年第 1 期，第 71 页。

多限制，特别应该考虑到日本二战时曾制订过核武器研制计划，以及近几年军国主义复活的倾向。一旦日本决定发展核武器，它就可以在短时间内成为拥有数千枚核武器的国家，给地区和国际安全带来巨大的不稳定性。但到目前为止，未见美国对日本施加任何压力。

三是偏袒印度发展核武器。2005 年 6 月，美印签署防务框架协议表示，美将研究解除对印度空间和核技术的出口限制，在民用核能领域进行全面合作。美国在印度还未签署《不扩散核武器条约》（NPT）的情况下，与该国在核能领域进行全面合作，事实上等于默认印度核武器扩散行为及其核国家地位。[①] 2007 年 8 月，美国与印度政府签署民用核能合作协议执行文本。根据协议，印度只要承诺将民用和军用核设施分开，并接受国际原子能机构的保障监督措施，美国便允许其在不签署《不扩散核武器条约》的情况下，获得美核技术、装置及燃料。[②] 2010 年 11 月，奥巴马在访问印度期间宣布取消美对印敏感技术出口的某些限制，支持印度以分阶段方式加入“核供应国集团”、“导弹及其技术控制制度”、“澳大利亚集团”、“瓦森纳安排”等多边出口控制机制，并签署了美印共同建立全球核能中心的备忘录。这些措施使印度能够更加便捷地获取核材料、核技术，加强与他国核合作，客观上为其扩充核武库创造了条件。[③]

四是不断加快其高技术武器的开发与部署，推动导弹及其相关技术向其欧洲、日本等盟国纵向和横向扩散，[④] 并与日本联合研制

① 吴长燕：《当前国际军控与裁军存在的五大问题》，《国际资料信息》2006 年第 6 期，第 9～10 页。

② 中国国际战略学会军控与裁军研究中心：《国际军控与裁军形势分析及展望》，《求是》2008 年第 19 期，第 62 页。

③ 何毅丹、余小玲、智慧：《2010 年国际军控与裁军综述》，《装备参考》2011 年第 5 期，第 5 页。

④ 刘卿：《试论布什政府的军备政策》，《国际问题研究》2006 年第 3 期，第 57 页。

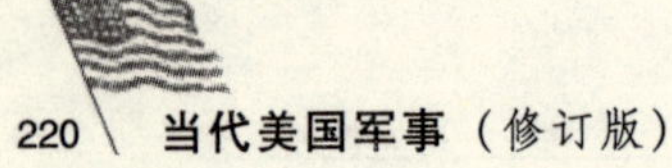

和加快部署导弹防御系统。

而另一方面，美国对“敌对”国家的扩散行为予以严厉制止与打击。如限制巴基斯坦发展核武器；对伊朗和朝鲜核问题采取高压与制裁措施，甚至武力威胁伊朗、朝鲜核项目；武力打垮伊拉克。采取一些歧视性的限制措施，甚至使用制裁手段和以军事手段相威胁，胁迫那些可能“危及”美国及其西方盟国利益的国家放弃发展或获得核、化学、生物武器和先进导弹及其技术的意图。[①] 美国前国务卿赖斯承认美国在对待伊朗、印度的核问题上“绝对存在双重标准”。[②]

美国这种“以我为主”的反扩散政策和实行双重甚至多重标准的做法，从根本上违背了国际防扩散机制所依赖的国际准则，必然会削弱国际防扩散机制的作用。

第三节　发展趋势

美国等西方国家习惯于依仗其军备发展的领先地位，取得国际军备控制与裁军的主导权。因而，未来美国军备控制与裁军政策的制定与实施，必然围绕其谋求“绝对安全”和全面军事优势的国家安全目标而展开。

一　努力谋求和掌握世界军控与裁军的主导权

冷战结束后，由于拥有其他国家都无法比拟的实力特别是军事实力，美国抓住有利时机，加快了实施称霸全球的战略步伐。老布什政府的“世界新秩序”和克林顿政府的“参与和扩展”战略均不同程度地显露出“领导世界”[③] 的构想。2001 年发生的

---

① 荆海涛：《冷战后的国际军控与裁军形势》，《高等教育与学术研究》2008 年第 2 期，第 133 页。

② 参见赖斯 2006 年 4 月 19 日在芝加哥外交关系委员会上发表的演讲。

③ 罗曦、王琳：《美国国家安全战略的新调整》，《外国军事学术》2010 年第 8 期，第 14 页。

"9·11"事件及紧随其后的两次反恐战争使小布什政府时期的"领导世界"战略趋于向"支配世界"的方向发展。为了确保美国自身的"绝对安全"，小布什政府认为，"军控可以是美国外交政策的一个重要组成部分，但是我认为真正的问题是怎么做才能促进我们的国家利益"。[①] 小布什提出"既依靠进攻力量也依靠防御性力量的新的威慑概念"和包括使用核武器在内的"先发制人"战略，[②] 全面否定美国传统的、基于威慑平衡理论的军控政策。

对内大力扩充军备，对外打着军控的旗号，限制别国发展军备，从而不断增强美国对其他国家的领先地位，以最终确立其绝对军事优势。2009 年，随着奥巴马政府的上台，美国先后通过颁布新版《核态势评估报告》和《国家安全战略报告》、与俄罗斯签署削减进攻性战略武器新条约以及召开全球多边核安全峰会，基本确定了美国的新核政策：承诺不对签署并遵守《不扩散核武器条约》的无核国家使用核武器；削减核武器并停止发展新的核武器，缩小核武器的使用范围；明确放弃单边主义，在核裁军、核不扩散、核安全等问题上更多地采取多边合作和对话的态度。[③] 值得一提的是，2010 年 5 月 3 日，美国在《不扩散核武器条约》审议大会开幕之际公布了原本属于机密信息的核弹头数量以显示核裁军诚意，宣称截至 2009 年 9 月底，美国拥有 5113 枚核弹头和数千枚待拆除的退役核弹头；5 月 13 日，又公布了依据"新 START 条约"规定的未

---

① 副国务卿博尔顿 2001 年 8 月 14 日接受采访时的谈话，题为"Bolton: Missile Defense May Help Prevent Proliferation"，见 URL http://www.usinfo.state.gov/topical/pol/arms/stories/bolt0814.htm。转引自（瑞典）斯德哥尔摩国际和平研究所、中国军控与裁军协会《SIPRI 年鉴 2002》，世界知识出版社，2003 年，第 676～677 页。

② President George Bush's Speech at American Defense University on May 1, 2001.

③ 罗曦：《2010 年国际军备控制与裁军进程综述》，《外国军事学术》2011 年第 1 期，第 70 页。

来核武库的基本结构。[①] 事实表明，通过上述政策调整和行动展示，奥巴马政府的新核政策受到了世界舆论的好评，美国在国际军控领域的主导地位得以恢复和加强。

从冷战后美国历届政府的军控与裁军政策调整历程来看，美国在军控与裁军政策方面的实际变化并不多，更多的只是策略性的调整。这些调整最根本的目的是力求掌握世界军控与裁军的主动权，为增进美国的国家安全利益服务，最终建立符合其国家利益的新秩序。[②]

二 力争在核武器和高技术常规武器方面占据战略优势

二战以后，美国历届政府都在致力于打造更加强大的战争机器，为谋求世界霸权提供强有力的军事保障。自冷战结束以来，美国一家独大，凭借其强大的经济和科技实力，在维持核力量的同时，大力研发非核武器系统，包括导弹防御、远程快速精确打击武器、外空军事能力、信息战能力、新概念武器等等，没有任何其他国家能够与之匹敌。[③] 克林顿政府一方面降低战略核武器的战备水平，但同时继续强调核武器的优先威慑地位，并增加了核威慑对象；启动了国家导弹防御计划；强调对太空实行“灵活控制”。奥巴马政府一方面鼓励全球各国遵守《不扩散核武器条约》，倡导全世界来削减核武器，另一方面却大力实现核武器的小型化、实用化，继续发展导弹防御、全球即时打击系统。例如，五角大楼2010年2月初公布的2010年《四年防务评估报告》显示，美军准备发展一种新式常规拦截导弹，名为“即时全球打击系统”，从美国发射，能在1小时内击中位于全球任何其他地区的目标。奥巴马政府

---

① 何毅丹、余小玲、智慧：《2010年国际军控与裁军综述》，《装备参考》2011年第5期，第2页。

② 〔瑞典〕斯德哥尔摩国际和平研究所、中国军控与裁军协会：《SIPRI年鉴2006》，时事出版社，2007，第843页。

③ 李长和：《国际军控与裁军新态势》，《国际展望》2010年第4期，第7~9页。

认为，“全球即时打击系统”是一种新的威慑形式，它有助于填补由于削减美国战略核武库而留下的空缺，同时为美国处理国际危机增加更多的军事行动选择。美专家称，“对于美国国家安全来说，在洲际范围内迅速并且不凭借核武器对大范围目标进行打击的能力非常重要”。①

美国历届政府对军控与裁军政策的选择，显示其推行不扩散政策在很大程度上是为了维持美国的核优势与核威慑的有效性。其积极主动推进国际核裁军，也仅仅是试图利用更有效、更安全、成本更低的常规军力来完成其军事任务。因为，“能够在世界范围内进行打击的常规武器使我们（美国）能够弱化核武器的作用”。②

三 以“对话、合作和多边主义”作为推行军备控制的主要模式

小布什政府时期，美国在军控和安全领域执行单边主义，基本抛弃了传统的核裁军、核军控机制，这给全球安全带来很多负面影响，全球核裁军、核军控处于停滞状态，核扩散、核恐怖主义形势日益严峻。以奥巴马为代表的民主党人士和很多开明人士清楚地认识到：避免美国遭受核恐怖袭击、扭转核扩散局面唯一有效的途径就是全球的多边合作，在这方面仅依靠美国单打独斗根本行不通，而为赢得广泛支持与合作需要美国良好的领导信誉和权威。因此，美国必须在核政策、核裁军方面率先垂范，重塑美国在军备控制与裁军、防扩散领域的领导地位，以此形成全球号召力。③

2010 年 4 月出台的《核态势评估报告》多次强调了动员广泛

---

① 杨竹山：《奥巴马政府的核不扩散政策对核不扩散机制的影响》，《周边军情与研究》，第 13 ~ 14 页。

② 张业亮：《奥巴马政府的核政策》，《美国研究》2010 年第 2 期。

③ 黎弘：《2011 年国际军备控制与裁军》，世界知识出版社，2011，第 30 ~ 31 页。

国际力量支持核不扩散机制和保护全球核材料安全的重要性，并且为此明确了走向“无核世界”的目标。同时，新的评估报告还肯定了传统军控所注重的战略稳定性以及核查措施等，提出通过战略对话等渠道与中俄进行战略稳定性对话。这些措施都客观地反映出美国政府力图恢复传统军控机制，强调对以对话、合作为基础的军控机制的认同。

四　以“防止大规模杀伤性武器的扩散”为军控重点

随着两极格局的终结和国际局势的重大变化，早在1989年老布什政府就意识到，大规模杀伤性武器及其运载系统的扩散已成为美国安全的首要威胁，而仅靠加强国际不扩散机制将难以制止冷战后大规模杀伤性武器的扩散，美国在继续防扩散的同时，必须反扩散才能取得预期效果。克林顿政府1993年1月接任后通过对全方位反扩散计划进行审议，首次在国防部报告中正式将大规模杀伤性武器的扩散放在美国安全所面临的各类威胁中的前列。

2005年6月，小布什借助“反恐”战争的有利态势，签署“关于切断大规模杀伤性武器扩散活动资金来源的行政命令”，通过经济和金融手段打击扩散活动，阻止扩散者进入美国商业和金融市场，冻结其在美国资产，禁止美国实体与其进行交易，将反恐措施引入防扩散领域。同时，小布什政府还利用双边和多边机制强化“防扩散安全倡议”的国际法基础，并通过联合军演落实“防扩散安全倡议”。2009年上台的奥巴马政府认为，对美国安全的最大威胁是恐怖组织获得核武器的可能性。“无论从短期还是长期来看，这都是对美国安全的最大威胁。这一威胁将改变美国和世界的安全图景。”为此，奥巴马政府提出，要保证易受攻击的核材料的安全，摧毁黑市，截获运输中的原料，使用金融手段中断非法贸易。

显然，随着“核恐怖主义是对国际安全最具挑战性的威胁之一，强有力的核安全措施是防止恐怖分子、犯罪分子及其他非授权行为体获取核材料的最有效途径”[①] 这一共识的达成，美国以“防扩散和反扩散”的军备控制重点在可以预见的未来必将受到更多的关注。[②]

五　强调军控协议的有效核查，增强透明度和可预测性

核查，一般认为是用一整套搜集证据、核对事实的措施，证实缔约各方在履行条约的义务，从而增强执行条约信心的过程。具体地说，在军备控制与裁军中核查有三个功能：一是建立信任、保证条约执行；二是及时提供违约警告，通过核实解决分歧；三是作为威慑，遏制违约行为。[③]

美国政府一贯强调核查的重要性，认为有效的核查是签订军控与裁军条约的必备条件。里根曾认为，没有有效核查措施的军控协议比没有协议更糟。布什政府也强调，各种军控协议只有在美国能够核查是否遵守的情况下才是有效的。“信任但要核查”也已逐步演化为国际核裁军条约的一条重要法则。

受到“9·11”事件后美国对国际安全环境新的研判的影响，显得较为强硬。由于对通过军控处理安全问题的能力失去了信心，[④] 小布什政府对国际军控协议的遵守和有效性提出了更加严格的审查，更加倾向于推动制订符合美国利益和提高履约核查手段的新条约。[⑤] 如，提出“集装箱安全提议”、“防扩散安全倡议”等等。2002年5月美俄双方签署《美俄削减进攻性战略武器条约》时，

---

① 中国外交部网站，2010年4月14日。

② 蒋振西：《论当前国际军备控制与裁军形势》，《和平与发展》2010年第3期，第14页。

③ 陈华秋：《军备控制与裁军手册》，国防工业出版社，2000，第464页。

④ 〔瑞典〕斯德哥尔摩国际和平研究所、中国军控与裁军协会：《SIPRI年鉴2002》，世界知识出版社，2003，第685页。

⑤ 〔瑞典〕斯德哥尔摩国际和平研究所、中国军控与裁军协会：《SIPRI年鉴2002》，世界知识出版社，2003，第679页。

就坚持了1991年《削减和限制进攻性战略武器条约》（START Ⅰ条约）的检查条款。此外，为增加透明度，双方还成立了一个新的战略安全咨询小组，共享信息和计划，并讨论双方关心的战略问题。①

奥巴马政府以其“无核武器世界”倡议为导向，表示“将寻求真实的、可核查的方法去缩减美俄的核武器（不论是部署还是非部署的，战略还是非战略的），并与其他核大国一起，到我任期结束时能明显缩减全球的库存”，同时还“将倡议已公认的核武器国家举行高级会谈，探讨如何使核能力更加透明，建立更大的信任度，走向更有意义的削减并最终消灭所有的核武器”。②

虽然多边实质性的军备控制与裁军仍是一个复杂、长远的过程，但美国军控与裁军政策仍然会以加强大国之间的高层战略对话，发展更稳定和透明的战略关系为基调，趋向于推进以透明与建立信任名义而开展的对话、交流活动。

① 〔瑞典〕斯德哥尔摩国际和平研究所、中国军控与裁军协会：《SIPRI年鉴2003》，世界知识出版社，2004，第760~761页。

② 黎弘：《2011年国际军备控制与裁军》，世界知识出版社，2011，第47页。

第十一章
联盟体系

安全联盟战略处于国家安全战略层次，主要是运用外交和军事力量达到国家安全目标的艺术和科学。联盟战略是美军事战略的基础和重要组成部分。冷战时代，联盟战略一直是美国保持其在盟国中的主导地位并与苏联相抗衡的重要手段。冷战结束后，世界战略格局向多极化方向发展，美国面临多元化的威胁，美国对其联盟战略进行了深入调整。美国联盟战略既保留了一定程度的稳定性，又体现出新时代条件下的新变化和新特点。

第一节　历史回顾

美国联盟战略经历了四次大的调整，经历了孤立主义、门罗主义、全球扩张等几个阶段，这些历史反映了美国对联盟战略的认识演变。

一　一战前的孤立主义

一战前，美国的重点在于国内建设与拉美地区的扩张上，以孤立主义的姿态从政治上与欧亚大陆相处，未与欧亚大陆的主要国家结成联盟。

（一）革命时期的联盟尝试

美国历史上最初级的联盟形式是殖民者与印第安人结盟。英属殖民者在新世界为了生存与发展，在力量薄弱、地形生疏的情况下，只能与一部分印第安人结盟来对付另一部分印第安人。这种原始性质的结盟，相互间没有盟约和防卫义务，只是在战术上利用对方打击共同的对手。联盟随着战斗的结束即告解散。英属殖民者面对的敌人除印第安人外，周围还有来自法国和西班牙等国家的殖民者。由于单个殖民地无力对付这些威胁，于是各殖民地逐渐走上了结盟的道路。到19世纪60年代，各殖民地开始组建联盟，不仅用于对付其他国家的殖民者，还用来对付母国——英国。1775年，13个英属北美殖民者地正式结成了联盟。美国有组织地建立联盟的历史从此开始。

独立战争初期，13个殖民地实力比较弱小，远不是英国的对手。1776年，华盛顿领导的部队已面临着全军覆没的危险。美国开始寻求英国的对手法国作为联盟力量。1778年2月6日，美法签订了《联盟条约》，结成了军事联盟。美法联盟仅仅是比较低级的联盟形式。法军参战只是在战术上与美军做一些协同，没有与美军共同制定军事战略。法国的目的是借助美国削弱英国势力，因此并不支持美国独立。1782年美国的外交使节为了获得更大的疆域和贸易利益，断然违背了《美法联盟条约》中“未经法国同意、美国不得与英国媾和”的规定，[①] 绕过了法国，并以与法国谈判为要挟，采用两面欺骗的手法，[②] 单独与英国进行了谈判。

1789年法国爆发了资产阶级革命。1793年4月，美国获悉法国对英国宣战的消息后，以杰斐逊为代表的共和党人认为，按照《美法联盟条约》，美国应该站在法国一边，而以汉密尔顿为代表的联邦党人则坚持“自我保存才是一个国家的第一职责”。[③] 为了避

① Quoted in Alexander Deconde, *A History of American Foreign Policy* (New York: Charles Scribers' Sons, 1963), p. 48.

② Flares Watt, *The American Diplomacy Reconsidered* (Lexngton, Massachusetts: D. C. Heath and Company, 1988), p. 77.

③ Irving L. Gordon, *Review Text in American History* (Brooklyn, New York: Amsco School Publications, Inc., 1971), p. 112.

免因与法国结盟而卷入战争，华盛顿总统站在联邦党人一边，发表了《中立宣言》。1794 年，美英签订了《杰伊条约》后，美国国会宣布同法国的条约无效。美法联盟走到了尽头。1796 年 9 月，华盛顿在其著名的《告别演讲》中，重申了在扩大贸易关系时，美国应与英国“尽量避免发生政治联盟”这一“伟大的原则”。“我们真正的政策，乃是避免与外部世界的任何部分订立永久的同盟。”①此后，美国历届政府恪守“结盟是同美国的国家利益相违背的”这一孤立主义原则。直到第一次世界大战，美国一直致力于国内经济发展和在西半球的扩张，再没有与其他国家结盟。

（二）门罗主义

19 世纪 20 年代，拉丁美洲独立革命胜利，欧洲各国和独立不久的美国关于拉丁美洲的政策都在逐步形成中。美国认为“神圣同盟”干涉拉美革命对美国构成了明显的威胁，英国外交大臣坎宁提出的建议将束缚美国未来在拉美行动的自由。因此，美国决定立即采取行动表明自己的立场。1823 年 12 月 2 日，门罗总统在致国会的咨文中向全世界宣称：“美洲大陆，由于它已获得独立，从此可以保持自由状态，此后不能再被认为是任何欧洲国家用来当作殖民地的地方。”“联盟各国的政治制度同美洲的政治制度是大不相同的……我们认为任何要把他们的制度扩展到本半球上的任何部分的企图都将危及我们的和平与安全。”“但是那些已经宣布独立并且维持独立的政府，如果遭到欧洲国家为了压迫它们或以其他任何地方控制它们的命运而进行的干涉，我们只能认为那是对美国不友好的表现。”

1845 年，得克萨斯并入美国；1846 年的美墨战争使美国获得今天的亚利桑那、新墨西哥、加利福尼亚等州的大片领土；同年，美国同英国达成协定，取得俄勒冈、华盛顿、爱达荷等地区。1853

① Quoted in C. V. Crabb, *American Foeign Policy in Nuclear Age* (New York: Happer & Row Publishers, Inc., 1983), p. 146.

年，美国国会辩论中论及美洲问题时，首次使用了“门罗主义”一词，威廉·西华德在参议院承认门罗主义已经成为“美利坚民族中的一项传统”。随着美国金融资本的发展，继西奥多·罗斯福之后的威廉·塔夫脱为替国内过剩资本寻求海外投资市场，提出“本届政府的外交力求响应商业交往的现代概念。这一政策呼吁理想主义的人道感情、健全的政策和策略条件及正当的商业目的”。它的主要目标在拉丁美洲，尤其是中美洲各国、加勒比海地区和墨西哥。从此，美国资本如潮水般涌入拉美。1913 年美国控制了拉美各国对外贸易的 28%。在墨西哥、古巴等国的投资大大超过了英国。

（三）新殖民主义

1898 年，美国与西班牙签订《巴黎和约》，规定：西班牙放弃对古巴的主权；西班牙将其管辖的波多黎各、西印度群岛中的其他岛屿及马里亚纳群岛中的关岛让给美国；菲律宾群岛让与美国，美国付给西班牙 2000 万美元作为补偿。美西战争是美国第一次踏上殖民征途。美国与古巴签订《普拉特修正案》，该案规定古巴政府不得与任何外国签订任何条约或协定，任何外国也不得在古巴取得居留地或控制权。修正案还规定古巴不得接受任何外债，在财政上只能依赖美国；美国“为保障古巴的独立”，有行使干涉的权利，古巴政府应出售或租借自己的领土给美国作为海军基地。英国等老殖民主义国家一般都是实行直接统治，美国给古巴以形式上的独立，而对它进行实际上的控制，这是新殖民主义。同样，美国在菲律宾也实行了类似的新殖民政策。而对于太平洋其他国家，如中国和日本等，美国坚持“门户开放”政策，意图从这些国家中获取商业利益。

二　一战至二战时期的美国联盟

一战爆发后，美国最初仍企图保持中立。1914 年 8 月 4 日，英国对德宣战的当天，威尔逊总统发表了中立宣言，要求美国国民在思想、言论和行动上保持中立，只是在战争后期做出了参战的决定。美国虽然参加了战争，暂时抛弃了孤立主义原则，但它仍恪守不与外国结盟的原则，所以它称自己是“参战国”，而不是“协约国”。在战争中，美国贯彻的是盟国的军事战略，自己却没有制定指导联盟战争的战略。美国参战前，欧洲盟国在对手的选择和打击的顺序等战略问题上已做出了决定。因此，美国的结盟是战时的临时结盟，战后联盟即自行解散。战争结束后，美国又退回到孤立主义政策中，而且美国国会还通过了中立法。换言之，美国在两次世界大战之间的政策是某种“独立的国际主义”，即在国际上积极活动，但保持自己在国际事务中做出独立决定的自由。①

二战初期，美国仍然奉行孤立主义政策。直至1941年初，美国才确定了与英国结盟和“先欧后亚”的战略方针，并最终形成了以美、英、苏、中为核心的世界反法西斯联盟。同盟国通过经济上互相支援、政治上互相协商和军事上互相配合，最终取得了反法西斯战争的胜利。第二次世界大战使美国形成了一套自己的对付全球战争的联盟战略。在一战中，美国不得不与协约国早已确定的战略保持一致；而在二战中，美国却在制定同盟国战略中发挥了举足轻重的作用。在太平洋战场上，英国、澳大利亚、新西兰等盟国执行的完全是美国的联盟战略。美国在历史上首次成功地制定并实施了联盟战略。可以说，二战改变了美国的联盟理念。二战前，美国主导性的观点是：美国的安全只需将西半球与外界相隔离；二战后，“全球主义”共识取代了孤立主义。这一共识认为，美国战后的首要利益现在不仅在于保证西半球的安全，还在于保证东半球免遭单一的潜在敌对大国的控制，美国开始全面介入世界事务，寻求通过联盟体系获得安全。

三 战后与冷战期间全球联盟的建立

二战结束后，美国将苏联共产主义作为全球威胁，决定建立

---

① 托马斯·帕森特等：《美国外交政策》，中国社会科学出版社，1989，第432页。

全球性联盟体系围堵苏联。1947 年 3 月，杜鲁门向国会提交的咨文标志着美国与苏联展开了“冷战”。美国开始制定能够控制盟国并利用盟国力量与苏联争夺世界霸权的完整意义上的联盟战略。这一时期，对美国联盟战略的发展有着里程碑意义的事件之一是《里约热内卢条约》（简称“里约”）的通过。1947 年，美国为了稳住后院，与拉美 18 个国家签署了“里约”。这一条约的重要性在于它是第一个在美国领衔下的集体防务条约，是“门罗主义多边化”的体现。[①]

1948 年 6 月美参议院通过的“范登堡决议”规定：对单独的或集体的自卫作出“地区性或其他安排”；美国在一定条件下，与这种“安排”建立联系，最主要的条件就是其他参加国在建立军事协调机构的基础上确立长期“自助和互助”的原则；如发生危及美国国家安全的武装进攻，美国将根据联合国宪章第 51 条进行单独的或集体的自卫。[②] 这项决议标志着美国告别了在和平时期不与欧洲国家结成永久同盟的外交传统。1949 年 10 月，美国国会又通过了《共同防御援助法》。据此，美国推行联盟战略有了完整的法律依据。

1949 年签订的《北大西洋公约》以及 1951 年的《美澳新安全条约》、《美菲共同防御条约》和《美日安全保障条约》标志着美国初步建立战后全球联盟体系。这些盟友都是工业中心，具有相当的经济实力和潜力，增大了美国与苏联争夺的砝码。这些盟友也与美国有类似的意识形态和文化背景。1954 年又签订了《东南亚集体防务条约》、《美韩共同防御条约》和《美台共同防御条约》。美国虽然没有直接参加 1955 年成立的巴格达条约组织，但实际上控

---

① Thomas Bailey, *A Diplomatic History of The American People* (Meridith Publishing Company, 1964), p. 807.

② The Vandenberg Resolution and the North Atlantic Treaty, The Senate Foreign Relations Committee's historical Series (New York and London: Garland Publishing Inc., 1979), pp. 327 – 328.

制着该组织。这样，美国通过北约、巴格达条约组织、东南亚条约组织以及在亚太的几个双边条约组织，完成了从西欧经中东、东南亚到东亚的对苏中等社会主义国家的战略包围。

四　冷战后的联盟调整

联盟“往往是在有某种冲突或冲突威胁的形式下形成的”。[①] 苏联作为意识形态敌人的消失，使美国全球联盟体系出现了松动。戈尔巴乔夫在苏联解体时，富有远见地说，“苏联的解体给美国带来了最大的威胁，因为美国缺少了一个对手”。美欧关系、美日同盟、美韩同盟都出现了严重的松动状况。

面对这一形势，美国积极调整联盟战略，通过制造新的威胁，巩固旧有联盟，扩大新联盟，维持美国在全球的霸主地位。一是制造新的安全威胁。美国不仅把传统大国如俄罗斯、中国塑造为对手，而且强调新的非传统安全威胁，寻找维持联盟的理由。如1997年美国《国防报告》指出，“没有哪个国家能寄希望于通过单方面的行动全面对付所面临的威胁，特别是那些具有跨国性质的威胁”。“9·11”事件之后，美国又借反恐之机建立全球性的反恐联盟。奥巴马上台以来，美国又借助战略重心东移之机，巩固美国在东亚地区的联盟体系。

二是维持原有联盟体系，扩大联盟的职能范围。为此，美在欧洲积极推进北约东扩，使北约的职能从保护盟国免遭侵略发展为应对北约地区之外的不稳定因素。在亚太，美对日美安保体制加以强化，并要求日本在“周边发生不测事态”时与美密切合作。三是重视发挥盟国的作用，强调与盟国建立“平等的伙伴关系”。美国同意欧洲盟国发展自身的“防务特性”，提升盟国在北约的地位。日本在日美安保体制中的地位则从被保护变成共同参与，同时承担为

---

① Joshna S. Goldstein, *International Relations*, (Happer Collins College Publisher, 1996), p. 83.

美军提供后勤保障的义务。四是扩大地区防务合作，重视地区安全机制建设。美国加强了与海湾地区、东南亚和太平洋地区非联盟国家的军事合作，谋求多边安全合作。①

从历史来看，美国的联盟调整始终以自身国家利益为出发点，时刻根据国际格局的发展变化而做积极调整。结盟是手段，不结盟也是手段；巩固联盟是手段，放松联盟也是手段，最终的目标都是维护国家利益。

第二节 主要联盟

冷战以来，美国先后与 40 多个国家和地区建立了正式的联盟关系，与 10 多个国家建立了非正式的联盟关系。如果把临时联盟也包括在内，美国的盟国则遍及地球的各个角落。而从实力和影响力方面来讲，美国的联盟绝对是人类有史以来最大的联盟组织。

《国际军事与防御百科全书》认为："联盟是指两个或两个以上的国家通过集合它们的国力以增进安全而建立的一种长期的政治与军事关系。"② 沃德在《联盟动因的研究差距》一书中提出了三种不同概念的联盟：松散联盟（Alignment）、联盟（Alliance）、联合（Coalition）。与此相似，美国的联盟也可以按照正式程度分为四类：条约联盟（Alliance）、准联盟（Quasi-Alliance）、非正式联盟（Partnership）和任务联盟（Coalition）。

一 多边条约联盟

条约联盟指两个或两个以上国家在军事盟约之上针对特定敌人

---

① 参见徐辉、朱崇坤《论冷战后美国联盟战略的调整》，《现代国际关系》1997 年第 3 期，第 2～4 页。

② T. N. Dupuy, ed., *International Military and Defense Encyclopedia*, Maxwell Macmillan, Itern "Alliance, Military and Political", Maxwell Macmillan Inc., 1993, p. 135.

而形成的安全合作关系。包含三大合作内容：第一，指挥所有的军事力量，这通常依靠领导人的协商和一系列政治、经济和军事政策得到保障；第二，成员体交换通信、交通和后勤保障设施；第三，研究和开发各种材料和军事力量。① 条约联盟可分为多边联盟和双边联盟。

北约全称“北大西洋公约组织”（NATO），于1949年4月4日成立，最初有美国、比利时、英国、加拿大、丹麦、法国、冰岛、意大利、卢森堡、荷兰、挪威、葡萄牙12个国家参加。后来，希腊、土耳其、西德和西班牙四国相继加入。1999年，北约组织又通过向东扩展，将波兰、捷克、匈牙利三国吸收成为新成员，从而将缔约国的数量增至19个。北约现有28个成员国。

冷战时期，北约一直将对付以苏联为首的华沙条约组织的军事威胁作为首要职能，依靠军事力量维持其与华约的政治军事均势。冷战结束以后，随着华约组织的解散和苏联的解体，欧洲的政治与安全形势发生了巨大变化，北约的职能转变为政治军事组织。1990年《伦敦宣言》的发表，标志着北约政治职能的加强。1991年北约罗马会议后，根据美国和德国的联合建议，北约成立了由北约国家、前华约国家、独联体及波罗的海三国组成的“北大西洋合作委员会”，其目的是与前华约国家建立“比较制度化”的正式合作关系。在决定北约前途命运的十字路口上，美国提出北约要走出欧洲，承担欧洲防区以外的责任和义务，广泛参与到全球事务中去。

2010年11月19日，北约在里斯本峰会上发布了题为《积极参与，现代防御》的新战略构想报告，重新规划了北约未来10年的发展蓝图。这份报告显示出北约将继续突破传统防区的界限，在全球范围内发挥更大作用。全方位防御、应付危机战略是冷战后北约实行的第一个军事战略。这一战略的重点由过去对付“单向”之

---

① George Liska, *Nations in Alliance* (Baltimore: Johns Hopkins Press, 1968), p. 40, p. 118.

敌，转为注视“多方向”的危险，要求加强部队的快速反应能力和必要时增援的能力，在低水平上保持一支足够的核威慑力量。在战略指导上，由长期依赖“核威慑”转向主要依靠常规力量预防和处理地区危机和冲突。在战略对手上，由侧重对付华约的大规模军事进攻变为侧重应付地区性危机和冲突。在作战方针上，由对付苏联和华约的军事进攻为目的的“前沿防御”转为应付多种危机的“多方位防御”。在军备发展方针上，在保持有限核威慑力量的前提下，侧重发展常规高新技术兵器，更加强调常规高技术军备的潜力。在军队建设上，强调缩小规模，注重提高质量。

二　双边条约联盟

双边联盟是美国全球联盟的重要基石，是美国向全球主要地区施加影响力的重要手段。

（一）美日联盟

美日联盟是冷战的遗产。二战结束后，东西方两大阵营分别成立了各自的安全保障机制，预示着冷战的开始。在这一大背景下，1951 年 9 月，日本同美国签订《日美安全保障条约》，确立了美日军事同盟关系。1960 年 1 月，两国对旧条约进行修改，重新缔结了《日美共同合作与安全保障条约》，有效期为 10 年。1970 年 6 月，双方宣布《日美共同合作与安全保障条约》无限期延长。

美日同盟经历了三个时期。第一个时期是“依美防卫”时期（1951～1960 年），主要标志是日美于 1951 年 9 月 8 日签订了《日美安全保障条约》。根据该条约，美国取得在日本国内及周围驻扎海陆空军的独有权利，驻日美军不仅“用以维持远东的国际和平与安全和日本免受外来武装进攻之安全”，还可根据日本政府的要求，镇压日本国内的“大规模暴动和骚乱”。根据行政协定，美军可在日本任何地方设立军事基地，美军及其家属犯罪不由日本判处，日本要分担美军驻留日本的部分费用。显然，这是有损于日本主权的、片面的、不平等的规定。旧金山媾和与美日安保体制将日本纳入了美国在远东的“集体保护”与“安全保障”的战略轨道，从而确立了美日特殊关系。美国和日本也由二战时期的仇敌变成了主仆。

第二个时期是“共同防卫”时期（1960～1996年），主要标志是日美两国于1960年1月19日修改了旧条约，重新签订了《日美共同合作与安全保障条约》。新条约突出的变化在于：虽仍然允许美国驻军并使用日本的军事设施，但删除了旧条约中镇压内乱和禁止第三国驻军的条款，同时确立了美国保卫日本的义务；提出了双方进行合作的协商原则，并规定美军采取军事行动、变更军事设施等都须事先与日本进行协商。1978年11月共同签署《日美防卫合作指针》。该指针规定，当日本受到武装侵略或有被侵略的危险时，美日应进行防卫合作。而在平时，两国则共同研究作战计划、交换军事情报、进行联合演习等。明确了两国的军事分工，即由美国提供核战略保护，日本承担本土防御，海峡封锁和关岛以西、菲律宾以北的反潜护航作战。指针的重点在于两军的联合计划与演习，这个防卫合作指针第一次使两军走到一起商讨共同保卫日本进行交互式作战的问题。美国要求日本更深入地介入美国的战略防御体系，对美国的军事行动负起共同责任。由此，日本提高了在同盟中的地位，由“一个受别国保护的国家变成一个与别国共同防卫的国家”。新条约要求两国的合作范围不仅限于军事领域，还要向政治、经济、科学、文化等各个领域扩展，日本认为日美同盟自此正式建立。

第三个时期是“共同应对”时期（1996年至今），主要标志是日美两国于1996年4月17日签订了《日美安全保障联合宣言》。“宣言”强调了“双边条约对亚太和平与安全的重要性”，重申：日美安保条约是日美同盟的核心，是日美相互依赖的基石，是日美在全球问题上合作的基础。双方还强调，日美两国紧密的防卫合作是保卫日本的最有效的合作。随后，日美两国又于1997年9月重新修改了《防卫合作指针》，提出了日美“平时合作、日本有事时的合作和发生周边事态时的合作”三大合作机制。进入21世纪后，日美同盟又有了新发展。除了日本以反恐为名首次派遣作战部队以后勤补给或重建的形式参加了美国发动的阿、伊两场战争外，日美两国首脑还对新世纪日美同盟新的地位和作用进行了重新定位。2003年小泉和小布什对日美同盟的定位是“世界中的日美同盟”，2007年安倍和小布什对日美同盟的定位是“面向世界和亚洲的日美同盟”，两国决定建立战略磋商机制（日美安全保障磋商委员会，即2+2会议），开启了军事一体化进程。“2+2”会议一直持续到2007年，在完成规划后曾一度停止。主要原因是，2009年9月日本民主党执政后，时任首相的鸠山提出“对美平等”，倡导建立“东亚共同体”，追求真正意义上的日美平等。菅直人上台后调整了对美政策，2011年6月，日美恢复了中断四年的“2+2”会议。

从日美同盟的发展走向来看，美国将会充分利用日本求安全和欲当国际秩序塑造者的心理，把日本牢固绑在同盟的战车上，作为力量延伸的支撑点，并通过推进日美军事一体化进程，逐渐把日本从“美主日从”培养成为“日前美后”的大手。而日本将在“紧密且对等”的联盟战略思想下，在同盟内部追求平等地位，在军事发展和国际安全体系中的作用等方面寻求独立自主权。

（二）美韩联盟

朝鲜战争后，美韩于1953年10月签订《美韩共同防御条约》。条约规定：对缔约任何一方的侵略也就是损害了另一方的利益，缔约双方应联合行动，消除危险；为了维护共同的利益和安全，美国应在韩国领土上布置足够的军事力量。这项条约成为战后美韩军事同盟正式形成的标志。

美韩联盟经历了几个阶段的演进。首先是冷战前期的单向主导型。美国掌握美韩同盟主导权，全面影响和控制韩国军政，韩对美呈现高度依赖性。典型标志是韩军在美韩军事同盟中无指挥权。其次是冷战后期倾斜式互助型。20世纪70年代初，受尼克松主义的影响，美国开始减少驻韩美军，韩国自身主体性增强。越南战争期间，韩国分别于1965年和1966年向越南派出两支作战部队即“老虎师团”和“白马师团”，先后参战的军队达5万余人，确实体现了美韩之间的“血盟”军事关系，也使韩国在美韩同盟中的发言权增强。冷战后，韩国开始逐步深化“自主国防”，美韩同盟向自主合作型发展。

20世纪90年代初，韩国不断增加国防投入，其国防费用在东亚地区仅次于日本。同时，大力加强独立的武装力量建设，使韩国国防部从美国“主导体制”向“支持体制”转化。1993年11月，韩美两国在汉城举行第25次安保协议会年会，驻韩美军司令官将军事指挥权移交给韩国参谋长联席会议主席。1999年的韩国国防白皮书称：“美韩双方在共同组织被朝鲜进攻战略目标和近半个世纪的冷战中的相互利益的基础上维持着一个稳固的同盟，现在双方正在寻求一些使联盟成为全方位的、广泛的安全伙伴的方法，以使双方能够适应冷战后新的安全环境。”① 2003年，韩国对伊拉克战争表现出坚定的支持态度。

2008年2月，韩国总统李明博提出了“价值同盟”、“互信同盟”和“和平同盟”是21世纪韩美战略同盟的三项原则，并强调加强同美国的传统盟友关系，表示有意加入美国导弹防御系统和防止大规模杀伤性武器扩散计划。在继续加强美韩同盟的同时，韩国“自主国防”也有了新进展。2008年7月，美国同意解散美韩联合司令部，4年后向韩国移交战时作战指挥权。届时，韩国将有权在战时指挥本国军队作战。为此，韩国2009年的国防预算中，大幅增加了改善军事设施、增强机动作战能力建设和侦察预警信息化建设的费用。这标志着美韩同盟朝着“韩国主导、美军支援”的新体制转变。

双方在政治上进一步强化磋商机制，积极通过“六方会谈”敦

① 王帆：《美韩同盟及未来走向》，《外交学院学报》2001年第2期。

促朝鲜弃核；军事上积极准备，美国开始重新加强驻韩美军建设，加大与韩国联合军演的频度。但对于美国不断呼吁应该增强美韩同盟的功能，韩国的表态十分模糊，并不愿意将这一同盟的功能扩展至半岛地区以外。进入2009年后，随着朝鲜宣布退出六方会谈框架机制、发射火箭、试射导弹和再次核试验等一系列举动，半岛形势骤然紧张。美国利用这一机遇，寻求加强美韩同盟。双方在安全领域开展“2+2”对话，频繁进行军事演习，加强两国关系。仅2010年，美韩就进行了6场双边军演。

（三）美澳联盟

美澳联盟始于1954年9月8日签订的《东南亚集体安全条约》(SEATO)。20世纪50~60年代，澳大利亚将联盟视为澳大利亚防务的基础。澳政府相信，澳大利亚防务和战略的关键目标是必须保证美国对这一地区的承诺。澳大利亚于1962年卷入越南战争。按照《美澳新安全条约》，澳大利亚并没有义务在军事上和外交上卷入美国在越南的战争。但是澳大利亚为了维持和加深与美国的联盟，还是全面介入了越战。

在20世纪70年代初期，澳大利亚开始推行“面向亚洲”的经济政治政策，放弃了依赖大国的防务和前沿防御原则，转而倾向于强调自主本土防务。冷战初期结成的美澳新联盟开始出现微妙变化。澳大利亚相关战略评估认为，由于没有面临巨大或可见的威胁，美澳新联盟的价值在保护方面的作用降低了，仅限于由美国提供情报和技术。

1996年7月，澳美再次提高了双边军事联盟关系。两国签署军事协议并发表了《澳美21世纪战略伙伴关系》，强调两国合作对维护亚太地区的安全和繁荣的重要性。双方还决定于1997年3月在澳昆士兰州肖尔特湾进行二战以来最大的澳美军事演习。另外，澳还扩大了美在澳的情报基地，签订了一项新的十年租赁条约，允许美使用对美全球军事战略具有重要意义的澳松峡湾的情报基地，同意美国反弹道导弹太空预警系统在澳建立地面中继站。同时还加强同美在军事技术、情报分享和后勤支持方面的紧密合作。① 澳大利亚还参与了 1990～1991 年的海湾战争，以及 1998 年 2 月在科威特的部署。无论何时需要，澳都派出部队支持美国。

美澳联盟在“9·11”事件之后，得到了加强。2007 年，美澳签订“加强防务合作倡议”，增强联合人道主义援助和灾难救援能力。美澳合作领域：卫星通信；战略规划和模拟；协调能力需求和互操作能力；技术获取和采购；联合行动规划；区域介入合作；导弹房屋和太空态势感知和任务保证；研究、开发、测试和评估；后勤和材料支持。最近，随着美国战略重心东移，美澳同盟有加强的趋势。2011 年奥巴马宣布，美国将从 2012 年中开始在澳大利亚北部的达尔文部署 200～250 名海军陆战队员，并计划在 5 年内将驻澳美军总人数增加近 13 倍，最终建立一个规模为 2500 人的海军陆战队员军事指挥中心。

（四）美菲联盟

1951 年 8 月，美菲两国在华盛顿签订了《共同防御条约》，正式确立军事同盟关系，但菲律宾一直处于努力争取平等地位的斗争中。美菲同盟关系历经波折。

菲律宾原为美国的殖民地，1946 年赢得独立，但仍然与美国保持特殊关系。菲律宾独立后，美军不仅没有从菲领土上撤走，还通过签订政府间协定，在菲境内继续扩充基地。1947 年 3 月，美菲两国政府签订了有效期为 99 年的《美菲军事基地协定》，规定美国拥有使用在菲律宾的 23 处军事基地的权利，并且可以根据军事需要扩大基地、改换基地地点或者增设新的军事基地。冷战期间，菲律宾政府要求与美国发展更为平等的国家间关系，美菲双方就军事基地使用等问题进行了谈判，包括菲律宾对基地行使主权、缩短美军租用期限等。

冷战结束后，美国建议签订旨在延长租用菲律宾基地和美军驻

① 阎学通等著《中国与亚太安全》，时事出版社，1999，第 246 页。

军期限的《美菲友好合作与安全条约》，但在菲律宾参议院投票时遭到否决。1992年11月24日，美军被迫从菲律宾苏比克海军基地全部撤走，从而结束了美国武装力量在菲律宾将近一个世纪的军事存在，美菲军事关系趋于冷淡。1998年2月，美菲双方签署了《访问部队协定》，为两国恢复一度中断的联合军事演习提供了法律依据，也为在菲律宾领土上参加演习的美军官兵规定了行为准则。1999年7月，在协定获得菲律宾参议院批准后不久，美军第七舰队便对菲律宾进行了访问。此后，美菲军事关系日渐回暖，举行了一系列联合军事演习，美菲“肩并肩”年度联合军事演习已经呈现出机制化趋势。

“9·11”事件之后，美菲两国政府均认为，盘踞在菲律宾南部岛屿的阿布沙耶夫反政府武装与本·拉登的基地组织有牵连，两国有必要进一步加强战略伙伴关系和反恐军事合作。菲律宾一直支持美国的反恐行动，并且在亚洲国家中第一个公开表态支持美国领导的国际反恐联盟，还冻结了基地组织的银行账户。美国则不仅给予菲律宾“非北约主要盟友”地位，还增加了对菲军援和经援。仅在2001年，美就向菲提供了价值1亿美元的军事援助。2002年8月，美菲两国国防部长达成合作协议，同意设立美菲防务政策委员会。该委员会是高级文官政策协调机构，旨在提升两军合作层次，并加强两国在防务政策方面的交流和对话。2002年11月，美菲签署了《后勤互助协议》。协议规定，当一方或双方决定参加菲律宾领土范围内或范围外的联合行动时，一方应为另一方提供军事后勤服务和物资援助。美军还获准在菲律宾建立仓储中心，存放炸药、食物、水和燃料等后勤物资。菲律宾则为美军行动提供营房、交通、通信和医疗等方面的后勤支援。

2008年9月，美菲两国就联合军事演习、人道主义援助、军事交流、安全援助及反恐训练等问题签署合作协议，标志着美菲进入全方位军事合作阶段。随着美国战略重心东移，菲律宾成为美国重返东亚的一个棋子，美菲军事关系迅速升温。2010年，美菲举行了两场联合军事演习，演习内容主要包括两栖登陆、人道主义救援行动、专家事务交流、海上作业座谈会、社区服务、潜水和救难等。2012 年，美菲还首次举行“2 + 2”会谈，提升两国同盟关系，两国还就建立军事基地等问题进行协商。美菲同盟关系有逐步加强的趋势。

（五）美泰联盟

泰国是二战后美国在东南亚地区的重要盟国。1950 年 9 月，美泰两国签订《美泰军事援助协定》，使美泰军事合作合法化。根据《美泰军事援助规定》，美国在泰国境内建立了军事基地并驻扎军队，同时向泰国提供了大量军事和经济援助。1954 年 9 月，美、泰、英、法、澳、菲、新西兰及巴基斯坦等八国在菲律宾马尼拉签订了《东南亚集体防务条约》（又称《马尼拉条约》），确立了共同防务的宗旨，建立了“东南亚条约组织”。1977 年东南亚条约组织解散。但美泰两国基于“对地区安全形势的共同认识以及当时所面临的威胁”，于 1985 年 5 月签订《美泰军事防御合作协定》，再次确认美泰军事同盟关系。冷战结束后，美泰关系曾经一度降温，但反恐之后又得到加强。2003 年，小布什指认泰国为美国的“非北约盟国”。美军与泰军每年定期举行两军联合训练，如“金色眼镜蛇”演习、“卡拉特”演习泰国阶段及“对抗虎”演习。

美国之所以选择泰国，一是因为泰国地理位置重要。泰国地处中南半岛核心，与中南半岛其他五国中的四国接壤，如美空军利用泰境内的海空军基地，就能够非常方便地对中南半岛其他国家实施打击。二是因为泰国比较稳定。泰国在中南半岛相对较强的军力也是美泰军事同盟的固化剂。例如，泰国海军在中南半岛实力最强，泰国是中南半岛唯一拥有航空母舰的国家。美海军经常利用泰国的军事基地进行运补，并同时进行合作训练。自 20 世纪 90 年代初美国从菲律宾苏比克海军基地及克拉克空军基地撤出以来，美军就频繁进出泰国的帕塔亚、梭桃邑及普吉。每次美海军太平洋舰队舰只驶向海湾和返航时，都在泰国停留。

三　准联盟（Quasi-Alliance）

准联盟，又称非正式联盟，主要指两个或两个以上国际实体在次级安全合作方针之上形成的安全管理模式。准联盟并不以条约或协定的形式出现，不过却含有提供安全保障的意思。

（一）美新准联盟

《澳新美安全条约》（ANZUS）于1951年9月1日签署于旧金山，正式实施于1952年4月29日。新西兰与美国结成军事同盟，目的在于抵抗苏联威胁，使用美国的军事设备和技术，参加美国的全球情报网，扩大在美国的外交影响范围，以及贸易和经济联系等。到了20世纪70年代初期，伴随着美国越战政策和地区安全政策的思考，新西兰开始更加强调独立于大国政策的地区政策。70年代中期新西兰政府的对外关系陷入了新的选择困境：一方面，需要对与美国军事联盟相关的前沿防御安排和核行动作出贡献；另一方面，又有一个形成更独立的地区合作框架的愿望。1983年新西兰国防报告虽然重新确认新西兰对ANZUS条约的承认，认可遏制是稳定世界战略平衡的基石这一观点，但强调首先需要一个针对新西兰安全和统一的独立的地区政策，同时还要促进南太地区的稳定发展。①

美新联盟危机开始于1984年9月。新当选的新西兰总理兰茨（David Lange）在年会上提出了一系列反核新主张，要求撤出与核国家的联盟和联合军事演习，关闭美国空军在克里斯蒂特奇（Christchurch）的基地。② 他宣称，“新西兰不欢迎美国军舰，除非美国充分证明这些军舰既不是核动力也没有核装置”。③ 1984年底，

---

① New Zealand Department of Defence, *Defense Review 1983*, (Wellington, Government Printer, 1978), p. 11.

② Joseph A. Camilleri, *The Australia New Zealand US Alliance: Reagional Security in the Nuclear Age*, p. 136.

③ Bernard Gwertzman, "New Zealand Wants to Avoid Fight with US", *The New York Times*, July 16, 1984.

美国要求其军舰“布坎南”号（Buchanan）在3月ANZUS海鸥I-85海军演习期间进入新西兰港口。新西兰政府要求美国提供该舰非核化的证明。当美国拒绝提供相关信息后，新西兰拒绝了这个船只的造访。这就是“布坎南”号事件，导致美新联盟出现裂变。1986年9月，在新西兰不准美国携带核武器或核动力的舰船访问其港口后，美国决定终止它对新西兰的义务，从而使1951年签订的澳新美条约组织事实上变成了美澳双边联盟。

（二）美以准联盟

美以特殊关系的形成、发展和成熟是特定历史背景的产物。冷战期间，美国需要以色列充当其在中东地区遏止苏联势力扩张的战略堡垒，而以色列则需要美国的支持以保障其在中东地区恶劣的地缘政治环境中得以生存下去。

美以关系并非自始就可用“特殊”两个字来形如。冷战局势的变动、美国与苏联在中东地区的争夺和以色列面临的地区局势的变动，导致以色列最终投靠美国。以色列建国初期可谓“一穷二白”，同时在国际社会上也是“四面楚歌”孤立无援，还处于阿拉伯国家军事包围之中，因而谋求国际社会的承认，尤其是大国的支持，成为以色列面临的一项迫切战略任务。虽然当时东西方冷战已拉开序幕，但冷战格局尚未形成，这为以色列在东西方之间实行一种“均势外交”提供了条件。它在美苏之间采取了“中立”政策。到20世纪50年代以后，随着美苏对抗的加剧，以苏关系不断恶化，以色列的“中立外交”丧失了回旋余地，进而开始外交转型，倒向美国。这一外交转变为日后美以特殊关系的发展奠定了基础。此后，美国通过向以色列提供援助和出售武器，并在不同场合对以色列的国家安全提供安全保障的承诺，使美以朝着准盟友关系方向发展。1957年第三次中东战争是美以关系的转折点，标志着美以特殊关系的确立。1985年11月29日《美以战略合作协议》的签署标志着两国在军事上的正式结盟，1988年签订《战略合作谅解备忘录》确立两国战略盟友关系。

冷战结束初期，虽然以色列在美国中东战略地位中的作用有所下降，但并未削弱美以特殊关系，以色列仍然是美国在中东地区的战略堡垒和推行“民主化”的重要前哨阵地。“9·11”事件之后，美国在全球推行反恐战争并在中东推行“大中东民主化”，进一步确定了以色列在美国全球战略中的地位，从而加强了美以特殊关系。1971～2001年，美国对以色列的军事援助总额高达789.086亿美元，占美国全部对外援助的30%以上，占美国对中东地区援助总额的54.43%，以色列名副其实地成为美国全球最大受援国。[①] 2007年8月，当时的美国小布什政府与以色列政府签署一项协议：在未来10年内美国向以色列提供的军援数额将从240亿美元增加到300亿美元。[②]

奥巴马上台后，急剧调整中东政策，呼吁以色列接受巴勒斯坦的领土要求。奥巴马在中东政策演讲中说，以色列和巴勒斯坦的边界应以1967年的界限为基础，然后根据双方同意的土地互换，为两国建立起安全和公认的边界。奥巴马的建议立即遭到以色列总理内塔尼亚胡回绝。2011年以来伊朗核危机背景下，以色列寻求军事手段解决问题，美国则表示继续通过外交施压的方式解决，美以准盟友关系再次面临考验。

（三）其他准联盟

加强与友好国家的关系，为必要时组建同盟对付共同的敌人做好准备。在危机时或战争中，美国除了要借重盟国的力量外，有时还需与一些友好国家结成临时的同盟，这就需要在和平时期就着手准备。目前，美国采取的措施主要是与这些国家签订军事准入和安全合作协议，提供或出售武器和设备等。如在海湾地区，美国与科威特和巴林签署了双边安全协定和联合防务合作协定。并通过与

---

① 刘军、张雪鹏：《美国对以色列援助初探》，《西亚非洲》2007年第4期。

② 张翱：《美以关系：1956年以来的最低点》，2009年6月1日《学习时报》。

以、科、沙、约、埃等国举行联合军事演习，加强美在该地区的影响，并熟悉未来战区地理、社情等。在东南亚，美国分别与新、马、印尼等国达成美使用其军事设施、提供武器装备并举行联合军事演习的协议等。

四 任务联盟

任务联盟又叫"即时联盟"、"意愿联盟"，是"几个国家为了实现共同的狭隘目的而携手联合起来，一旦特定的目标得以实现，它们就会分道扬镳。只要其他国家具备一定的能力并意愿加入这个联合体，它们就可以成为会员国"。[①] 美国成功组建的第一个临时联盟是海湾战争中的大规模临时联盟，其成员国达 34 个，包括美国的盟国和其他相关国家。此后，美国多次组建临时联盟，包括为阿富汗战争和伊拉克战争组建的临时联盟。阿富汗战争时的"反恐联盟"规模空前，囊括了国际社会多数国家。伊拉克战争时，美国组成了自称有 45 个国家参加的临时联盟。

这种联盟的特点有三：一是组建方便快捷。任务联盟由任务来确定盟友，可以根据军事需要快速组建联盟。如部队过境、驻扎、能源供应、必要的技术援助、伤员的运送与救治等。二是盟友选择灵活。联盟成立的基础是成员国对安全环境的"共同关切"，而非冷战时期那种对"共同威胁"的认同，否则我们就无法理解利益诉求千差万别、意识形态形形色色、发展水平相去甚远的国家会集合在一起的联盟现象。三是可以减轻对盟友的长期义务。任务联盟针对的是某个具体目标，往往没有严格意义上的联盟机制，美国不需要对盟友承担长期义务，却可以借助盟友的力量达到自己的目的。

---

① 〔美〕理查德哈斯：《"规制主义"：冷战后的美国全球新战略》，陈遥遥、荣凌译，新华出版社，1999，第 84 页。

第三节　基本战略

美国在建立和维持联盟的过程中，总结了一套行之有效的做法，值得其他国家关注。

一　以双重遏制为目标

共同的威胁是联盟的基础。二战后，美国建立联盟体系的直接动因在于遏制苏联，防止共产主义向其他国家扩张。美国维持联盟的目的，与其说是保护盟国，不如说是控制盟国。奥斯古德认为联盟的作用之一就是约束盟国，[①] 防止其威胁到美国的霸权地位。这就是美国所谓的“双重”遏制战略。

由于美国长期以来一直是世界上一支主要的军事力量，其盟国通常会得到绝对的保护，因此并不平等：一方（即美国）保护另一方。不过，这种联盟对美国非常有利，因为盟国不会采取独立的防务政策，更不可能成为一个核大国。事实上，这些盟国由于自身力量弱小，“绝大多数成了美国实际上的保护国”。[②] 联盟还确保了对盟国独立外交政策的影响，并为力量投送提供了基地。

一是牵制有影响力的盟国。1992 年 4 月，美国传统基金会发表的一份报告明确指出：从长远看，德国和日本一旦摆脱对美国的军事依赖或美国的直接影响，就会构成不稳定的因素。因此，美国要继续利用联盟对其盟国进行有效控制，如利用美日联盟同西欧抗衡、利用美欧联盟制约日本，防止盟友发展成为自己的对手。1992 年 3 月美国国防部制定的《1994 ~ 1999 财政年度防务计划指导方

---

① Robert Osgood, *Alliance and American Foreign Policy* (Baltimore: The Johns Hopkins Press, 1968), p. 18.

② Abraham F Lowenthal, “The United States and Latin America: ending the hegemonic presumption”, in *Two Hundred Years of American Foreign Policy* (A Council on Foreign Relations Book, 1977), p. 188.

针》泄露，该计划声称“把日本和德国纳入美国主导的集体安全体制中，是冷战的胜利”，美国要“阻止它们不向我们的领导地位挑战”，“防止出现一个新的对手”。① 事实上，美国与所谓“潜在挑战国”结成伙伴关系，其动机之一就是牵制盟国。②

二是通过限制盟国军事发展控制盟国。美国现在仍然掌握着欧洲军事力量的杠杆。北约最高指挥官（Supreme Command）和地中海地区主要的司令官（北非和近东）均由美国军官担任，其指挥链（chain of command）与五角大楼和白宫连为一体。澳大利亚与新西兰军队在越战后只知道如何对抗“国际性威胁”，却不知如何应付“对本国的威胁”；只知道如何配合美军联合作战，却不知道内部如何协同。而韩国军队的发展更是处于畸形状态。冷战时期，美国片面夸大其海空军对韩国的保护作用，只要求韩国集中力量发展陆军，担负阻止朝军陆上进攻的任务。在这一建军思想指导下，韩三军比例严重失调。冷战结束初期的 1992 年，韩国陆海空三军的比例是 88∶5∶7。这种畸形的状态又进一步加剧了韩军在未来战争中对美海空军支持的依赖。

三是利用自身技术优势控制盟国。冷战期间，美国通过利用自身在核武器领域的技术优势，使欧洲盟国不得不接受其提供的核保护伞。冷战后，美国除了继续向盟国提供核保护伞之外，还致力于建立“信息伞”，即力图利用其空间的信息优势，以情报取代核力量，作为维系联盟和威慑敌手的重要技术手段。有时为拉拢盟友，美国甚至不惜利用信息优势制造威胁。如伊拉克入侵科威特后，美国为了最终能驻军沙特阿拉伯，宣称美国卫星发现了伊驻科军队达到 25 万人。这一情报促使沙特政府同意美国扩大派驻沙特部队的规模。事实上，当时科境内伊军的规模远低于这一数字，卫星照片也表明当时

---

① *The New York Times*, March 8, 1992.

② Michael Sheehan, *The Balance of Power: History and Theory* (London: Routledge, 1996), p. 143.

科沙边境地区并没有伊军大部队活动和筑垒的迹象。①

四是让盟国分担更多防务负担。受金融危机影响，美国相对实力下降迅速，不得不放低身段，给予其盟友和伙伴以更大的自主权，使其分担更多的安全防务负担。一是在欧洲地区更加依赖北约盟国。美国2012年新军事战略指出，美军要改变在欧洲地区的战略态势，与北约盟国一道采取“巧防务”战略，建设、分担和强化应对21世纪挑战所需要的能力。二是在中东地区，更加依赖“海合会”。美国将继续强调海湾安全，并与“海合会”一道，防止伊朗获得核武器。三是在非洲和拉美地区，更加依赖新的安全伙伴。为了分担领导全球的花费和责任，美国将寻求建立“有选择的安全伙伴关系”，与非洲和拉美国家建立新型伙伴关系，并采取“高创新、低花费和不留痕迹”的战略来达成安全目标。四是在南亚地区，更加依赖印度。新战略指出，美国还致力于与印度建立长期战略伙伴关系，使印度成为印度洋地区的经济发动机和安全提供者。五是在东北亚地区，更加依赖地区大国。新军事战略指出，美国将与盟国和相关国家加强合作，共同维护朝鲜半岛的稳定。

二　以分而治之为手段

分而治之是西方世界传统的“御国术”。作为欧洲国家的后裔，美国继承了这一战略思想，在维持全球霸权的过程中，充分利用分而治之作为手段，保持自身的联盟体系。“鹬蚌相争，渔翁得利。”美国在世界重要地区，都建立了相互对立的国家关系，使美国能够作为第三者，在两者之间左右逢源。一方面使相对弱势的一方有求于美国的安全保护承诺，另一方面使相对强势的一方消耗实力，无暇与美国争夺影响力。美国的联盟战略，就是拉一派打一派。使弱

① Ramsey Clark, *The Fire This Time: US War Crime in the Gulf* (New York, 1994), pp. 27 – 35.

者保持对自己的顺从，又使强者有求于自己。

在中东地区，美国建立了以色列与阿拉伯国家之间的对立关系。在南亚地区，美国利用了巴基斯坦与印度之间的关系。在东北亚，美国利用了中日之间的矛盾。在东南亚，美国利用了中国与东南亚国家之间的矛盾。在欧洲，美国继续利用欧盟与俄罗斯的对立关系。在欧盟内部，又利用英法德等大国之间的对立关系。在中国内部，利用中国大陆与台湾地区的矛盾。

美国一直大力推动欧盟的扩大——尤其是推动土耳其加入欧盟——以便形成一个规模更大且无法进行有效管理的欧盟，从而使其在国际政治中不能成为一个政治上统一的行为体。同样，美国推动北约扩大的目的是希望“新欧洲”（即波兰、匈牙利、捷克共和国和罗马尼亚四国）能够在欧盟内部鼓吹大西洋利益高于欧洲利益，从而形成一股制衡法德政策的力量，以阻止其建立旨在反制美国霸权的“统一欧洲力量”的计划。这几个国家——罗马尼亚除外（2007 年加入欧盟）——在 2004 年同时加入了欧盟和北约。对于美国而言，一个内部充满意见分歧的欧洲最为理想，这也是其为什么竭尽全力确保欧盟“国家构建”（state-building）进程失败，因为这样就可以确保一个统一的欧洲决不会发展成为独立的一极。[①]此外，美国还不时提醒其他欧洲国家——尽管有时轻描淡写，但有时非常严厉（例如小布什总统 2002 年 11 月在布拉格举行的北约首脑会议上所做的发言便是如此）——欧洲需要一个霸权的美国来发挥和平维护者和稳定器的作用，这样才可以确保“让德国人抬不起头”。[②]

① Philip Stephens, “A divided Europe will be easy for America to rule,” *Financial Times*, May 23, 2003, 13; Gerard Baker, “America's divided view of European unity,” *Financial Times*, May 8, 2003, 13; “Divide and Rule?”, *The Economist*, April 26, 2003, 47.

② 克里斯托弗·莱恩:《和平的幻想：1940 年以来的美国大战略》，上海人民出版社，2009，第 206 页。

三　以意识形态为幌子

冷战时期，意识形态的重要作用之一就是美国通过夸大社会主义的威胁，把一些意识形态相同的国家拉进美国的联盟体系。1948年11月，美国“遏制”理论之父乔治·凯南就指出，苏联对西方的威胁不是军事上而是政治上的，所谓“苏联扩张”，不是指苏联向西欧发动武装进攻，而是“政治上的征服”。① 因此，北约必须强调政治作用。1949年4月7日，当时的国务卿艾奇逊在解释北约条款时强调：对缔约国的“攻击”不仅指为达到领土或民族主义目标的攻击，而且包括对“我们共同的民主生活方式”的攻击。“条约的基本目的就是巩固和保存这一共同的生活方式。”

冷战初期，美国试图把日本变为其在远东的军事基地，于是推出了所谓的“多米诺理论”：亚洲革命的后盾是苏联，在中国革命胜利后，如果日本也倒向苏联阵营，印度、巴基斯坦及东南亚都会“被共产主义席卷”，美国在亚洲将无立足之地。因此，在美国看来，日本是东亚“多米诺”的最后王牌，是美国绝对不能失去的“超级多米诺”。在这种情况下，美日于1951年建立了“旧金山体制”下的军事同盟。

1954年建立的东南亚条约组织，则是“中国威胁论”的产物。1949年12月，即在新中国成立后的两个月，美国国家安全委员会第48/1号文件就宣称：在共产党统治中国后，“如果东南亚也为共产主义所席卷，我们就会遭到政治上的重大溃败，其影响将遍及世界其他各地，特别是在中东和那时候将危机地暴露在外的澳大利亚”。在这种情况下，美国于1950年9月与泰国签订了《美泰军事援助协定》，使两国的军事合作合法化；1951年又与菲律宾缔结了《美菲共同防御条约》，声称对菲律宾的任何进攻都将被看做对美国

---

① *Foreign Relations of the United States*（*FRUS*）[Government Printing Office（GPO），1948]，Vol. III，p. 284.

安全的一种威胁。之后，美国与其他 7 个国家签订了《东南亚集体防务条约》，正式成立了东南亚条约组织。而且在《东南亚集体防务条约》中，美国还特别加上了一条“谅解”，声称条约“对于侵略和武装进攻的意义的承认以及它在第四条第一款中与此有关的同意只适用于共产党的侵略”。[①] 这充分暴露了美国联盟政策中强烈的意识形态色彩。

冷战后的美国对外战略，无论是扩展“民主”制度，还是人权外交，都有意突出其联盟体系与外部冲突的意识形态色彩。如“民主和平论”者鼓吹扩大民主的“和平地带”，在中东欧地区巩固“民主制度”，彻底消除共产主义影响。这种意识形态上的宣传为北约东扩的顺利实施提供了有利的国际国内环境。

美国决策者对国内民众解释为什么美国要对没什么战略价值的地区进行干涉，或者为什么美国在其利益没有受到明显威胁之前就会采取军事行动，并不那么容易。正如约翰·汤普森（John A. Thompson）所言，这就是为什么威胁夸大（threat exaggeration）——包括求助于多米诺比喻（invocation of domio imagery）——会成为美国外交政策传统的原因。[②] 就像杰罗姆·斯莱特（Jerome Slater）所说的那样，尽管冷战已经结束，但是多米诺骨牌理论在美国的战略思维中仍然保持着活力。[③]

四 以公共物品为诱饵

罗伯特·吉尔平（Robert Gilpin）认为，霸权国家不仅制定了国际秩序的规则和规范，而且还要运用其军力量来稳定国际体系

① 转引自何春超等主编《国际关系史资料选编》（下册），武汉大学出版社，1983，第 295 页。

② John A. Thompson, “Exaggeration of American Vulnerability: the Anatomy of A Tradition,” *Diplomatic History*, Vol. 16, No. 1 (Winter 1991): 23 - 27.

③ Jerome Slater, “The Domino Theory and International Politics: the Case of Vietnam,” *Security Studies*, Vol. 3, No. 2 (Winter 1993 - 1994): 186 - 224.

（或者至少要稳定一些关键的地理区域）。[①] 因此，根据霸权稳定论的这两个变量，其他国家就会与“良性”（benign）霸权国家合作，因为它们可以从霸权国家所提供的公共物品中受益。也就是说，其他国家将因奉行“追随强者”（bandwagon）的政策而认同美国的“仁慈”霸权。正如约翰·伊肯伯里所言，“如果领导国家是一个成熟的维持现状的国家，并且奉行节制而随和的大战略”，那么追随霸权国家对于其他国家而言就是“一个很有吸引力的选择”。[②]

美国军事力量为最不稳定地区的国家提供了一个保护盾牌，而这成为它们追随美国的一个重要原因——或者不客气地说，美国军事力量的存在也为这些国家“搭便车”从而将维护自身安全的责任推卸给美国提供了便利条件。[③] 同样重要的是，美国军事力量还有助于为开放的国际经济提供地缘政治上的前提条件：即维持关键地区的稳定，使人们可以安全获取巴里·波森所称的海、空、天“全球公共物品”（global commons）——也就是全球通信传播手段和人员货物流动工具。[④] 相对于其他国家而言，美国还拥有许多具有诱惑力的经济和金融资源，这些资源既可以作为礼物赠送给那些接受美国霸权的国家，也可以拒绝给予挑战美国霸权的国家。例如，美国现在仍是世界上最重要的市场，获得这一市场对于出口型经济（export-oriented economies）的国家至关重要，这正如霸权稳定论所预测的那样，作为当今发挥全球支配作用的霸主，美国为国际经济体系提供了重要的集体物品（collective goods），这可以使许多国家

---

① Gilpin, *War and Change*, 144 - 145.

② G. John Ikenberry, “Strategic Reactions to American Preeminance: Great Power Politics in the Age of Unipolarity,” *Report to the National Intelligence Council*, July 28, 2003, p. 35; www. cia. gov/nic. confreports.

③ G. John Ikenberry, “Strategic Reactions to American Preeminance: Great Power Politics in the Age of Unipolarity,” *Report to the National Intelligence Council*, July 28, 2003, p. 10; www. cia. gov/nic. confreports.

④ Barrey R. Posen, “Command of the Commons: the Military Foundations of American Hegemony,” *International Security*, Vol. 28, No. 1 (Summer 2003): 5 - 46.

从中受益。[①]

霸权国提供全球公共物品本质上是服务于维护霸权的目的。具体来看：（1）它们从公共产品提供中获得的利益份额较大。沃勒斯坦认为，霸权国家之所以力促自由贸易理念，是因为“最大限度的自由市场将有助于确保霸权国家的……最大利润”。[②]（2）霸权国家可以通过威逼利诱促使其他国家提供。（3）霸权国家通过供给公共产品实现对其他国家的控制。（4）获得霸权合法性。正如“巧实力”战略的设计者所坦承的那样：美国为全世界提供福利，并不是出于仁慈之心，这是聪明的外交政策。[③]

概括地说，美国向国际体系提供的“国际公共物品”主要有三大类：（1）经济上的“公共物品”。建立在最惠国待遇原则之上的自由开放贸易体制；稳定的国际货币，它有助于人人可以得益的商业活动。沃勒斯坦（Wallerstein）强调，在国际经济领域，霸权国家则大力倡导并积极推进“自由”体制，借以消除其他国家抗衡其经济优势的任何努力。[④]（2）安全上的“公共物品”。能源通道安全、地区冲突的管控、打击恐怖主义势力、网络安全、太空安全、防止大规模杀伤性武器的扩散等。（3）其他“公共物品”。包括人道主义与灾难救援、传染病的防控、环境污染的防治等。

五　以地缘战略为指导

地缘战略的本质是把地理因素作为战略要素来考虑，帮助实现

① Joseph M. Grieco, “Anarchy and the limits of Cooperation: A Realist Critique of the Newest liberal Institutionalism,” *International Organization*, Vol. 42, No. 3 (Summer 1988): 500.

② Immaneul Wallerstein, *The Politics of the World Economy: the States, the Movements and the Civilizations* (Cambridge University Press), 1984, p. 5.

③ CSIS Commission on Smart Power, “A smarter, more secure America,” p. 5.

④ Immaneul Wallerstein, *The Politics of the World Economy: The States, The Movements and the Civilizations* (Cambridge University Press), 1984, p. 45.

战略目标。地缘价值重要的国家，美国会尽力与之结盟。美国地缘政治学家斯皮克曼于1944年提出了“边缘地带说”，认为在欧亚大陆上，是“边缘地带”而不是“心脏地带”对海上力量构成了主要威胁。“如果说在旧世界的权力政治中有一个公式的话，那就是谁控制了边缘地带，谁就控制了欧亚大陆；谁控制了欧亚大陆，谁就控制了世界的命运。”① “遏制战略”之父乔治·凯南非常赞同这一观点，主张与欧亚大陆边缘的国家结盟，以遏制共产主义国家。事实上，战后美国历届总统都是地缘战略的忠实信徒，都以地缘战略为思路构筑美国安全战略框架，所结成的联盟也都反映了这一点。

在亚太地区，韩国处于欧亚大陆本身的外围，是海权与陆权之间抗衡的“桥头堡”，“外部的海军可以从这些桥头堡支持陆上部队来迫使枢纽联盟也部署陆上部队，从而阻止它们集中全力去建立舰队”。② 美国占领了这一地区，就可有效地防止欧亚大陆共产主义的扩散。事实上，冷战期间，美国在亚洲建立的遏制社会主义国家的新月形包围圈，韩国的确起到了“桥头堡”的作用。日本，用美国前国务卿杜勒斯的话说，“是大陆周边的沿海岛屿链条中的关键因素”。③ 而地处南海中部和太平洋至印度洋中心位置的菲律宾，其地理位置则更加优越。它可使驻泊于此的美国海军舰只对北到朝鲜半岛、南至中东的广大海域内的危机和突发事件做出快速反应。美国迟迟不愿从菲律宾撤军，近年来不断加强与新加坡的关系，都有这方面的考虑。总之，冷战时期美国在亚太的盟友都占据着“边缘地带”。

地处亚、非、欧三洲结合部的中东，是世界海陆空交通枢纽和咽喉地带。当代美国地缘政治大师布热津斯基认为，“在辽阔的欧

① 转引自叶自成《地缘政治与中国外交》，北京出版社，1998，第53页。

② 麦金德：《历史的地理枢纽》，商务印书馆，1985，第63页。

③ 吴学文等著《日本外交轨迹（1945～1989）》，时事出版社，1990，第18页。

亚中部高原以南有一个政治上混乱但能源丰富的地区，它对于欧亚大陆西部和东部的国家，以及最南部地区那个人口众多、有意谋求地区霸权的国家来说，都有潜在的重要意义”。[①] 而在马汉的海权论中，制海权，特别是对于具有重要战略意义的狭窄航道的控制是国家力量至关重要的因素，而中东的苏伊士运河和霍尔木兹海峡是世界上两个最重要的咽喉要道。这也是美国极力与中东的两伊、以色列和埃及建立联盟的重要原因。美国拉拢根本不在北大西洋的亚洲国家——土耳其——进入美国的多边联盟，更表明地缘在联盟中的重要性。从土耳其起飞的飞机可威胁到高加索和乌拉尔工业区，美国以此可以控制东地中海和黑海海峡。[②] 根据1957年美土达成的协议，美国在土耳其部署了配备有战术核武器的歼击机。[③] 土耳其成了“美国势力的前哨阵地”和“抵挡苏联侵略的屏障”。

拉丁美洲被看成美国的后院，在战略上，可以“帮助守卫交通、海运线，包括巴拿马运河”，并为美国的“军事力量提供后勤基地”。[④] 同样，美国占领巴拿马并不愿意撤出的重要原因就是巴南扼美洲咽喉，其运河沟通两洋。在美国的全球战略中，巴拿马的重要地位是波多黎各以及美国在那里新设立的基地远不能相比的。美国驻巴拿马大使西蒙·费罗说过：“巴拿马吸引我们的三个因素是：位置、位置、位置。”[⑤] 在朝鲜战争、越南战争、中东危机和海湾战争中，巴拿马运河曾是美国军事人员和战争物资的主要运输通道。运河回归后，美国仍设法为自己确立了保卫运河的“义务”。

---

① 兹比格纽·布热津斯基：《大棋局：美国的首要地位及其地缘战略》，上海人民出版社，1998，第47页。

② 张士智、赵慧杰：《美国中东关系史》，中国社会科学出版社，1993，第119页。

③ Vojtech Mastny and R. Craig Nation, *Turkey between East and West: New Challenge for a Rising Power* (Westview Press, 1996), p. 50.

④ Milton S. Eisenhower, *The Wine is Bitter: the United States and Latin America* (1963), pp. 48 – 49.

⑤ 转引自1999年12月15日《文汇报》。

美国之所以不断干涉中国内政，同台湾建立实质性的联盟关系，与台湾的地缘战略地位重要也有很大关系。台湾地区位于亚欧大陆与太平洋的结合部，是斯皮克曼所说的标准的“边缘地带”。台湾岛紧靠中国大陆东南腹地，西邻台湾海峡，东控太平洋主航道，是中国直接面向太平洋的唯一岛屿，也是中国实现制海权的关键所在。正因为台湾具有如此重要的军事价值，前驻日美军总司令麦克阿瑟曾声称，“台湾是美国太平洋前线的总枢纽和永不沉没的航空母舰”，美国必须控制台湾，以便“控制海参崴至新加坡的所有海港”。

六　以重心东移为抓手

亚太地区在2008年金融危机中展现出的蓬勃生机，更使现任奥巴马政府非常看好该地区的发展前景，希望通过深入参与该地区的经济发展和区域合作，借力实现美国经济的尽快复苏，恢复并巩固美国在亚太的领导权。2009年美国国务卿希拉里打破50多年来美国国务卿上任后首访“先欧后亚”的惯例，将亚洲作为首访目的地，并发表演讲全面阐述美国的亚洲接触政策。2010年1月12日，希拉里国务卿在夏威夷檀香山市杰斐逊纪念厅发表题为《亚洲的地区性架构：原则与重点》的演讲，向世界正式表达了美国外交“重返亚洲”的转向：“毫无疑问——如果本届政府开始执政时有怀疑的话——美国已经重返亚洲。但我要强调的是，我们不仅重返，而且还会留下来。”[①] 美国国务卿希拉里在2011年10月11日出版的《外交政策》杂志上发表题为《美国的太平洋世纪》的文章，表示今后10年美国外交方略的最重要使命之一将是把大幅增加的投入——在外交、经济、战略和其他方面——锁定于亚太地区。奥巴马公开宣称，自己是“美国第一位太平洋总统”。2012年出台的美

① Clinton Outlines U. S. Principles and Priorities in Asia-Pacific, http: //www. america. gov/st/usg-chinese/2010/January/20100113165844bpuh0. 2123464. html.

国新军事战略更是明确指出美军的战略重心已经东移。

美国亚太战略是全方位、综合性的战略，包括政治手段、经济手段和军事手段。一方面，致力于扩大和深化同这一地区的日本、韩国、澳大利亚、菲律宾、泰国等盟国的双边安全合作。在东北亚地区，美借“天安”号和朝鲜炮击等事件频繁与韩举行军演，深化军事同盟关系；与日积极互动，化解普天间基地搬迁造成的负面影响；倡导建立美、日、韩对话机制。在南太平洋地区，美不断提升与澳大利亚军事合作水平，推动美澳、美日军事同盟融合，美在亚太地区南北“双锚”联动效应凸显。在东南亚地区，美通过高层访问、军事交流等加大对菲律宾、新加坡、越南等国的拉拢渗透力度，意在搅浑南海争端，彰显地区存在。此外，美还与印度举行首次战略对话，拉抬美印军事合作层级；同乌兹别克斯坦等国达成协议，开辟至阿富汗的陆空运输线；定期与蒙古举行“可汗探索”联合军事演习，不断强化美蒙关系。

另一方面，在区域性多边机构中发挥积极作用，如东盟、APEC、东亚峰会等。强化并构建美国同亚太地区国家的同盟和伙伴关系是政治手段，《跨太平洋经济伙伴关系协议》（TPP）是经济手段，而美国的军事手段则是“空海一体战”和强化军事同盟。因此，美军进驻澳大利亚达尔文基地是美国调整军事战略重心的重要标志之一，也是美国亚太战略的重要组成部分。美国战略与国际问题研究中心专家欧内斯特·鲍尔表示，“这是表明美国安全支点正从中东转向亚洲的确凿证据”。

第十二章
对外用兵回顾

21世纪之初，美国接连发动了阿富汗和伊拉克两场战争，但也迅速被两场战争所累，此后美国主导或参与的军事行动特别是作战行动数量有所减少，频率有所降低，主要的军事行动转向非战争领域。

第一节　阿富汗战争

阿富汗战争是“9·11”事件发生后，美国主导的，以美、英、澳、加等国军队为主组成的联军实施的，针对塔利班武装和“基地”组织进行的第一场全球反恐怖战争，也是一场信息化条件下的非对称战争。在这场战争中，联军部队投入了约5万人的兵力，动用了5个航母战斗群和500多架飞机，共发射各类弹药2万多枚，充分发挥高技术装备的优势，广泛运用先进的空中作战手段和特种作战力量，与阿富汗反塔联盟协同作战，在较短时间内，推翻了塔利班政权，摧垮了“基地”组织，建立了阿富汗临时政府，基本达成了战争目的。但在战后，美英联军迟迟无法完成彻底清剿塔利班残余武装和“基地”组织剩余力量的任务，阿富汗的局势迅速成为美军无法自拔的“泥淖”。

一　战争背景与起因

阿富汗战争的最大背景和主因是“9·11”事件。2001年9月

11日，恐怖分子劫持了4架民航班机，其中3架撞向美国纽约世界贸易中心大楼、国防部五角大楼，还有一架坠毁在宾夕法尼亚地区，造成约3000人死亡，直接经济损失达数十亿美元，成为美国有史以来遭受的最严重的恐怖袭击事件。

“9·11”事件发生后，美国外交、司法部门采取紧急措施，加紧追查事件元凶，最终认定恐怖袭击是以拉登为首的“基地”组织所为，随即要求庇护该组织的阿富汗塔利班政权交出凶手。在交涉无果的情况下，美国于阿富汗当地时间2001年10月7日21时，对阿富汗发动了代号为“阿富汗自由行动”的军事打击。

阿富汗战争既是“9·11”恐怖袭击事件的直接结果，又是美国与伊斯兰极端势力长期矛盾的产物，更有美国争夺中亚势力范围、控制南亚以及争夺里海石油资源等深层次的战略图谋。

二　战争准备

“9·11”恐怖袭击事件发生后，美国政府果断定下了军事打击的决心，并迅速展开了相关准备工作，从2001年9月11日至10月7日战争发起，利用26天时间对战争进行了充分准备，重点做了以下工作：

一是争取国会授权，从法律上为对阿动武铺平道路。“9·11”事件发生后，美国国会立即举行会议，商讨对策，并于9月14日经过参议院全票通过、众议院1票反对的表决后，联合通过一项决议，授权总统“运用一切必要和适当的力量”进行报复行动；要求总统“有权调用必需的、合适的部队，打击谋划、制造‘9·11’恐怖袭击事件和向恐怖组织提供支持、庇护的任何国家、团体和个人，防止这些国家、组织和个人对美国进行类似的攻击行动”。

二是寻求国际社会支持，构建反恐联盟。2001年9月13日，小布什正式呼吁其他国家参加美国的反恐行动，以便尽快组成“反恐怖主义国际联盟”，支持对阿军事打击行动。

首先是发动传统盟友。与美国有“特殊关系”的英国对美国的呼吁反应最为积极，英国首相布莱尔立即发表声明，表示全力支持美国反恐行动，并主动配合美国做好反战国家的说服工作。在此基础上，美国进一步加强与北约成员国的沟通，北约成员国一致表示，启动北约防御条款，调派4架预警机直接参与美国本土防御行动；支持美国向北约盟国提出的有关请求。

其次是积极争取联合国、亚太经合组织等国际组织的支持。“9·11”事件之后，美国迅速与中国、俄罗斯等安理会常任理事国进行磋商，谋求支持。2001年9月28日，联合国安理会一致通过对所有国家均具有强制约束力的第1373号决议，要求各成员国根据《联合国宪章》，冻结任何涉嫌从事恐怖行动的实体和个人资金，或切断其经济来源。对此，还专门成立了一个由所有安理会成员国组成的反恐委员会，以监督各国对决议的执行情况。小布什总统在国内刚刚发生恐怖袭击、局势还不稳定的情况下，积极参加在上海召开的亚太经合组织峰会，并利用这次机会动员参会各国在金融、海关、人员流动以及国际海空运输等8个方面加强反恐合作。另外，美澳新共同防御组织以及韩国和日本也根据条约和义务，向美国承诺提供必要的支援。

最后是拉拢阿拉伯国家和阿富汗周边国家加入反恐联盟。美国军政要人频繁出访中亚、南亚地区，通过政治施压、经济利诱、军事渗透等手段，先后获得乌兹别克斯坦、塔吉克斯坦和吉尔吉斯斯坦3国的支持，并与乌兹别克斯坦达成了使用其领土和领空对阿实施军事打击的协议，以及以80亿美元租借其军事基地的协议，从而为联军对阿采取军事行动获得了前进基地。

三是进行军事准备，完成参战部署。9月15日，美军第7舰队“考彭斯”号巡洋舰离开日本横须贺海军基地；9月17日，美、英、法多艘战舰及战机云集海湾水域。9月20日前，以美国为首的多国部队已从东、南、西、北四个方向对阿富汗形成军事包围态势，基本完成对阿军事打击的兵力部署。到战争打响前，美军在阿富汗周边地区共部署各型飞机约260架，包括4艘航母在内的各型舰艇88艘，各型舰载机270架，特种部队和陆军部队数千人，总

兵力达34000余人。此外，英国空军还派遣了各型飞机100多架部署在海湾地区，各型舰艇24艘部署在阿拉伯海；澳大利亚派出了3艘军舰、6架飞机和1500人左右的陆军部队参战；加拿大派出了4个飞行小队和5艘军舰；加拿大、德国、法国、土耳其、荷兰、意大利、西班牙、捷克、波兰、日本、韩国、约旦等国也分别派遣了部分陆军特种部队、步兵、工兵、防化兵、海军支援舰艇以及空军预警飞机、作战飞机等协助美军作战。

三　主体行动

经过26天的充分准备，美英联军于阿富汗当地时间2001年10月7日21时，动用战机和巡航导弹对阿富汗首都实施了首轮空袭，拉开了“持久自由行动”的序幕。至2001年12月，其主要作战行动分为三部分。

（一）空袭作战行动

阿富汗战争期间，美军针对阿富汗地形复杂，环境生疏，不利于大部队深入作战等实际，把空袭作为军事打击行动的主要手段，持续不断地对阿实施空中火力打击。截至2002年3月29日，共出动B-2隐形轰炸机、B-1B和B-52远程轰炸机、F-15战斗机、F/A-18“大黄蜂”战斗攻击机、AC-130武装攻击机和直升机等共36564架次，投射GBU-28激光制导炸弹、“联合直接攻击弹药”、“斯拉姆”导弹、集束炸弹以及“战斧”式巡航导弹等共21737枚。同时，发射各型炮弹约25800发，其中大口径炮弹约3300发，摧毁了塔利班武装的指挥控制系统、防空设施等战略目标以及大量的战术目标，对推翻塔利班政权，加快战争进程发挥了作用。具体而言，空袭作战行动可以分为4个阶段：

第一阶段，从10月7日至10月13日上午，主要是摧毁阿富汗境内战略目标和防空设施，夺取制空权。在EA-6B舰载电子战飞机对阿预警雷达等电子设施实施强电磁干扰的掩护下，AH-64“阿帕奇”和MH-53“铺路爪”直升机对阿巴边境的防空导弹和预警雷达站实施了精确打击，为空袭行动开辟了空中安全走廊。从美国本土起飞的 B－2 隐形轰炸机、航空母舰起飞的 F/A－18 和 F－14 舰载机、迪戈加西亚岛起飞的 B－1B 和 B－52H 远程轰炸机，以及海军舰艇发射巡航导弹，对坎大哈的塔利班武装指挥中心、"基地"组织总部、机场、防空系统、本·拉登和奥马尔住宅，位于喀布尔的总统府、国家广播电视大楼、防空基地、雷达及机场，贾拉拉巴德机场和"基地"组织在该地区的训练基地，以及昆都士、马扎里沙里夫、塔卢坎等地 30 余个重要目标进行了打击。对于第一阶段的行动，小布什在其 10 月 13 日 10 时（美国东部时间）的广播讲话中进行了总结，他宣称，美英联军已完成对阿富汗军事打击的第一阶段目标，破坏了阿境内的恐怖组织网络，削弱了塔利班军事力量，摧毁了其防空系统。

第二阶段，从 10 月 13 日下午至 10 月 30 日，主要是打击阿富汗境内的各种战役战术目标，为特种作战和阿北方联盟的地面攻击行动扫清障碍。这一阶段，美英联军在进一步打击战略目标的同时，将主要打击对象转向塔利班军队和"基地"组织的训练基地、军营、军事设施、集结地域以及前沿阵地等战役战术目标，以摧毁其重型武器装备，消灭其有生力量，保障后续地面作战顺利进行。经过这一阶段的空袭，美英联军摧毁了 90% 的预定打击目标，削弱了塔利班武装和"基地"组织的战斗力。塔利班的空军战斗机和直升机全部被毁，空军司令曼苏尔在空袭中阵亡；装甲车辆大部被炸，驻扎在各城市周边的地面部队伤亡惨重，2000 余名士兵向反塔联盟投降，一定程度上降低了发动地面攻击的风险。

第三阶段，从 10 月 31 日到 12 月 8 日，实施直接火力突击，支援特种部队和北方联盟的地面机动作战。这一阶段，主要以空中火力直接突击塔利班武装防御阵地上的指挥所、装甲车辆、火炮阵地、堑壕和人员隐蔽的洞穴、坑道等，摧毁其重型武器装备，杀伤其有生力量，直接支援特种部队和北方联盟的地面作战。在强大的空中火力支援下，北方联盟先后夺占了战略要地马扎里沙里夫，占

领了喀布尔，夺取了坎大哈和昆都士，轻取了北方多省，控制了阿富汗80%的领土。

第四阶段，从2001年12月9日至2002年3月，侦察搜索、火力围剿塔利班武装和“基地”组织残余力量。12月9日塔利班政权被推翻后，美英联军开始把打击重点完全转移到搜剿塔利班武装和“基地”组织残部上，主要是通过周密侦察搜索，逐步缩小拉登等主要头目的藏身范围，尔后集中主要空中打击力量，实施火力围歼，达到以空中火力消灭塔利班武装头目的目的。

（二）城市进攻作战行动

自2001年10月下旬起，美英联军开始对塔利班武装控制的各大城市外围阵地实施火力打击，并以“代理人战争”的方式，支援反塔联盟部队夺占城市。主要的作战行动发生在马扎里沙里夫、喀尔布、昆都士和坎大哈4个城市。2001年12月7日美军和反塔联盟占领坎大哈，反塔联盟领导人卡尔扎伊对外宣称：“从今天起，塔利班在阿富汗已不复存在。”

（三）山区搜剿作战行动

美英联军和反塔联盟夺占阿富汗主要城市后，塔利班武装和“基地”组织残余势力退守南部和东部山区，利用山地地形和复杂工事，实施游击战、洞穴战。为了彻底清剿塔利班武装和“基地”组织残余分子，2001年12月中旬至2002年3月，美英联军和反塔联盟展开了一系列地面清剿行动。主要有托拉博拉地区清剿行动、“蟒蛇”行动、“水雉”行动和霍斯特地区搜剿行动。但是由于美军地面部队参战兵力有限，力量单薄，围堵不力，加之地形复杂，美英联军和反塔联盟的地面清剿行动成效不大，未能实现预期目标，从而为塔利班武装死灰复燃留下了隐患。

四　反恐维稳行动

2002年7月底，美国国防部宣布：“从某种意义上讲，美军在阿富汗的军事行动已经结束。美国今后在阿富汗实施大规模军事行动的可能性越来越小，取而代之的将是有小股特种部队和中央情报局特工参与的小规模战役行动。”但事情并非想象的那么简单。自那时起，阿富汗的战事几乎一天也未停止，躲藏在阿巴边境的塔利班武装和“基地”组织残部重新集结，伺机反扑，并在阿境内不断制造恐怖活动。阿富汗战争由此进行入反恐维稳阶段。

自 2002 年 5 月以来，美英联军与阿富汗政府军除了利用空中力量对恐怖分子头目进行精确的定点清除外，每年还组织特种作战力量，对盘踞在阿富汗南部山区洞穴的残余分子实施搜剿行动，但收效甚微，不但未实现彻底歼灭塔利班武装和“基地”组织残余分子的任务，反而造成了大量的平民伤亡，美英联军伤亡士兵的人数也不断上升。2009 年 12 月，奥巴马政府在阿富汗局势依然有可能恶化的情况下，宣布自 2011 年 7 月起逐步从阿富汗撤军。

阿富汗战争后期美英联军重大军事行动

时　间	基本情况
2002	代号“狙击行动”的搜剿行动
2003	代号为“山地蝰蛇”“雪崩”的搜剿行动，美军全年伤亡 89 人
2004	代号为“山地风暴”的搜剿行动
2005	先后对喀布尔以南、坎大哈省和查布尔省以及乌鲁兹甘省进行了较大规模的清剿行动，美军全年伤亡 93 人
2006	代号为“山狮”“山地挺进”“美杜莎”和“山地狂怒”的搜剿行动，美军全年伤亡 87 人
2007	代号为“阿喀琉斯”“斧柄”和“雪山”的搜剿行动，美军全年伤亡 107 人
2008	美军以追剿恐怖分子为由频繁进入巴境内打击武装分子，美军全年伤亡 155 人
2009	美国宣布增兵阿富汗，并先后实施了代号为“利剑攻势”和“眼镜蛇之怒”的搜剿行动，美军全年伤亡 310 人
2010	仅 7 月，美军伤亡 65 人
2011	5 月 2 日，美军实施“海神之戟”行动，本·拉登被击毙

奥巴政府上台后，一方面增兵阿富汗，加大清剿恐怖分子的力度；另一方面不断将维护阿富汗国内局势的任务交给阿政府当局，

制定了美军逐步撤离阿富汗的计划。根据这一计划，2011 年 7 月，美军将撤回 1 万名士兵；2012 年夏天之前，美军将撤回 3.3 万名作战人员；2014 年，撤军行动将全面结束，完全向阿富汗方面移交防务。

五 阿富汗反恐战争的基本分析

自 2001 年起，美军的反恐战争已进行了 10 年，至今仍未结束。纵观这场战争，基本上可以以 2002 年 7 月为界，划为两个阶段。第一阶段是主体作战行动阶段，这一阶段，美军在英、加、澳等军队和反塔联盟军队的配合下，发挥先进的信息化武器装备的优势，以伤亡几十人的代价，迅速推翻了阿富汗塔利班政权的统治。第二阶段是反恐维稳阶段，这一阶段仍在进行。在这一阶段，美英联军、北约部队在阿富汗政府军的配合下，反复对塔利班武装、“基地”组织残余力量和头目实施清剿行动，但受地形条件的限制，成效不大。2011 年美军虽然击毙了本·拉登，也未根本扭转阿富汗国内的局势。纵观迄今整个战争进程，呈现出以下特点。

（一）主体作战行动与反恐维稳行动的衔接断层

主体作战行动与反恐维稳行动是阿富汗战争紧密相连的两个阶段，二者的有效衔接，是取得战争胜利的关键。主体作战行动，美军速战未决，为战争后期的反恐维稳行动留下隐患；反恐维稳行动，美军未能迅速巩固和扩大战果，做到除恶务尽，造成了阿富汗局势的恶化。

一是主体作战行动“放虎归山”，为恐怖力量残余势力“复苏”留下隐患。主体作战阶段，美军依托先进的信息化武器装备，通过空袭和特种作战，不到 1 年的时间就击溃了塔利班正规武装。但是由于只顾眼前利益，单纯追求作战速度，对战争后期可能出现的各种变化缺乏全面、细致的准备，特别是未能集中足够的地面力量、建立严密的围歼部署，致使塔利班武装和“基地”组织骨干力量顺利逃脱。错过了恐怖力量相对集中、易于全歼的最佳时机，进入反恐维稳阶段，美军即使增兵，面对已经完成战略转变、形成分散部署的恐怖力量，也难于将这块“硬骨头”迅速吞掉。

二是战后维稳行动未能“一鼓作气”，恐怖分子恢复元气有机可乘。与主体作战行动的快速、准确相比，美军的战后维稳行动则显得迟缓和失误频频。究其原因，在于美军被主体作战行动的效果所惑，低估了塔利班武装和基地组织的后续作战能力。正如北约驻阿指挥官，英军中将戴维·理查兹所指出的那样，2002 年底，美军犯了一个严重的错误，认为推翻塔利班政权便大功告成，过早地采取了“和平时期的”路线，未能对塔利班残余势力乘胜追击，彻底歼灭，塔利班武装和基地组织正是抓住了这一有利时机，完成了战场转移，收拢了残余力量，调整了作战方法，形成了新的威胁。

三是战场空间转移，优势对比发生逆转。与作战阶段转换相随，双方较力的战场也由阿富汗的城市、平原和丘陵地区转移到山区。战场空间的变化直接影响了双方优势的对比和发挥。主体作战行动阶段，作战行动主要在阿富汗大中城市和中部、北部和西部展开，这些地区地形相对平缓，便于发挥美军的技术装备优势，属于反塔力量的势力范围，易于获得当地社会的支持和帮助。战场维稳阶段，主战场移至阿富汗的南部、东南部，这些地区系山地地形，信息化武器装备使用受限，美军甚至借助畜力才能完成后勤保障工作。更为重要的是，此地区为恐怖分子的传统势力范围，塔利班武装和“基地”组织在此建立了完备的战场体系，便于实施游击战，不利于美军实施搜剿行动。

（二）非战争行动与作战行动的配合失衡

反恐维稳行动，仅靠军事打击是不够的，必须借助非战争行动的社会效应。虽然开战之初，美军组织了一些打井、修路、建学校等非战争军事行动，但是由于作战区系民族宗教地区，民众与恐怖分子同宗同教，历史上具有反抗外敌入侵的传统，影响了非战争行动的效果。

一是未能创造有利的政治环境。主体作战行动结束后，美军虽

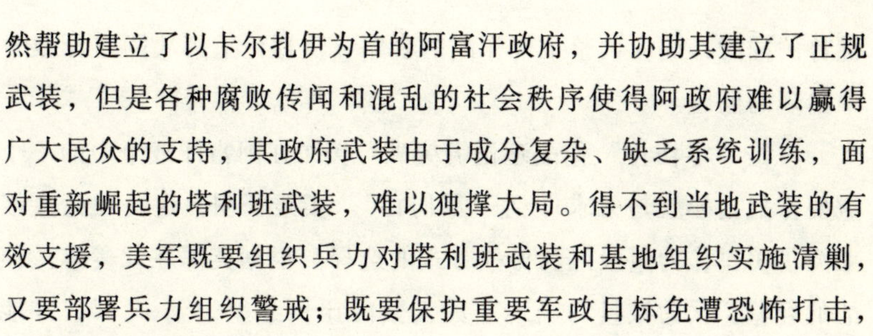

然帮助建立了以卡尔扎伊为首的阿富汗政府，并协助其建立了正规武装，但是各种腐败传闻和混乱的社会秩序使得阿政府难以赢得广大民众的支持，其政府武装由于成分复杂、缺乏系统训练，面对重新崛起的塔利班武装，难以独撑大局。得不到当地武装的有效支援，美军既要组织兵力对塔利班武装和基地组织实施清剿，又要部署兵力组织警戒；既要保护重要军政目标免遭恐怖打击，又要负责当地民众安全，因此，兵力“捉襟见肘”的问题不可能得到彻底解决。

二是未能创造有利的社会环境。社会环境直接决定着民众的战争态度、影响着战场的情报保障。在阿富汗，大部分民众虽然反对塔利班政权的极端统治，但是在外部势力介入的情况下，塔利班武装很容易得到当地民众的支持。加之美军战场管理失严、误伤平民、虐囚事件屡禁不止和焚烧《古兰经》等亵渎宗教行为不断发生，阿富汗平民的反美情绪有增无减，很容易走上与美军对抗的道路。恶劣的社会环境，不但使美军难以获得与恐怖分子相关的情报，而且成为恐怖活动滋生漫延的温床，致使恐怖袭击活动越反越多。

三是未能创造有利的经济环境。经济问题是影响战场维稳成败的重要因素。累年的战争破坏了阿富汗的经济体系。民众极端贫困的生活状况成为影响战场社会稳定的主要因素。特别是鸦片种植业，一方面，占用了大量土地，粮食作物无法种植，平民饥饿问题难以解决；另一方面，地下毒品交易，为塔利班武装购买武器装备、实施恐怖袭击提供了大量资金。正如北约前秘书长夏侯·雅伯所言：要想完成阿富汗重建使命，必须加快经济重建步伐，协助阿富汗政府改善普通民众的生活，只有这样才能从根本上消除暴力活动的根源。

（三）作战理论与反恐实践相脱节

成功的作战实践离不开正确的理论指导。反恐战争不同于正规的大规模军事行动，打赢这场战争，美军在谋求发挥武器装备技术优势的同时，还应调整正规作战的套路，从理论上解决阿富汗战争中出现的问题。

一是“零伤亡”作战理论需突破。美军在阿富汗战争中的一个重要作战指导就是力求做到“零伤亡”。实践证明，这一理论直接束缚了美军作力量投入和作战方式的选择。根据英军在北爱尔兰作战的经验，兵力数量与当地居民人数的比例必须达到1:20，才能有效地控制战场局势。对照此标准，驻阿联军数量远远达不到反恐维稳行动的要求。为了达到“零伤亡”的效果，美军在作战方式选择上主要采取空袭和特种作战，不敢大量投入地面作战力量，外围封锁和清剿行动主要由阿政府军或部落武装来完成。由于这些力量战斗力不强，是联合作战行动的短板和恐怖分子的“突破口”，作战效果很难保障。

二是“非对称”战法需创新。实施“非对称”作战，是美军夺取战争胜利的首要选择。在阿富汗反恐维稳行动中，美军的“非对称”优势受到了有效扼制，并遭受恐怖分子“非对称”式反打击。面对恐怖分子的声东击西，连环袭击，诱袭、诱炸、诱狙，或叠袭、叠炸、叠狙等游击战术，美军往往束手无策，甚至被牵着鼻子走，行动十分被动。为了对付“非对称”作战的挑战，美军挖空心思、寻求突破。如借鉴苏军作战经验，采取划分作战区、实施小分队作战等措施对抗恐怖分子的游击作战，但是收效甚微。

三是“联军作战”理论需完善。阿富汗战争进入维稳阶段，美英联军作战行动遇到了前所未有的挑战。一方面，作战形式发生变化。与其他战争不同，联合反恐维稳行动呈现出点多面广、规模小、节奏快的趋势，联合层次降至分队一级，参战兵力涉及多个国家，组织协调涵盖政治、经济、民事诸多部门。如何达成一体化效果、避免自伤误伤成为联军行动需要解决的首要问题。另一方面，作战主体发生变化。主体作战阶段，联军力量主体主要是北约国家的军队与阿富汗反塔武装。进入反恐维稳阶段，恐怖分子的活动范围已扩展到中东、南亚多个国家和地区，与此相适应，美英联军作战行动必须获得所在国政府的许可，参战力量必须吸收所在国的武装部队。

（四）作战保障与作战需求有差距

成功的反恐维稳行动离不开与之配套的、强有力的作战保障。阿富汗战争，美军的作战计划不谓不周密、武器装备不谓不先进，维稳行动之所以难以奏效，就指挥全局而言，还在于作战保障存在薄弱环节。

一是情报匮乏。反恐维稳阶段，塔利班政权和基地组织与美军巧妙地打起了情报战。一方面实施情报防御，堵塞美军获取情报的渠道。借助有利的地理环境，通过伪装、分散等手段，使得美军先进的技术侦察设备无法获取有效信息；通过恐怖威胁、宗教宣传等手段阻止当地民众为美军提供情报，使得美军对恐怖分子的基本情况无从掌握。另一方面主动出击，积极获取美军的行动信息。动员当地民众观察通报美军行动情况，策反阿政府和军队内部人员提供美军信息，发动民众向美军提供假情报误导美军。情报的缺乏，直接影响了美军联合目标清单的拟制。没有目标的指引，美军的搜剿、反恐行动往往处于被动状态，派出的清剿部队不是被伏击，就是企图被对方获知，总是无功而返。

二是装备缺乏。进入战后维稳阶段，美军在阿富汗战场上缺少的不只是“人”，武器装备的缺乏也是其在阿富汗战场面临的窘境。战前，美军固守海湾战争、科索沃战争的经验，企图打一场低投入、高效益战争，但是随着战争时间的延长，战争损耗的增大，武器装备的缺乏成为影响其反恐维稳行动的重要因素。高技术武器装备和弹药不能有效补充，直升机支援计划无法批复。对此，北约秘书长和高级指挥官们曾多次表示，阿富汗战争不仅需要更多的兵力，还需要更多的直升机、运输机等武器装备。

三是通信保障难。基于技术保密的考虑，美军不敢将核心的军事通信技术和装备提供给联军部队。美军与阿政府军之间、联军内部之间往往采用一些低水平的通信网络设备，通信密码很容易被恐怖分子破译。同时，落后的通信技术，也影响了联军之间的敌我识别，误伤友军的事件屡屡发生。

第二节　伊拉克战争

伊拉克战争是美军继阿富汗战争之后，于2003年发动的第二场“反恐”战争。伊拉克战争中，美英联军通过一系列作战行动，以亡168人（其中英军31人）、伤554人、失踪3人的代价，歼灭伊军1.08万人，俘虏7000人，成功打垮伊军，摧毁其战斗意志，并推翻了萨达姆政权。这场战争同时还因美军采用了大量的信息化武器装备，而被称为“第一场初具信息化形态的战争”。

一　战争背景和主因

美国进攻伊拉克有其必然性，长期以来，美国一直认为萨达姆政权的存在对美国国家安全构成威胁，而控制伊拉克石油资源可以扩大和加强美国的实力与影响。“9·11”事件发生后，小布什政府提出了“先发制人”战略并有意将这一战略与萨达姆政权联系在一起，最终以伊拉克藏有大规模杀伤性武器和支持恐怖组织为由，发动了战争。

二　战争准备

早在第一次海湾战争胜利以后，美国历届政府都以未能推翻“萨达姆”政权为憾。因此早就制订了进攻伊拉克、推翻萨达姆政权的战争计划。“9·11”事件发生后，特别是阿富汗塔利班政权被推翻后，美国政府加快了有关战争的准备，主要进行了以下工作：

一是为发动战争制造借口。2002年9月7日，小布什发表讲话，指责伊拉克违反安理会决议秘密研制核武器与生化武器，并声明如果伊拉克不接受武器核查，美国就以武力解决。但在伊拉克允许联合国对其进行极其严厉的武器核查后，美英仍坚持对伊动武的

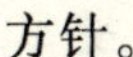

方针。

二是寻求国际社会支持，构建反伊联盟。为了准备伊拉克战争，美国政府积极寻求联合国、北约等国际组织的支持。由于对伊动武违反国际法，美国在伊拉克战争中虽然未得到联合国的授权，而且也遭到了法国、德国等国家的反对，但是美国依然得到了英国等传统盟友的支持。

三是大幅增兵，迅速完成军事部署。2002 年 12 月 24 日，美国国防部长拉姆斯菲尔德签署命令，在海湾地区部署作战部队。随后，美军开始向海湾地区大幅增兵，截止到 2003 年 3 月 20 日，美英在伊拉克周边地区已经先后集结军队近 30 万人，部署了 8 个航空联队 1500 余架战机、6 个航母舰队 100 余艘战舰。

三 战争经过

2003 年 3 月 20 日，美英两国在未经联合国授权的情况下，发动了代号为“伊拉克自由行动”的伊拉克战争。43 天的伊拉克战争，主要分为 5 个阶段：

第一阶段：斩首行动。3 月 20 日清晨，在对伊拉克的最后通牒过去两个小时之后，美英联军打响了伊拉克战争，首要攻击目标指向巴格达郊外的多拉农场。以小布什总统为首的美国战争决策层，在获悉萨达姆和他的家人很有可能在多拉农场过夜的情报后，果断地实施了首次“斩首行动”。在这次行动中，美军连续实施了 3 波次空袭，发射了 45 枚“战斧”式巡航导弹。但萨达姆及其高官们在这次空袭中安然无恙。第一轮空袭后不久，萨达姆在伊电视台发表讲话，号召伊拉克人民击败敌人并赢得战争。

4 月 7 日 14 时，美国再次获悉萨达姆和他的两个儿子及多名高官正在苏曼尔地区的一处民宅地下掩体内开会，实施了第二次“斩首行动”。此次行动运用在巴格达附近上空巡逻待命的 B—lB 战略轰炸机，向目标投放了 4 枚巨型炸弹。这次“斩首行动”造成 14 名平民死亡，至少 23 人受伤，但萨达姆再次逃脱。

第二阶段：震慑行动。“斩首行动”未实现预期目标后，美军迅即实施了“震慑行动”，企图通过强大的军事和心理攻势等措施，瓦解伊军的抵抗意志，实现“不战而胜”的效果。巴格达时间3月21日20时10分至23日11时，美英联军动用B－1、B－2（隐形）和B－52战略轰炸机，F－117A隐形轰炸机，F－15、F－16战斗机，F/A－18战斗攻击机，A－10攻击机等战机2000余架次，投掷精确制导弹药3000枚；利用30艘水面战舰和潜艇共发射“战斧”巡航导弹500枚，重点袭击了巴格达、摩苏尔、基尔库克等城市的重要政府机构和要员驻地、指挥中心、通信枢纽、国家电台和电视台、共和国卫队、重要机场和港口等1500多个目标。此外，美军还动用了“捕食者”无人机打击伊军的地对地、地对空导弹发射架，以及巴格达市内信息部的卫星接收天线等目标。

3月25日，沙尘暴使得地面行动受阻，美英联军加大了空袭的力度。25日以后，联军空袭的重点转向巴格达以南的共和国卫队防御阵地和集团目标，特别是“麦迪那”师、“巴格达”师和“汉谟拉比”师等伊军精锐力量。据统计，仅3月30日至4月2日3天的时间里，伊军就有96%的坦克、90%的重型火炮被摧毁。

4月3日是震慑行动的最后一天，美英联军使用了石墨炸弹轰炸了巴格达的电子系统，使得全城陷入一片黑暗。

“震慑行动”期间，美英联军每天出动战机1000余架次，最多时达2000余架次，平均每天投射各型炸弹、巡航导弹以及集束炸弹、电磁脉冲炸弹和贫铀炸弹近千枚，其中70%以上为精确弹药。

第三阶段：快速推进阶段。在实施大规模空袭的同时，3月21日美英联军5万多人的地面部队迅速展开，南北并进，迅速向巴格达逼近。

南线的美英联军分为左、中、右三路攻击队形，以左中路形成钳形攻击部署，目标直指巴格达。左路是美军第3机步师，在101空中突击师、82空降师的配合下，向西北迂回攻击，3月20～25日，第3机步师机动500多公里，先后绕过纳西里耶、纳杰夫等多

道防线，迅速抵达距巴格达约 80 公里的卡尔巴拉。中路是美海军第 1 陆战远征部队，经纳西里耶、舍特拉、库特向巴格达突进，切断伊军中、南两个作战集团的联系，割裂伊军的战役部署，钳制伊军行动，并保障主力部队的翼侧安全。3 月 20 日 21 时，美海军第 1 陆战远征部队在夜幕掩护下，越过科伊边境向伊南部推进，其间经过纳西里耶等战斗，于 4 月 3 日晚抵达距巴格达约 10 公里处，与其他主力对巴格达成围攻之势。右路联军由英军第 7 装甲旅、第 16 空降旅、第 3 两栖突击旅和美海军陆战队第 15 远征分队组成，从科威特向伊拉克发起地面进攻，主要任务是夺占巴士拉、保护油田，保障海上交通运输安全。

在北线，由于土耳其政府不允许联军借道土耳其进攻伊拉克，使得原计划两大装甲集群南北夹击的计划落空。美英联军转而采取空降、机降的方式在伊北部开辟战场。3 月 25 日，美特种部队在库尔德人控制区机降。27 日凌晨，美军第 173 空降旅空降至伊北部哈里尔机场。空降与机降成功后，美军向基尔库克和摩苏尔两个方向发起进攻，策应南路攻击行动。

第四阶段，夺占城市。由于联军地面部队是为了迅速达成对巴格达的合围，推进速度很快，对沿途的城市只是控制周围道路，并未夺占。进入 4 月以后，美英联军调整了作战策略：一是将空袭重点由打击伊军战略设施改为打击地面部队；二是开始对伊拉克重要城市和防御要点进行攻坚作战。

4 月 4 日，美国第 101 空降师攻占纳杰夫；5 日美国海军陆战队控制纳西里耶；6 日，美国第 101 空降师夺占卡尔巴拉；7 日，英军攻占伊拉克第二大城市巴士拉。

与此时，向巴格达突进的各路联军于 5 日对巴格达形成合围之势。7 日，美国第 3 机步师和海军陆战队从西侧和东侧同时发起进攻。至 9 日，美军成功占领巴格达。占领巴格达后，萨达姆及其他军政要突然集体消失，未攻陷的其他城市的防守部队很快土崩瓦解。11 日下午，美军与驻守摩苏尔的伊军第 5 军签署停火协议，随后进入该市。13日，美国海军陆战队对防守提克里特的2500余名共和国卫队士兵和萨达姆敢死队发起攻击。15日，美军占领萨达姆的老家——提克里特。5月1日，美国总统小布什在“林肯”号航母上宣布：“伊拉克主要作战行动已经结束。”

第五阶段：稳定行动。美英联军占领伊拉克全境，萨达姆政权被推翻后，反美力量在伊境内迅速成长，他们在地下以恐怖袭击等方式与美英联军作战。联军在伊拉克全境展开搜捕伊军政要员、消灭各种反美武装、收缴民间散落的武器等稳定社会秩序的行动。采取的手段有：

一是重点抓捕伊军政要员。通过散发“扑克牌通缉令”，分发给美英联军官兵和市民，让士兵按影抓人，让市民及时提供情报。2003年12月14日，美军在位于提克里特以南15公里的达瓦尔镇的一个地窖里逮捕了“黑桃A”萨达姆，经过特别审判法庭的审判，判处其死刑。

二是全面清剿萨达姆残余力量和反美武装，稳定伊拉克局势。前萨达姆政权垮台后，除了先前的伊军残余外，还出现了“基地”三号人物扎卡维领导的“统一圣战”组织，什叶派神职人员萨德尔指挥的“马赫迪军”（什叶派民兵），逊尼派神职人员指挥穆斯林武装等，他们通过游击式的恐怖袭击活动，使美军遭受了较大伤亡。自2003年6月15日起，美英联军先后发起了“沙漠蝎子”“响尾蛇”“常春藤毒蛇”“常春藤旋风”“常春藤暴风雪”“重锤”“铁拳”“河闸”等清剿行动，打击各种反美武装，稳定社会秩序。

四　伊拉克战争的特点和影响

伊拉克战争中，美英联军以先发制人和快速决定性作战为战略指导原则，充分发挥自身的信息化和一体化的优势，依靠高精度打击能力和高机动作战效能实施诸军兵种联合作战，以较小的伤亡为代价实现了推翻萨达姆政权的预定目标。

为了实现速战速决的战略目标，美军一方面通过空中武器实施精确打击对萨达姆等伊拉克军政要员实施了“斩首行动”。另一方面，运用空降、机降、心理战等作战手段开辟了北方战线，通过地面闪电进攻，快速推进，快速制敌，以此震慑伊军，瓦解其斗志。

需要指导出的是，美军虽然迅速推翻了萨达姆政府，并通过法律手段处理了萨达姆政府前军政要人，消除了其影响。但是由于这场战争的非正义性，使得美军在伊拉克的军事行动在伊境内引发了以民族宗教为特征的反美活动，使得美军并未真正控制伊拉克局势，造成小布什宣布伊拉克境内的主要军事行动结束后，伊境内仍然不断发生针对美军的袭击活动，而且规模日益扩大，组织指挥也日趋严密，导致美军伤亡人数不断增长。自伊拉克战争爆发来至2011年9月，已有4474名驻伊美军士兵阵亡，使得伊拉克战争成为阿富汗战争之后，美军第二个“泥沼”。

2009年2月27日，美国总统奥巴马宣布从伊拉克撤军计划。美国将在2010年8月31日前从伊拉克撤出大部分作战部队。2011年12月，撤出全部驻伊部队。

第三节　简要分析

21世纪头十年是美国战争决策变化最剧烈的一段时期。第一任政府——小布什政府在先发制人战略的指导下，先后发动了阿富汗战争和伊拉克战争。第二任政府——奥巴马政府一方面在继承小布什有关政策的基础上，根据美国的国家利益，不断进行政策微调；另一方面在利比亚战争决策等问题上表现理性。

一　出现的问题

美国在海外用兵中遇到了一系列问题，值得重视。

（一）“捍卫哪些利益？完成哪些目标？”递升为战争决策者的最大挑战

“‘国家利益’一词，其含义有强制性，它所表达的信息具有急迫、重要、威胁和具体性等特征，"[①] 规定着战争应达成的目标，以及发动、结束战争的决策标准。若战争无法实现既定目标，就会被视为战略上的重大挫败，国家利益的重大损失。冷战期间，面对相对单一的安全威胁和比较明确的作战对手，决策者基本上能够清晰界定国家利益，准确把握安全威胁，制定以可控成本抵御威胁、确保利益的政策。冷战结束后，决策者面临的最大困难是如何回答"美国的国家利益是什么？国家面临的主要威胁是什么？怎样的政策才能实现国家安全？"等问题。

持久的冷战僵化了战争决策者的安全思维。敌人明，利益清。44 年的冷战，对美国威胁最大的是共产主义和第三世界的民族主义运动，据此而界定的美国国家利益十分明确、易于认可。但是这一判断也因持续时间过长、实践过于单一而逐渐僵化。一俟冷战结束，进入更为流动、更为无形、更为模糊的新世界，他们突然发现："在没有苏联威胁的情况下极难界定其'国家利益'，"[②] 这在"联盟力量行动"中得到充分体现。对于这场战争，美国历经老布什和克林顿两任政府、近 10 年时间才完成出兵决策，原因在于战争决策者认为"巴尔干半岛的价值抵不过我们一名士兵的生命"。[③]

武断地建构威胁降低了国家利益对战争决策的驱动力。冷战结束后，战争决策者由于无法找到既能引起盟友"共鸣"，又能促使美国民众"同仇"的利益选项，只好把非法移民、环境污染、毒品走私和恐怖活动等琐碎的、边缘化的问题抬出来，大肆渲染，制造恐慌，主观地提升为国家安全威胁，用之启动战争机器。在索马里"恢复希望"行动中，18 名美国大兵命丧摩加迪沙，士兵的尸体被拖着示众的画面经电视媒体播出后，人们有关"美国利益何在"的

① 山姆·萨克宣著《美国国家安全》，第 1 页，台国防部史政编译室译印，2002。

② Condoleezza Rice, "Campaign 2000: Promoting the National Interest," *Foreign Affairs*, January/February 2000, p. 45.

③ ［美］戴维·哈伯斯坦：《和平年代的战争——布什、克林顿和他们的将军》，东方出版社，2005，第 48 页。

质询，迅速激发起一股强大的反战力量，促使美军在索军事行动草草收场。

（二）“绕开限制，避开干扰”使得战争决策者能够轻易摆脱理性轨道的束缚

克劳塞维茨认为，战争是一种将激情、机会与理性打造成三位一体的东西。冷战期间，美国吸取越南战争决策的教训，在“三权分立”的政体架构下，颁布了《战争权力法》，进一步规范了白宫与国会的权力制衡体制。然而这一体制在实际运作过程中越来越偏离当初设想。冷战结束后，特别是小布什当政后，自恃无敌于天下的军事实力，慢慢抛弃了为理性目标而设计的决策程序。

共同的价值观使制衡体制很难发挥效能。虽然《宪法》和《战争权力法》赋予国会制衡权，但作为美国政治体制架构之下的一个分支机构，与白宫一样都是美国价值观的奉行者、美国利益的维护者，只是在不同的阶段、出于自身利益的需要，不得不做出与白宫有所区别的姿态而已。一俟战争打响，国会也不敢冒置美国士兵生命于不顾的政治风险，随意干扰战争进程。利比亚战争期间，国会一边指责奥巴马违宪，一边否决停止为利比亚战争拨款的议案，就是其“制衡”无力的表现。

“擦边球式”的战争增大了决策者“黩武”的风险。法律的效能在于界定准确。为排除外界对军事行动的约束，总统往往在“战争”概念上做文章，使军事行动拥有“非战争”的名分。利比亚战争期间，奥巴马政府狡辩称：“美国目前在利比亚的军事介入规模并没有达到需要国会批准的程度，美国在利比亚的军事投入是很有限的，而且是间歇性的，美国的主要任务是为北约领导的经过联合国授权的军事行动提供支持，而不是《战争权力法》旨在控制的那种‘战斗行动’。”

联合国和北约部长理事会成为国府博弈的新工具。尽管美国国内对国际法、国际决议的效用问题存有争议，但这些机构的决议很有可能被决策者拿来作为发动战争的法理依据。通过“恢复希望”

行动、“支持民主”行动、“沙漠袭击”行动、“沙漠之狐”行动和“联盟力量”行动，《联合国宪章》和《北约宪章》逐步成为白宫与国会在对外用兵问题上进行政治博弈的武器。2011 年白宫告知国会，根据联合国安理会 1973 号决议，总统拥有发动利比亚战争的法定权力。

（三）“掌控舆论导向、强化战争意志”演化为战争决策的重要支撑

战争不但是实力的对抗，更是意志的较量。美国虽然“好战”，但战争意志极弱。冷战前，除了独立战争外，美国从未打过 8 年以上的战争。冷战期间，战争持续时间最长的是越南战争，引发了规模超前的反战活动。至 2011 年，伊拉克战争已超过 8 年，阿富汗战争已超过 9 年，却未发生足以使决策者改变政策取向的反战活动。根本原因在于美国的战争决策者“利用媒体，掌控舆论导向，强化战争意志”已经驾轻就熟。

抓住信息杠杆，引导社情民意。冷战结束后，战争逐步进入信息形态，信息对战争决策主导作用逐渐凸显。与国会相比，白宫最大的优势在于掌控信息权。强大的情报网络犹如耳目，可使决策者实时掌握社情民意基本变化，发达的网络媒体如同喉舌，在政府操纵下定向发布各种信息，大范围、高效率地导控国民价值取向。为发动伊拉克战争，白宫通过网络、电视、报纸等手段，鼓噪部分民主党人和独立人士支持政府的决策。即使在主体军事行动结束后，仍有 57% 的美国人相信萨达姆向恐怖分子提供过“实质性的支持”，60% 的美国人认为伊拉克在战争开始时拥有大规模杀伤性武器或者拥有制造大规模杀伤性武器计划，伊拉克战争决策正确。

利用“偏爱技术”的国民风格，取悦民众。“偏爱技术”是美国国民风格的重要特色，表现在军事领域就是对速战速决的偏好和对人员伤亡的担心。除了一些至关重要的全球性大规模冲突以及对国家安全构成直接威胁的现实因素外，美国人不怎么支持长时间的军事行动。冷战期间，朝鲜战争和越南战争都没有得到美国民众的真正支持。冷战结束后，战争决策者在如何快速结束战争、如何降低伤亡上采取了针对性较强的技战术措施，制定了“震慑”“空袭”等目的明确的作战方案。

二 政策变化与调整

美国素有求变传统。经过阿富汗战争和伊拉克战争两场战争的教训，美国的海外用兵政策进入新一轮调整期。

（一）回归多边行动，维护美国利益的手段更加灵活

战争是服务于国家利益的重要手段但不是唯一手段。奥巴马上台后，虽然继承了前任的反恐“衣钵”，但一改小布什的“单边主义”政策，制定了具有“多边主义”色彩的“灵巧战略”，通俗地讲就是“三分军事七分政治”。“三分军事”是保持军事介入的力度，既要有威慑效应，又不能陷得太深；“七分政治”就是要集中发挥政治、经济、文化等手段的影响力，通过“软实力”实现国家利益。前者为后者提供支撑，后者为前者化解风险、减轻压力。实践证明，“灵巧战略”大大降低了单边主义风险，提高了国家利益推进的性价比。对此，奥巴马表示：身为世界领袖，美国在其核心利益受到威胁时必将采取单边行动；遇到非核心利益问题时，不能坐视不管，但会采取多边行动。

（二）强化理性，维护制衡体制的权威

正确的决策远比决策的正确重要。冷战结束后，特别是小布什执政后，美国的战争决策者慢慢逾越了为理性目标而设计的规则约束，一定程度上造成了决策的“随意性”。随着美国实力的不断下降，在党派斗争、国府斗争的促进下，美国的战争决策制约体制正在慢慢回摆。

虽然白宫能够以各种方式逃避束缚，但国会与白宫已开展新一轮博弈。2008 年 7 月 8 日，由美国两党人士组成的伊拉克问题研究小组建议国会制定《战争权力协商法》，取代 1973 年的《战争权力法》，限制总统战争权力。2011 年 6 月 24 日，美国国会拒绝授权白

宫在利比亚开展军事行动，使得奥巴马有关利比亚战争的决策打上了“非法”的烙印。

国家安全委员会的决策机制将得到恢复。冷战结束初期，老布什和克林顿政府严格落实国家安全委员会的议事规则和决策程序，其战争决策大多建立在充分讨论、广泛论证的基础之上。进入新世纪，小布什上台后，有意绕过国家安全委员会的常规决策机制，无意遵守跨机构工作程序，也不愿参加包括参联会主席、中情局局长在内的决策会议，使得国家安全委员成为少数人把持的“独裁式的决策系统”，被视为“不良决策机制导致不良决策出台的典型案例”。[①] 奥巴马上台后恢复了国家安全委员会在决策中的重要地位。特别是在抓捕本·拉登的过程中，国安全委员会的决策主导作用得到充分发挥。由中情局局长接任国防部长，彰显出奥巴马对情报部门的重视。

（三）平衡利益结构，坚守战争底线

利益明晰是理性决策的基础。阿富汗和伊拉克两场战争，不但耗费了大量国力，而且使得“9·11”事件遮蔽之下的国家利益问题被重新提起，人们逐步认识到，在基于威胁的国家利益观指导下，“小布什政府对恐怖主义事件的反应很大程度上过了头，尤其是在发动伊拉克战争问题上”。[②] 奥巴马上台后，根据美国国内民众的主流利益观，重新打造了新的国家利益结构频谱。

以国家长远利益确立国家安全优先次序。奥巴马上台后，在2010年公布的《国家安全战略报告》、《四年防务评估报告》中均对美国的国家利益进行了明确阐述，这在以前的战略文件中是没有或比较少见的。在这一利益观的统揽下，奥巴马政府认为，美国应

① 夏尔－菲利普·戴维等著《美国对外政策基础、主体与形成》，钟震宇译，社会科学文献出版社，2011，第215页。

② 潘亚玲：《美国国家利益观的演进》，《美国问题研究》2009年第1期，第105页。

该从近几年来将重点置于伊拉克的战略短视，转向对世界其他问题的关注；决策层必须作出与以往不同的决策，以避免战略过度扩张，并以此决定何处为用兵重点。

坚守国家利益指导战争决策的底线。在对美国国家利益威胁保持一定警惕性的同时，奥巴马政府更加关注利益构成要素之间的联系和平衡问题，特别是避免陷入同时准备非正规战与崛起大国间的传统正规战这两种战争的陷阱。奥巴马的选择不在单纯地局限于非正规战与区域大国的正规战两种形态之间，而是在未来宽广而复杂的战争形态中，思考美国军事行动的优先次序，以及军队的全频谱行动适应力。2011 年利比亚战争爆发后，奥巴马有关“利比亚战争并非攸关美国关键利益和核心利益，只是（一般）利益”的定论及其利比亚战争中，高调回应、低调参与的策略就是具体体现。

附录一

十年对外用兵“清单”

一　2001年美军空袭伊拉克

2001年2月16日，美英联军实施了自1998年12月“沙漠之狐”行动以来，规模最大的空袭行动。“沙漠之狐”行动结束以后，美英联军对伊拉克的空袭行动从未停止，两年时间里，先后出动了2.7万架次的战机对伊拉克许多军事和民用目标进行了突袭。2001年，小布什上台伊始，便下令将军事打击范围从“禁飞区”拓展到巴格达。2月16日，美英军队共出动了50多架飞机，对巴格达郊区的军事指挥中心、通信中心、雷达站、导弹基地等20多处军事设施和一些民用目标进行了半小时的轰炸。自此以后，美国一直对伊拉克保持强大的军事压力，频繁地从美军驻土耳其、沙特等国基地和海湾地区的航母上出动战机，轰炸伊拉克境内的地空导弹阵地、高炮阵地、雷达阵地、通信设施和民用目标。

二　2002年“秋季回归”行动

2002年科特迪瓦爆发内战。2月9~10日，美国为营救本国学生和教职员工，派遣200名军人组成突击队，运用多用途战斗吉普车、车型装甲车、装甲运兵车、直升机等战斗装备实施了撤侨行动。

三　2003年7月“闪亮快车”行动

2002年利比里亚内战不断升级，2003年7月美国实施了名为“闪亮快车”的撤侨行动。美国欧洲司令部联合特遣部队和一支来自“西非国家经济共同体”的部队负责保卫港口安全和开放的任务。至2003年9月8日，共有130名美军驻扎在利比里亚，有3艘军舰在蒙罗维亚附近的海域活动，舰上共载有2200名海军陆战队员和2500名水手。

四　2004年“安全明天”行动

2004年2月5日，海地爆发全国暴乱。2月29日，联合国安理会举行紧急会议，一致通过了第1529号决议，决定在海地部署一支由美国领导的多国临时部队，帮助恢复海地的和平与稳定。3月2日，美国海军陆战队士兵开始在海地首都太子港街头巡逻。

五　2005年印尼海啸救灾

2004年12月26日，印度尼西亚苏门答腊岛附近海域发生强烈地震并引发特大海啸。美国军队1.3万名官兵（含陆战队2200人）和“林肯”号航母、“好人理查德”号两栖攻击舰等11艘舰只以及50架直升机于2005年1月1日开始参加印尼苏门答腊救灾活动。此次救灾活动是20世纪70年代越战结束以来，美军在亚洲规模最大的一次行动，除了人道主义的目的外，还隐藏着复杂的政治、军事考虑。

在政治上，希望通过对最大的伊斯兰教国家印尼提供人道主义救援来改变穆斯林对美国的印象。正如时任国务卿的鲍威尔在考察印尼灾区时所宣称的，美军此次兴师动众地参与印尼救援行动，是为了给穆斯林世界和世界其他地区的人们一个机会，让他们亲身体会美国的慷慨大方和美国人的价值观，使他们认识到美国不是一个与伊斯兰教、穆斯林为敌的国家，而是一个尊重所有宗教的多样性社会。在军事上，美军企图利用参加印尼救灾的机会，对亚洲尤其是亚太地区进行军事渗透，用鲍威尔的话说，是“国家安全战略的一个投资”。

六 2005年巴基斯坦抢险救灾

2005年10月，巴基斯坦北部地区发生地震，美国在18个小时内作出反应。美军飞机向整个受灾地区运送和发放了人道主义物资。巴基斯坦—美国“联合民事—军事灾难救助中心”很好地整合了来自世界各国和国际救助机构的救灾物资。通过战略空运将救灾人员和物资从世界各地运送到巴基斯坦，提高了伙伴国的救助能力。美国建立了可部署的野战医院，以弥补受到破坏的巴基斯坦医疗设施不足。美军工程人员帮助巴基斯坦重新开通了数百英里的道路，使救灾物资能够到达偏远地区。

七 2006年美国海军在也门搜捕越狱的“基地”组织成员

2006年2月3日，包括13名“基地”组织成员在内的23名罪犯从也门首都监狱中逃脱，越狱者中包括2000年对美国海军“科尔”号驱逐舰实施袭击行动的组织者阿赫迈德·巴达维。10日，美国海军的一支舰队抵达也门附近海域，实施搜捕行动。

八 2007年美军突袭索马里“基地”组织成员

2007年1月1日，美国驻非洲国家吉布提海军协助索马里和肯尼亚政府在索马里沿海地区搜捕索教派武装组织伊斯兰法院领导人。7 日，驻吉布提的美军特种部队出动 A－130 战机对逃到索马里南部的“基地”组织成员发动了空袭，数十人被击毙。

九　2008 年美军袭击索马里境内武装组织

2008 年，美军多次袭击索马里境内武装组织目标，其中，3 月 3 日美国向索马里南部靠近肯尼亚边境的多布利镇发射多枚导弹，造成至少 6 人死亡、20 人受伤。

十　2010 年海地抢险救灾

2010 年 1 月 12 日，加勒比海岛国海地首都太子港附近发生里氏 7.3 级地震，美国海军立即派遣舰只开赴灾区，以最快速度完成了美国游客和侨民的撤离，为美国在当地的官方派出机构、慈善组织和有关人员提供了强大救援。

附录二

2004 年版国家军事战略

参谋长联席会议主席

华盛顿特区，20318——9999

“国家军事战略”可以把我的想法传达给联合部队，这些想法涉及美军在战争年代为了服从国家安全及国防战略而应遵循的战略方向。这份文件具体描述了保护美国，防止冲突与突然袭击，以及战胜那些对我们的国土、所部属的军队、盟国以及友好国家等构成威胁的对手等方面的方法和手段。这些军事目标能否实现取决于以下三个重要方面：

首先，在保护美国的同时，我们必须赢得反恐战争的胜利。2001 年发生的“9·11”事件表明，我们的民主政权还很脆弱。未来的袭击可能会采用大规模杀伤性武器，这就迫使我们必须现在立刻行动起来，在恐怖分子再次发动袭击之前就阻止他们。我们必须继续找出跨国恐怖分子网络，切断他们与支持国的联系，摧毁他们的活动基地，防止这种危险进一步蔓延，并营造一个全球反恐的环境。完成这项任务需要全面综合国家力量的各个方面，需要我们友好国家及盟国的合作和参与，还需要获得美国人民的支持。

其次，我们要提高自己作为一支联合部队的作战力。在我们培养军队领导者，建立各级组织，完善各种体系，以及出台各项条令的过程中，团队精神是我们文化不可分割的一部分，也是我们强调的一个重要方面。我们必须继续加强组成联合部队的各军兵种间的

信任和自信。提高联合作战能力需要我们把现役部队、预备役部队以及平民联合起来并形成一体化的作战力，以便能够应对未来的挑战。我们必须加强各联合部队、各级政府机构以及多国伙伴之间的合作。而这种合作的关键是提高信息收集、信息处理和信息共享的能力。

最后，我们要加快军事转型的步伐——在积极反恐的同时训练新的作战能力，采用新的作战思想。实现军事转型需要把技术、人才和文化调整（即对富有创新和创造力的工作实施奖励）综合起来。快速转型将确保美军在反恐战争中脱颖而出，并使我们的联合部队做好迎接未来全球挑战的充分准备。

国家军事战略的目的是让美军着眼于维护美国在全球的领导地位，因为国际社会正受到来自许多方面的挑战——从反对全球恐怖主义的威胁到促进新生民主国家的发展。在这样的环境中，美国的存在和对其伙伴的承诺是必不可少的。我们的军队负责国际与国内、和平时期与战争年代的作战任务，他们的存在将不断提醒人们美国保护人类共同利益的坚强决心。我们在维护安全与稳定方面所作的努力可以确保美国被看做一个不可或缺的伙伴，从而鼓励其他国家与我们联手，共同致力于使这个世界不仅更加安全，而且更加美好。

（签名）

理查德·迈尔斯

参谋长联席会议主席

概要

参谋长联席会议主席的意图

我们明年以及今后所面临的挑战就是继续完成部队转型工作以便能够实施未来联合作战行动，同时将反恐战争进行到底。我们决不能因为最近取得的几场胜利而使我们失去工作的重点或者使我们满足于目前所拥有的能力。这场战争并没有结束，我们还面临许多危险的工作。为了迎接这个挑战，我们将把工作重点继续放在以下三个方面：赢得反恐战争的胜利，提高联合作战能力，以及为了未来而进行部队的转型。

战略指导

国家军事战略服从于总统在“国家安全战略”中所提出的目的和目标，并服务于国防部长所提出的“美国国防战略”的具体实施。

国家军事战略的作用

通过确定一系列相互联系的军事目标，国家军事战略可以为军事活动的开展提供一个主要方向。这些军事目标有助于作战参谋和作战司令官确定部队所需的各项能力，还有助于参谋长联席会议主席评估风险。

安全环境的主要方面

- 对手分布范围更广；
- 作战空间更为复杂和分散；
- 关键军事技术扩散并容易获取。

联合部队发展的指导原则

- 敏捷性；
- 决定性；
- 一体化。

军事目标

国家军事战略确定了三个服务于国防战略的军事目标

- 保护美国不受外来袭击与侵略；
- 防止冲突和突然袭击；
- 战胜对手。

联合部队应有特性

- 充分一体化；

- 能远征；
- 网络化；
- 分散化；
- 适应性；
- 决策优势；
- 致命性。

功能和作战能力

- 部队运用；
- 部署和维持军事能力；
- 保障作战空间；
- 形成决策优势。

部队设计和规模

实施国家军事战略要求拥有一支能够在任何突发性事件中起决定性作用并执行多项作战任务的军队，而且这支军队必须拥有建立和维护持久和平所必需的能力。

关于未来作战的联合构想

维持和提高美国目前所拥有的质量上的军事优势必须实施军事转型，即通过将联合部队中的技术、人才和文化变革等因素加以综合利用以实现军事转型。其目的是取得全谱优势，即能够控制任何局势或者在所有军事行动中击败对手。

一　引言

国家军事战略服从于国家安全战略所提出的目标并有助于实施国防战略。它描述了军队计划在近期内所要实现的军事目标，并提供一种构想，以确保这些目标在将来依然具有决定性作用。

1. 战略指导

（1）国家安全战略

总统在国家安全战略中重申了美国对全世界所作的承诺，即

“帮助我们的世界变得不仅更加安全，而且更加美好”。这就要求我们在反恐战争中取得胜利，即一场持久并有助于保卫和平、维护和平和扩大和平的胜利。国家安全战略提出一种积极的战略以便我们能够与跨国恐怖分子网络、无赖国家以及拥有或正在致力于获取大规模杀伤性或效应性武器①的侵略国家作斗争。它强调有助于加强美国盟国、伙伴国以及友好国家之间关系的活动。这些关系有助于在全球范围内打击恐怖主义组织并营造不适合恐怖主义和无赖政权生存的环境。国家安全战略强调了一些方面的需求，如维持和提高防止美国遭受袭击的能力，加强与其他国家和跨国组织间的合作，以及改变美国国家安全机制等。

（2）国防战略

国防战略通过建立一套为国防部安全活动提供指导并为国家军事战略提供发展方向的宏观防务目标来服务于国家安全战略。国防战略目标将军事活动和政府其他部门实现国家目标时所从事的活动联系起来。国防部必须采取行动以保护美国不受外来直接袭击和进攻，并在安全距离内打击那些企图损害美国利益的人。国防部必须努力确保美国能进入重点地区、主要交通线，以及国际水域、领空、太空及网络空间的“全球公共空间”部分。国防活动要努力扩大同类国家的数量，同时还必须有助于建立有利于美国和其合作伙伴的安全环境。国防部还要加强与盟国以及合作伙伴之间的关系，帮助其他国家提高自身防卫能力以及保护共同安全利益的能力。

---

① 大规模杀伤性或效应性武器：WMD/E 这个术语是指对手拥有的一系列能够产生潜在毁灭性后果的能力。WMD/E 包括化学武器、生物武器、放射性武器、核武器以及强化高爆武器以及其他更加不对称的“武器”。这些武器靠的是破裂性效果，而不是破坏性动力效果。比如，对美国商业信息系统进行网络袭击或者对美国交通网络发动攻击给人们造成的经济上或心理上的影响可能比释放少量的致命性物质所产生的影响要更大些。

目 标

指导国防部安全活动的有四大防务目标：

- 确保美国不受外来直接袭击。
- 确保战略通道和全球范围内的行动自由。
- 建立有助于维持良好国际秩序的安全环境。
- 加强与盟国以及合作伙伴之间的关系，与共同面临的挑战进行斗争。

国防战略

国防战略把国防部的各项活动集中在以下几方面：采取行动确保盟国及友好国家的安全，阻止潜在对手发动进攻，威慑对手的入侵，以及反对高压政治并击败对手。这些相互联系的活动可以促进我们与那些坚持自由、民主和机会原则的国家开展紧密的合作。国防战略为国家军事战略的实施提供四大指导原则，即建立积极的纵深防御；不断实施军事转型；采取基于能力的方法；控制风险。这些指导原则将规范国防部各部门的战略规划和决策制定。

2. 国家军事战略的作用

国家军事战略从分析国家安全战略、国防战略以及国家安全环境中获取目标、任务以及对部队的能力要求。国家安全战略和国防战略为军事能力与国家力量的其他方面进行协调运用提供了广阔的战略背景。通过确定一套相互联系的军事目标及联合作战思想，国家军事战略为军事活动提供发展重点，而各军种参谋长和作战司令官正是通过这些目标和思想来认识部队所需要的各项能力，参谋长联席会议主席也是通过它们来做出风险评估。

国家安全战略把国土安全确立为国家面临的首要任务。军队在国土安全方面的作用是非常复杂的，它要综合国内外的行动以保护美国的安全。我们的第一道防线设在海外，它包括与美国盟友之间的相互支援行动，以便在威胁的源头就近抗击。

在接近美国本土的区域，我们的军队利用它们所具备的作战能力来获取通往美国以及其领土的空中、陆地、海上以及太空等战略通道。当接到命令以后，我们的军队利用其国内的军事力量来保护国家、国内民众以及重要的基础设施不受外来直接袭击。保卫美国还要求将军事力量与其他政府机构以及执法机构联合起来，以便共同处理因袭击或自然灾害所造成的后果。

总统和国防部长继续强调危险的日益严重性以及对手的能力。我们的对手，特别是那些拥有大规模杀伤性或效应性武器的对手对美国构成了巨大的威胁，因此美国必须在全球部署并采取行动以防止冲突和突然袭击。实现这个目标需要采取一系列行动来改变安全环境，并且采取行动的方式必须有利于提高和扩大多国之间的合作关系。稳固的同盟关系和相互联合有助于确保彼此的安全，可以对外敌入侵形成威慑，并且在威慑无效的情况下有助于创造条件使作战行动取得胜利。然而，防止冲突和突然袭击并不仅仅是防御性的。对美国、美国的盟国以及美国的利益发动的袭击可能会造成灾难性的后果，这使我们有必要在对手发动袭击之前就采取先发制人的自卫行动。

战　争

- “迅速战胜对手”的战争旨在实现一系列既定目标。这些目标旨在改变对手所采取的不可接受的行为或政策，快速封杀对手的战役目标或战略目标，防止遭受攻击或控制冲突的无限升级和/或快速重建有利于美国及其伙伴国的安全局势。
- “赢得决定性胜利”的战争旨在在发生危机的地区取得根本性的、有利的变化并产生持久结果。这些战争可能包括持续时间较长的主要作战行动和维护地区稳定的行动；可能要求更迭政权、建立防务力量或重建国家；另外可能还需要大量国家资源和时间的投入。

国防战略

国家安全战略和国防战略都展望了一个比现在更安全、更美好的未来环境。当受到召唤时，军队必须准备通过作战来战胜对手，从而帮助实现这一目标。尽管军队的首要任务就是作战并赢得胜利，但冲突的性质已经发生了改变，这就要求我们必须具备相应的能力以打败分布范围更广的对手——从国家到非国家行为体。美军必须能够在同时发生的几场战争中迅速战胜对手，同时在其中一场战争中保持扩大作战的选择以实现更为全面的目标。战胜对手包括将国家力量的各种手段综合运用于一场战争之中，并为赢得持久胜利创造条件。

实现“保卫美国、防止攻击和突然袭击以及战胜对手”等这些目标需要采取相互联系的联合作战思想，因为这些思想能够为联合部队的作战方式提供指导，并为军事能力的确立奠定了基础。联合作战思想描述了联合部队如何执行重要任务，并获得一些功能性概念的支持，如军队使用和保护、重点后勤保障，作战空间感知以及指挥与控制等。联合作战思想的目的是为了对军队的不断转型提供指导，并为军队未来联合作战方式的构想①提供一个重要链接。这一展望为转型之后的部队确定了一个最终目标，即能够在所有军事行动中获得全谱优势。

在一个不确定的、复杂的环境中实现国家军事战略的各项目标需要对部队的设计和规划采取基于能力的方法，而这种方法主要不是关注某一特定对手或冲突可能发生的地点，而是关注某一对手的作战方式。这种基于能力的方法利用作战思想来推动部队制定规划并指导部队提高作战能力。它能确保联合部队适应各种战争局势并取得胜利。这一方法必须能够预测安全环境中发生的变化并迅速做出调整，从而确保美国扩大优势，取得对更加多样化的对手质的优势——不管是现在还是将来。

国家军事战略的目标有助于确定联合部队所需具备的特质和能力，并对国防战略目标的制定产生直接影响。这些特质和能力对于

---

① 国家军事战略把以前称之为“联合构想”的文件也包含在内。

确定美军所需的规模及部队规划来说意义重大。保护美国、防止冲突和突然袭击，以及战胜对手等这些目标的实现要求军队根据国防战略中的军队规划结构保持适当的规模和样式。部队的规模必须足以保卫美国领土的安全，同时继续在四个前沿地区采取行动以阻止外敌入侵和胁迫，并为将来的行动创造条件。美军承诺能够处理数量有限且形势不很严重的偶发事件，但美军必须具备在两场同时发生的战争中迅速击败对手的能力。另外，当总统要求在其中一场战争中获得持久胜利时，部队必须有能力赢得一场决定性的胜利。

当采取新的行动时，作战司令官必须考虑他们目前态势所产生的影响。他们将在一种基本的安全态势下采取行动，而这种态势包括美军无法或不愿意停止的反恐战争和其他正在实施的行动。因此，制订计划者在提出部队要求时必须考虑到反恐战争所要达到的作战目标。

传统挑战以及不断出现的新挑战

传统挑战来自那些运用大家所熟知的军事斗争和冲突手段并运用已知的军事能力和部队的国家。

非常规挑战来自那些采用非常规手段来对抗更强大对手所具有的传统优势的国家。

灾难性挑战涉及大规模杀伤性武器的获得、拥有和使用或者产生类似于大规模杀伤性武器效果的方法。

破坏性挑战可能来自这样一些对手，他们研制和使用尖端技术来遏制美国目前在一些重要作战区域所获得的优势。

3. 安全环境的主要方面

美国所面临的威胁无处不在，而且充满危险性。传统挑战、非常规挑战、灾难性挑战以及破坏性挑战要求美军对产生的变化做出迅速而果断的调整，并对不断出现的威胁做出预测。安全环境的三个主要方面对这一军事战略的实施具有特别的意义，并将推动

思想的深入和能力的提高，这些都将保证美军在未来行动中取得胜利。

（1）对手分布范围更广

能够对美国、美国盟国以及美国利益构成威胁的对手包括国家、非国家组织和个人。世界上存在这样一些国家，他们拥有传统军事力量和先进的武器系统，包括巡洋舰和弹道导弹。凭借这些武器，这些国家企图控制世界上一些重要地区。其中一些国家是“无赖”国家，他们肆意践踏各种条约，秘密研制和扩散大规模杀伤性或效应性武器，反对和平解决争端，并无视本国公民的权利。有些国家还支持恐怖分子，为他们提供资金支持和庇护，并帮助他们获取危险武器。还有一些对稳定和安全构成威胁的非国家行为体，它们包括恐怖分子网络，国际犯罪组织和非法武装组织。甚至一些个人也可能具备破坏国际秩序的手段和意图。其中的一些对手不受政治方面的约束，特别是一些非国家行为体，传统的威慑手段对他们来说不起什么作用。我们的对手越来越寻求非对称能力并创造性地使用这些能力。他们会避开美军的优势，比如精确打击，并通过创造反介入环境来对抗美军的力量投送能力。这些对手将以平民、经济中心和具有象征意义的地点为攻击目标，并以此来动摇美国的政治意志和决心。

以上挑战融合在一起具有不稳定性，这就要求我们在威慑手段无效的情况下能够采用新的威慑方法和作战手段来挫败这些威胁。情报系统必须使指挥员能够了解敌人的意图，预测敌人可能采取的威胁行动，并侦察出敌人的活动，从而获得必要的时间来采取预防措施。在冲突发生之前的很长一段时间内，这些情报系统必须帮助我们的指挥员对对手的作战动机、作战目标和组织机构有更加充分的了解，以便确定有效的威慑行动。然而，有些对手可能并不会因此被威慑住。如果对手获得了大规模杀伤性或效应性武器，或危险性非对称能力，或者表现出发动突然袭击的意图，那么美国必须做好准备，设法阻止他们发动袭击。

（2）作战空间更加复杂，分布范围更广

对手对美国构成的威胁贯穿于一个复杂的作战空间之中，这个作战空间从海外一些重要地区一直延伸至美国本土，广泛存在于全球的陆、海、空领域，甚至还包括太空和网络空间。当今世界还存在着从西半球经非洲、中东，然后延伸至亚洲的“不稳定弧”。这些地区的有些地方成为美国利益威胁的滋生地。正是在这些地区，无赖国家为恐怖分子提供庇护所，使他们得以逃避监视和打击。其他对手利用未受治理或治理不善的地区来阴谋策划，训练人员和发动攻击。这些未受治理的地区通常也是非法活动猖獗的地区；这种吻合为犯罪分子和思想极端主义分子相勾结并组成敌对联盟提供了有利条件。

美国将在分布广泛的各个地区展开行动——从沿海地区人口密集的城市到偏僻、荒凉并且条件艰苦的地区。在这种复杂环境下的军事行动可能与美军平时为之训练的高强度作战任务完全不同。尽管美军依然强调精确、速度、致命和分散行动，但指挥员必须能预料一种可能性并为这种可能性做好准备，即部队的行动会产生他们并不希望的二级和三级效果。比如，美军可以精确定位、跟踪，以及摧毁分散的目标以减少附带损失并尽快结束作战，而依靠精确打击能力的行动却可能使对手大部分军事力量保持完好无损并且部分地区的人口不受影响。指挥员必须做好在一些地区进行作战的准备，如仍然存有小股抵抗力量的地区以及有可能在大量非作战人员中进行持续作战的地区。

这样的作战空间对军队的各级组织和跨部门合作伙伴提出了特殊要求，要求他们对国内外的一切活动采取更为详尽的协调措施和统一部署。我们需要制定一个综合战略来实现较长时期内的国家总目标和具体目标，阿富汗和伊拉克的经历使这一需要更加凸显。美国必须采取“积极的纵深防御”思想，即把联合部队、跨部门组织、国际非政府组织，以及多国作战能力联合在一起，使他们相互促进。这种防御不仅仅依赖于被动措施。

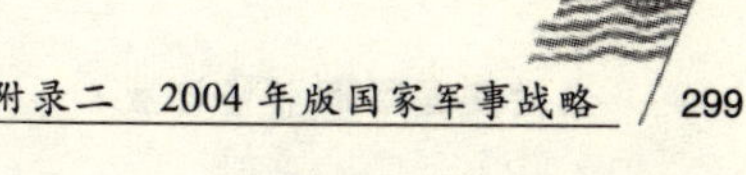

美国必须改善国内的安全环境，同时还必须在战略要道上积极巡逻，并将防御能力延伸至美国领土以外。有效的纵深防御还必须包括利用国内部队和前沿基地部队、前沿部署部队以及轮换部队对全球任何目标实施快速打击。

（3）关键军事技术扩散并容易获取

各种军事技术和武器在全球范围内的扩散将影响未来冲突的性质。军民两用技术，特别是信息技术、高分辨率成像技术以及全球定位系统技术都很容易获取。这些技术成本相对较低，并且可以通过商业途径获取，这就使各种国家和非国家行为体进行扰乱和破坏的能力大为提高。自动化和信息处理技术的提高使我们的对手可以锁定并攻击美国的海外和国内目标。现在，实施网络攻击、侵扰和破坏的软件都可以通过因特网在全球范围内获取，这就为几乎所有相关对手提供了基本的计算机网络利用手段或攻击能力。先进的武器系统和创新性武器投送系统也越来越容易获取，这可能会使未来战争方式发生根本性变革并使对手威胁美国的能力得到极大提高。

关键军事技术的扩散和先进武器及投送系统的易获取性对军事能力具有重大影响。美国必须能够阻止对手获取这些破坏性技术和武器。然而，美军不可能把精力完全集中在这些威胁之上，并假装没有出现其他挑战。确保目前的备战状态，同时继续实施军事转型并保持美军的绝对军事优势需要大量投入。这些目标之间并不相互排斥。

即使在转型期间，我们的军队也必须做好随时作战的准备，而在作战期间，部队也必须实施转型。实施“快速”转型，即通过快速设定作战方法、野战试验、体制编制的重新设计和思想的不断深化——将确保美国的军事优势没有任何国家可以与之相匹敌。这种转型要求将资源进行有效配置以便获取一些重要能力，并使军队的某些方面实现现代化从而保持战备状态，同时投入一定的经费去完成一些项目，从而使美国的军事优势能够一直保持下去。

4. 战略原则

应用战略原则

战略敏捷性、一体化和决定性等战略原则使军队可以在同时展开的多项作战行动中快速移动、长途奔袭，从而快速完成作战任务。这些战略原则为发展既定的联合作战思想提供了指导，而这些作战思想则具体规定了军队在各类军事行动中如何应用其所具备的能力。

指挥员必须制订计划来确保自己的部队保持敏捷性以便应对各种不确定因素，同时要果断运用作战效果并与政府其他部门以及多国合作伙伴之间协调行动。作战司令官在制定和实施作战计划时应该考虑这些原则。这些战略原则为发展联合作战思想以及提高联合部队所需的各种能力提供了指导。

（1）敏捷性

军队必须能够适应作战环境的基本特点，即不确定性。敏捷性是指军队在地理上分散以及作战环境复杂的地区对军事力量进行快速部署、展开、维持以及重新部署的能力。指挥员指挥作战时必须考虑下面一些情况：敌人突袭所造成的影响；美军不得不从一种战争或战争的一个阶段向另一种战争或另一个阶段迅速转变，或者不考虑作战地点的变化同时展开几个不同阶段的行动。作为制订计划的一个原则，敏捷性使指挥员能够执行同时发生的多项任务，并有能力对不断出现的危机做出反应。敏捷性对于美军在所有军事行动中快速掌握主动权并确保军队能够采取迅速而果断的行动以保护美国的利益是至关重要的。

（2）决定性

决定性使作战司令官能够彻底击败对手，控制局势并取得明确的结果。决定性要求美军具备特定的系列联合作战能力，从而能够取得具体效果并实现各种军事目标。要取得决定性胜利并不一定要求大规模的兵力部署，而要以全新的方式来利用部队的作战能力。将美军转型使其具备规模效应并保持在必要时集中部队的能力是达成决定性胜利的关键。通过集中于决定性结果，作战司令官可以更加准确地确定他们所要达到的战争效果并确定自己部队所需的作战力。

（3）一体化

指挥员必须确保将军事行动和其他国内外力量的运用有机结合起来以提供集中统一的力量。一体化强调各军兵种、其他政府机构、商业部门、非政府组织以及外国合作伙伴间军事行动的融合与协调。一体化不排除单方面使用武力，而是尽可能寻求各方采取统一行动并最大限度地发挥盟友的作用。通过安全合作和其他合作活动使多国合作伙伴拥有能力，不仅可以提高美军预防冲突和慑止入侵的能力，还可以支持作战司令官制订计划，从远距离以及在偶尔同时发生的两场冲突中迅速采取行动。

敏捷性、决定性和一体化在同时发生的作战行动中、在绝对优势力量①的运用中以及在美国军事力量和其他部门力量的合作中都发挥作用。这些原则都强调速度的重要性，这就要求指挥员利用敌人的弱点，迅速掌握作战的主动权并赢得最终胜利。它们重视这样一种观念，即把部队从分散部署的各地点迅速集中起来，以对敌人的战略重心实施决定性打击，从而实现军事目标。这些战略原则可以指导我们运用军事力量去保护国家，预防冲突以及战胜对手，并且所采取的措施有助于实现国家的长远目标。

二 国家军事目标

国防战略确定了四大战略目标：确保美国不受外敌直接攻击；

---

① 绝对优势力量是指精确运用作战力以使敌人丧失选择的机会并迅速掌握主动权，最终赢得决定性胜利。

确保战略通道并维持全球范围内的自由行动权；建立有利于维持良好世界秩序的安全环境；以及加强与盟国和各合作伙伴之间的关系以应对共同挑战。国家军事战略在此基础上确定了三大军事目标：保护美国不受外来袭击和入侵；防止冲突和突然袭击；以及战胜对手。国防战略所要达到的这些最终目标有助于我们的盟国和友好国家产生安全感，同时还可以达到劝阻对手并慑止敌人入侵和胁迫的目的。另外，这些目标还可以确保美军在威慑和劝阻无效的情况下随时击败对手。这些都是评估风险等级的标准，并有助于确定所需军事能力的类型和数量。

联合作战概念（目前尚处于研究阶段）支持每一个具体目标并把具体的任务和项目行动联系起来，并对计划的制订和行动的实施提供指导。目前所使用的一套联合作战概念——包括国土安全、稳定行动、战略威慑和主要作战行动——在支持所有国家军事战略目标的相关行动中具有代表性。尽管联合作战概念的一部分可能主要针对战略的具体内容，但要取得成功，还需要在各个概念上采取联合行动并统一运作。尽管军事目标具有持久性，但是实现这些目标的方法必须经过试验、作战实践以及转型能力的提高等过程而不断发展。

以下几点思考可以为作战司令官制订计划提供指导。首先，国家军事战略的各目标之间相互联系并且要求在战术、战役和战略层面运用军事能力。一般来说，每个目标的实现都涉及与其他美国机构和政府部门之间的协作。其次，指挥员需要制订计划来同时实现所有目标。同时展开多项行动的能力可以确保美国在多个行动中也能掌握主动权。最后，指挥员不能仅仅依赖应对性措施和强大的防御态势来实现军事目标。这种战略要求我们采取预见性自卫态势，这就反映出我们需要对即将来临的入侵做出有准备的、适当的反应。在接到上级命令后，指挥员要通过自卫方式对那些肯定会构成严重威胁并且威慑无效的对手采取先发制人的战略。

1. 保护美国

美军当前的首要任务是保护美国。联合部队通过海外的军事行动、国土防御计划的制订与实施，以及对政府机构的支持来确保美国不会受到直接攻击。我们在反恐战争中获得的经验再次强调了这一事实，即保护美国和它的全球利益需要的不仅仅是被动的防御措施。恐怖组织和“无赖”国家，特别是那些能够获得大规模杀伤性或效应性武器的国家，对美国所构成的威胁使我们必须采取积极的纵深防御战略。为此，我们要采取以下行动：接近威胁源以打击敌人；保护美国空中、海上、太空以及陆地上的战略通道；保卫国内领土不受直接袭击。接到命令以后，军队要向地方政府提供军事上的支持，包括派部队来处理遭受袭击后所产生的问题。

接近威胁源以打击敌人。我们的主要防御线依然部署在前沿部分。在重要地区行动的部队对于保卫美国、美国的盟友以及美国的利益来说至关重要。我们与多国合作伙伴在战区内从事一些安全活动并借此获取关键信息和情报以预测和了解新出现的威胁。这些信息和情报的获取可以帮助美国利用其力量来应对各种威胁，并有助于创造一种减少极端主义思想产生条件的环境。我们的部队，包括那些轮换部署部队以及前沿部署部队，都将与其他国家共同协作以鼓励地区伙伴国采取行动消除威胁并在未受治理地区加强巡逻。说得更直接一点，所部署的部队将与国际上的伙伴国以及其他美国政府机构紧密合作以便向敌人开战，即向恐怖分子、恐怖分子的同伙以及那些为恐怖分子提供庇护的政府开战。

保护美国的战略通道。“国土安全”联合作战概念包括保护美国使之不遭受直接袭击，同时还要保证进入美国的空中、海上、陆地以及太空各战略通道的安全。我们会与多国伙伴以及美国其他政府机构共同努力，形成一体化防御以保护美国国内以及美国周边地区空中、陆地、海上以及太空各战略通道。保护这些战略通道需要对它们进行不间断的侦察以便美国能够识别出潜在的威胁，不断地跟踪并加以制止。这种综合性防御对于保证战略通道的安全以及维持美国的自由行动权来说至关重要。

国内防卫行动。我们将尽力接近威胁源以打击敌人并阻断敌人，使之无法通过战略通道；同时，我们必须维持一定的军事能力，保护美国不受袭击，特别是渗透前沿防御的袭击。在国内，美国的武装部队必须保卫国家，防止来自空中及导弹的袭击，以及恐怖分子及其他直接袭击。必要时，武装部队还要保护那些为我们军力的展开提供保障的重要基础设施。在特殊时期，部队接到命令以后将暂时利用其军事能力来支持执法机构。在紧急情况下，当地方职能部门无暇顾及时，部队可能为他们提供军事支持以减轻袭击或其他灾难性事件所带来的影响。这些情况下所做出的军事反应要求指挥系统畅通无阻，能够将现役和预备役军事力量与地方力量综合起来，以形成独特的作战力。在面对适应能力较强的对手时，有效的防御还要求利用未来技术提升作战力，从而迅速发现、评估以及阻止大规模杀伤性或效应性武器以及不断出现的威胁。

在全球创造反恐环境。除了保卫美国本土及支持地方政府外，我们的战略目标是减少恐怖主义滋生的条件。为了击败恐怖分子，我们将支持国家及各伙伴国在以下方面做出努力，即拒绝为恐怖组织提供国家资助、支持和庇护。我们将共同努力，不让恐怖分子在失败国家及未受管辖的地区获得安全的藏身之处。美军将和其他国家的军队以及其他政府机构一起努力，帮助建立有利的安全条件，提升伙伴国的作战力。在这些交往中发展起来的关系有助于建立一个全球反恐的环境，而这样的环境有助于减少对美国、美国盟国及其全球利益构成的威胁。比如，和其他国家的情报机构合作可以使美国利用外国的专门技术和重点领域，并进入以前被禁止的一些领域。这些关系是最基本的任务组成部分，它们在保护美国、慑止入侵、预防冲突以及突然袭击方面发挥着重要作用。

2. 预防冲突以及突然袭击

美国必须通过慑止入侵以及胁迫性手段来预防冲突与突然袭击，同时还要维持一定的军事能力以便迅速采取行动保卫国家。预防冲突以及慑止入侵很大程度上取决于美军一体化的海外存在。在国外，美军在具有重要战略意义的地区设有永久性基地，在前沿部署了轮换部队以实现地区性目标，而在发生突发事件时还可以临时部署部队。这一切都向世界传递了这样一个信息，即美国仍然有义务预防冲突的发生。这些部队的存在清楚地表明，如果敌人对美国、美国的利益、其盟友以及伙伴国构成了威胁，那么美国将给予有力的反击。美国必须对敌人的行动保持警惕，以防止出现可能导致冲突的环境，并以比过去更快的速度做出反应。联合部队将有目的地在地面、空中、太空和海上做出前沿部署，并与其他国家共同努力，促进安全，慑止入侵。预防冲突和突然袭击要求美军采取行动以确保顺畅的战略部署，建立有利的安全环境，并设法提升其盟友的作战力以保护共同的安全利益。

前沿态势和军事存在。提升盟友的作战力并增强他们在保证地区安全的行动中的合作意愿要求我们用世界的眼光来综合看待我们的长远战略，并加强我们在海外的军事态势。作战司令官通过利用前沿部署部队、负责特定任务的轮换部队以及临时部署的部队来提高国内外军队的行动能力，加强盟友的作用，并拓展联合部队和多国部队的能力。军事态势和军事存在的加强有助于我们的友好国家产生安全感；有助于提高这些国家的反恐能力；有助于慑止、劝阻及挫败其他威胁；还有助于军事转型。这些变化建立在对未来威胁的预测之上，因而有助于确保美国对一些重要地区及交通线的战略接入，特别是那些对美国安全及在整个战场的行动起关键作用的地区及交通线。在调整我们海外军事存在的过程中，作战司令官必须进行态势调整并提出建议，以便远征部队、联合部队及多国部队能够在全球范围内做出迅速行动，同时建立有利的安全环境。将部队部署在前沿所产生的价值和效用远远超出在战场上取得胜利。在战争没有发生的情况下运用部队，表明美国愿意领导并鼓励其他国家帮助保卫和平、维护和平并使和平持久。

促进安全。美军军事力量的存在是显而易见并带有一定目的的，它是确保安全与稳定的美国的全球积极战略不可分割的一部分。军队参与安全合作活动是为了在美国和其多国伙伴之间建立重要的军事互动和政治互信。这些活动具有投资小、见效快、收益大等特点。

安全合作是对国家其他预防冲突和促进相互安全利益工作的补充。这些活动旨在鼓励各国发展自身的军事力量，使其军队现代化并实施军事转型，从而提升盟友的作战力并实现自助。安全合作有助于解决盟友间在应用作战原则上的差别，加强重要情报和通信方面的联系，并促进各方对危机做出快速反应。积极的安全合作有助于世界范围内一些重要地区的稳定，可以劝阻潜在对手放弃威胁稳定和安全的行动。这样，我们就可以促进与盟友之间在军事行动上的协作，还有助于维护地区稳定，减少极端主义滋生的潜在条件，并为将来赢得胜利创造条件。

慑止敌国入侵。威慑力在于让对手明白美国拥有毋庸置疑的能力来阻止对手实现战略目标，美国有能力使敌对行动或可能发生的敌对行动承受严峻的后果。慑止入侵和胁迫必须具有预见性，以防止敌人在美国或其盟国的人口中心使用生化武器或核武器从而造成灾难性后果。军队有能力以适当的作战力实施灵活的威慑方案来化解危机或迫使对手重新评估自己的行动。必要时，作战司令官通过尽早采用灵活威慑方案来快速击败对手。此外，他们还利用军事能力来建立有利的安全条件以使其他的非军事性灵活威慑方案也可以获得成功。

有效威慑要求制订一个战略沟通计划，强调美国为捍卫国家利益而使用武力的决心。作战司令官的参与对于制定战略沟通计划来说至关重要，因为该计划向敌人或潜在对手明确传达了美国的意图和目的，并通过对抗敌人的假情报和错误情报来确保这一计划获得成功。这样的战略沟通有助于避免冲突或者防止危机升级。

美国需要采取一套广泛的方案来使对手放弃侵略和胁迫。核力量继续起着重要的威慑作用，因为它可以提供军事手段来慑止一系

列威胁，包括利用大规模杀伤性或效应性武器以及大规模常规力量等。另外，把可靠的核威慑力量扩展至盟国一直是一种防止核扩散的重要手段。这样，美国就消除了其盟国发展和部署核力量的想法。慑止更为广泛的对手实施入侵要求美军将现有的战略核力量转换成一支新的、由不同作战力组成的“三位一体”的战略核威慑力量。这一新的战略威慑方法包括非核打击力量和核打击力量、积极防御和消极防御，以及建立军队和维持军队所需的基础设施。非核打击能力的改进和提高、信息战、指挥与控制、情报与空间力量将有助于形成更强大、更有效的威慑能力。今后在目标定位和精确度方面的改进可以提供必要的能力来摧毁更大范围的目标，同时还可以减少因此造成的附带损失。

防止突然袭击。军队不再将其注意力仅集中于对入侵所做的反应上。对美国实施袭击所造成的潜在可怕后果要求美国采取行动来确保美国不会受到直接袭击，采用的方法就是在对手发动袭击之前就消除某些威胁。慑止威胁和防止突然袭击等目标将对情报能力、部队的敏捷性、决定性以及多机构协作条件下迅速解决问题的能力提出越来越高的要求。完成预防性任务需要获得共享的可靠性情报并遵守交战规则以便指挥员做出及时的决策。这一决策过程强调合作、速度以及反应，即对瞬时目标、特别是处于运动之中的瞬时目标实施精确打击所需的能力。完成这些任务要求对通过各种手段——包括人力资源和技术手段——收集到的情报进行精确分析和综合。一般来说，这些行动将涉及与美国政府其他机构和部门间的协作，因而提倡信息共享、情报综合以及计划的共同制订。

稳定局势行动和战略威慑等联合作战概念对于作战司令官在冲突发生的前、中、后如何运用部队非常关键。预防冲突要求部队有能力采取稳定局势的行动以维持或重新建立秩序，促进和平，稳定或改善现有环境。这将涉及军队与美国政府各机构以及多国合作伙伴之间的密切协作。这些行动能够减少恐怖主义和支持恐怖主义的极端主义意识形态赖以发展的潜在条件。稳定局势行动创造了有利的安全条件，从而使国家、国际力量的其他手段能够发挥作用。预防冲突和突然袭击对于保护美国不受直接攻击起着关键作用，并且有助于创造条件使美军能够战胜对手。

3. 战胜对手

必要时，美军将击败对手。安全环境的发展使建立一支联合部队的必要性凸显出来，因为联合部队可以取得战术及战役胜利，并且其获胜的方式有助于建立有利的安全条件并确保胜利持久。恐怖分子发动的袭击表明冲突的发生不仅仅局限于边境，而且消灭恐怖主义产生的根本原因需要全国人民共同努力。美国将不断努力以获得国际社会的支持，并提升盟友的能力来应对共同的挑战；但必要时，美国也将毫不犹豫地单独行动。

快速击败对手。有些行动计划将集中于实现有限的系列目标。指挥员快速击败对手的计划包括以下几种可能：迫使敌人改变不能接受的行为或国家政策；迅速夺取主动权或防止冲突升级；剥夺敌之藏身之处，摧毁敌人的进攻能力或进攻目标；为冲突后的稳定行动提供支持。在任何一种情况下，联军必须将速度、敏捷性及优势作战力结合起来达成决定性效果。将部队部署到多个地区，要求美军获得安全的战略通道以及强大的战术升力系统，以便实施和维持多项同时发生的行动。在同时发生的多项行动中快速击败对手要求指挥员有能力快速重新组建部队、重新整合部队及重新部署部队以参加另外一场作战。

取得决定性胜利。必要时，指挥员制订的计划将包括快速转入一场战争并取得决定性胜利，以及实现永久性结果的各种方案。实施主要作战行动所要求的能力必须能够应用于各种威胁，包括使用传统及/或非对称性能力的国家及非国家行为体。

取得决定性胜利的作战包括以下行动：通过综合利用空中、地面、海上、太空以及信息能力摧毁敌人的军事能力；接受命令以后能够推翻敌国政权。这些作战要求部队拥有常规作战能力、非传统作战能力、保卫国土安全的能力、维护局势稳定和采取冲突后行动

的能力、打击恐怖主义和从事安全合作活动的能力等。

稳定局势行动。取得决定性胜利需要协调和综合主要作战行动，采取维护局势行动以及重大的冲突后行动以建立有利于美国的稳定而安全的局势。联合部队必须能够从主要作战行动转向稳定局势行动并同时展开这些行动。从行动方面来说，冲突后的军事行动将终止冲突的目标与外交、经济、财政、情报、执法以及信息等方面的努力结合起来。在适当的条件下，联合部队将自身的行动和活动与国际盟友以及非政府组织之间的行动和活动协调一致起来。这些任务使得国家力量的其他手段更加有效，并为地区的长期稳定和持久发展创造条件。

主要作战行动和稳定局势行动等联合作战概念具有互补性，而且必须充分融入作战计划的制订之中并与作战计划协调一致。这些概念可以使联合部队在全球作战空间的各个地区以及信息领域展开行动，其行动方式主要有两种，即按顺序展开、平行展开或同时展开。这些联合作战概念的目标是保持业已加快的行动节奏，向敌人不断施压并将军事行动与利用国家力量的其他手段协调一致。

三 确保完成任务的联合部队

保护美国、预防冲突和突然袭击以及战胜敌人等目标为确定军事能力并建设一支能够有效应对充满不确定因素的安全环境的联合部队奠定了基础。他们支持基于能力的建军方法，因为这种方法关注对手在未来战争中如何作战，而不是关注对手是谁以及战争在何处发生。部队必须有能力打败拥有大规模杀伤性或效应性武器的对手，必须将技术含量低的能力和高科技能力结合起来，必须将传统能力和不对称能力融合在一起，从而使美军超越目前所具有的优势。

打败适应能力较强的对手需要拥有一支敏捷性强、配有标准化武器装备、便于部署的联合部队，这支部队要能够将各军种、作战司令部，其他政府机构以及多国伙伴的优势综合在一起。联合部队需要更高水平的兼容性和联合体制，即在构想和设计时就包含联合结构和联合实现策略。高兼容性可以保证技术、条令及文化方面的障碍不会限制联合指挥官实现目标的能力。目的在于设计联合部队应具备的能力以扩大总统和国防部长的选择范围。

联合部队的特性

（联合部队所具备的特点）

- 充分一体化，即为实现统一的目标而整合功能和能力。
- 远征性，即在全球战场上快速部署、展开和维持战力。
- 网络化，即链接并在时间和目标上同步。
- 分散化，即较低层级的部队也具备一体化联合作战能力。
- 敏捷性，即在充分准备的基础上使用正确的部队进行快速反应。
- 决策优势，即以信息优势为基础，建立比敌人更快的决策能力。
- 致命性，即在任何情况下都可以给敌人或其系统以致命性打击。

联合作战概念

1. 应有特性

今后10年我们所面临的挑战将是发展和提高发生全球战争时的联合作战能力、获取有限资源，以及履行多种承诺。尽管现在美国拥有绝对的质量优势，但是保持和增强这一优势需要实施军事转型，即通过将联合部队里的技术、智力和文化变迁等加以综合来完成。军队必须能够评估所面临的挑战，为创新和技术改进提供资金支持，并为实现国家目标采取决定性行动。

在这一复杂战场上行动的联合部队必须充分一体化，且适应战场形势的变化以便能够预测最严重的威胁并对它们实施打击。联合部队还需要具备远程作战能力，即一支高度机动化的部队，善于灵活多变地制订作战计划并以分散方式实施计划，即使在极为分散的情况下作战时也是如此。行动计划的制订和实施需要具备一些前提条件，如决策优势、授权采取行动并利用瞬间即逝的机会等。联合部队将利用可靠的情报和信息技术来提高决策方面的优势和部队的精确打击能力以及致命性。具备决策优势的网络部队可以收集、分析和快速散发情报和其他相关信息，包括国家情报和战术情报，然后利用这一信息来建立比敌人更快的决策能力并采取行动。

具备这些特性的联合部队需要的不仅仅是技术方面的优势。它的能力还取决于这支部队是否拥有纪律严明、训练有素的职业军人。另外，它还需要拥有广博知识和一定权力的领导者来将技术优势、作战经验、理解能力和文化知识结合起来，以便利用这些能力来完成重大的联合作战任务。拥有上述特性并由工作积极性非常高的职业军人组成的联合部队，可以创造性地解决所面临的最困难的问题。

2. 功能和作战能力

每一个军事目标中都含有一系列联合部队必须执行的功能。指挥官通过分析这些功能以及描述军队如何执行这些功能的概念来理解任务并确定所需能力。联合部队之所以有能力执行这些功能，是因为它能将联合条令、部队编组、训练计划、军需保障、领导能力、人员和各种设施充分结合起来。

（1）运用部队

运用军事力量来实现国家军事战略目标是部队的主要任务。它要求综合运用机动和交战来达到明确界定的效果。运用部队包括调动部队以获得地理位置和时间上的优势，从而迅速夺取主动权并打乱敌人的防御计划。运用部队还包括综合运用空中、地面、海上、特种作战、信息及太空作战能力。它还要求部队具有前所未有的忍耐力，从而使指挥员能够根据任务目标来评估产生的结果，相应地调整军力，并按照要求重新投入作战。

运用部队还要求获得兵力投送系统以快速部署作战能力，正确利用这些资源并维持这种能力，即使对手采用阻止策略和反兵力投送策略时也不例外。这种兵力投送要求确保进入各战区的通道以及强化的远征能力，因为强化的远征能力能够支持远距离的战略机动。通过向部队提供东道国的基础设施和其他支持，强大的地区盟友和联军可以提高部队的远征能力。他们还可以使部队获得地区性情报，从而使部队准确运用军事能力在关键时刻、关键地点更加有效地集中作战力量打击敌人。

与盟国及伙伴国一起实现战场态势的共享需要拥有协调一致的信息系统和保护敏感信息的安全措施，同时不降低多国伙伴国与美国方面进行有效合作的能力。这样的信息和情报共享有助于建立政治互信，而这对于建立稳固的国际伙伴关系来说是至关重要的。

军事力量的运用更大程度上是为了实现军事目标以获得良好的效果，而不是建立大量的部队。利用部队来打击兵力分散的敌人（包括跨国恐怖组织）需要拥有经过改进的情报收集和分析系统。破坏、压制或摧毁任何目标所实施的有效全球打击来自精确打击能力和机动能力的结合，以及新的技术、条令和组织的一体化。挫败最严重的威胁需要坚持运用部队对时间敏感目标和时间紧迫目标实施打击。确保各种力量到位并随时对这些目标实施打击要求部队能够在任何时候和相当远的距离内将行动维持下去。

（2）部署和维持军事能力

在同时发生的多场战争中运用部队将对部队的持续保障能力提出挑战。维持这些行动要求美军有能力为那些在非常艰苦或荒凉的前沿地区作战的部队提供后勤保障。另外，部队机动能力的重要性也日益凸显，这对远征军的后勤保障能力提出了更高的要求。后勤保障要突出重点，即在合适的时间和地点为部队提供适当数量的人员、装备和补给。这种突出重点的后勤保障能力催生了网络系统的应用，从而实现了后勤保障系统的无缝连接和端对端连接。这样，部队部署及物资配发程序的各个方面就实现了协调一致。

同时发生的主要作战行动对部队的战略机动能力提出了更高的要求。在这些行动中实现军事目标需要具备强大的海上补给、空中补给、飞机加油及预先配置资源等能力。为这些行动提供保障的战略机动能力需要拥有保障设备来存贮、运送以及配发军用物资，它还需要拥有信息方面的基础设施来实现整个后勤保障线路的实时畅通。

保障包括部队的组建和管理活动以保证部队的长期生存。部队的组建包括在现役部队、预备役部队以及在国防部的文职人员和签约人员中招募、训练、教育并留住高素质人才。这些人员必须掌握一套合适的技术来帮助他们在组织内运用联合作战思想。部队组建的要求必须包括以下方面：计划的制订、项目的规划、装备和基础设施的获取、维护、修理和费用的调整等，从而使部队保持战备状态。

部队管理有助于提高战备级别，即使在高强度的作战行动中也是如此。另外，它还考虑了现代化技术和军事转型对部队的运用、战备和军事一体化所产生的影响。部队管理政策（包括减少联合部队压力的部队轮换政策）随着对作战要求的不断评估而变化。它们还有助于确定为同时发生的多场战争提供保障所需的合适位置、能力和相关基础设施。另外，部队管理政策还有助于确定现役部队和预备役部队的适当整合，并确保各种能力的适度平衡。

（3）保障作战空间

军队必须能够在空中、陆地、海上、太空及网络空间展开作战。军队必须利用军事能力来确保进入这些领域以保护美国、野战部队和美国的全球利益。目前安全环境的非线性特点要求军队采取多层次的积极和消极措施来打击各种各样的常规威胁和不对称威胁。这些威胁包括常规武器、弹道导弹和巡航导弹以及大规模杀伤性或效应性武器。另外还包括针对网络和数据的网络威胁，特别是那些对美国信息驱动系统来说非常重要的网络和数据。这些威胁要求美国采用威慑这一综合策略来对付自己的对手，包括传统对手、能够运用任何手段的恐怖分子以及无赖国家。

军队需要拥有新的能力以便在威胁源附近和所有战略通道上发现并阻止大量威胁。越来越多的潜在对手可以获取美国的情报和军民两用技术，这就对我们构成了越来越严重的威胁，并使对手有能力扰乱或利用美国的信息系统。我们的对手可能找到了创新方法来将各种能力综合应用并形成了有效的武器。这样，他们对美国构成的威胁就更大。军事力量必须有手段，同时又根据确定的交战规则来采取行动，包括积极的反扩散行动和支持非扩散政策的军事行动。获取作战空间需要军队同其他政府机构和多国伙伴开展合作，从而使对手无法利用这些能力，并打击不对称袭击。这就要求军队有一定的作战原则来指导，并采取有效的方法和训练措施更加有效地将军事能力和非国防资源协调一致起来。

后果管理能力在遭受袭击之后，特别是遭受大规模杀伤性或效应性武器袭击之后，具有不可或缺的作用。这些能力将损害和伤亡人数限定在一定范围之内，并包括采取行动来应对大规模杀伤性或效应性武器，应对军事行动之后有意或无意释放的有毒化学物质。后果管理有助于通过采取遏制、控制和排除武器制剂所造成的污染等行动来使遭受影响的地区恢复正常。在接到命令时，联合部队将后果管理援助提供给盟友和其他安全伙伴。

军事行动需要获得信息保证，从而确保对信息系统及其产品的接入，并有能力使对手无法接入同一系统。获取作战空间包括采取行动来保护信息、指挥与控制系统以支持部队的准确运用和持续行动，从而确保全部军事行动的持续性。保障作战空间可以确保军队有能力收集、处理、分析和散布来自各个方面的情报和其他有助于形成决策优势的相关信息。

（4）形成决策优势

决策优势，即做出比对手更好更快的决策这一过程，对于实施基于速度和敏捷性的战略来说非常重要。决策优势需要采用新的方法来思考信息的获取、综合、使用和共享。它还需要拥有新的想法来发展指挥、控制、通信、计算机系统以及能够提供对手情况的情报、监视和侦察手段。决策优势需要获得敌人和友军部署、各自军力及活动方面的准确情报，另外还需要拥有取胜所需的相关信息。作战空间感知与相应的指挥与控制系统相结合，支持动态决策并将信息优势转化为一种对手所无法比拟的竞争优势。

持续的监视，情报、监视与侦察管理，合作分析以及按需提供信息等促进了作战空间感知。为支持这种作战空间感知而获取情报，需要部队拥有情报收集系统并肯定能够接入空中、陆地、海上以及位于太空的传感器。在情报收集系统中，人工情报收集者起到了非常重要的作用；他们使决策者能够看清对手的意图并为计划的制订和命令的发布提供可行性情报。在战场前沿活动的情报分析人员必须能够进入一体化综合数据库并将信息和情报进行横向综合。整个系统必须通过有效的反情报能力来获得支撑，并且这种反情报能力能够确保对手无法接触到己方的关键信息。

作战空间感知要求能够与其他政府机构和盟友共享相关信息。这种信息共享要求具备多层次的安全能力，从而使多国伙伴和其他政府机构获得并使用相关信息，同时减少泄密的可能性。无缝多层安全接入将促成分散的指挥与控制，并在多国行动中提供更高的透明度。决定在多个分布较广的地区动用部队，要求联合指挥与控制过程高度灵活并具有较强的适应能力。指挥员必须把决定传达给自己的下属，然后迅速拟定其他备选方案，达成预期效果，评估结果并实施相应的后续行动。

联合部队需要能够进行信息战，包括电子战、计算机网络战、军事欺诈，以及能够获得信息优势的心理战和行动安全。信息战必须具备适应能力，即针对特定的对象和要求，以及足够的敏捷性以便适应行动中的各种调整。如果威慑无效，那么信息战可以破坏敌人的网络和一些依赖于通信技术的武器、基础设施，以及指挥与控制和作战空间管理功能。不管是主动进攻还是被动防守，信息战对于确保美军在整个战场上能否自由行动起着关键作用。

具有决策优势的联合部队必须利用决策过程，使指挥员能够指挥袭击时间敏感目标和瞬间目标。动态决策将各级组织、计划制订过程、技术系统和支持正确决策的相应权力部门集中在一起。这样的决策需要具备网络指挥与控制能力，以及经过精心设计的常见战场作战场面。网络的形成还必须增加多国行动的透明度，并支持将其他政府机构和多国伙伴融入联合行动中。部队的运用和维持，以及为保障作战空间而采取的行动都将取决于这些能力。

四 部队设计和规模

1. 部队设计和规模的启示

国防战略要求拥有一支相当规模的部队来保卫祖国，慑止来自4个地区的攻击，并且要求美军在同时发生的两场战争中“快速获胜”。即使部队的主要任务是负责处理有限的偶发事件，但它还必须能够在两场战争中取得一场“决定性胜利”。这种“1-4-2-1”的建军方法越来越强调采取创新和有效的方法来实现军事目标。这种方法为最复杂的可能场面建立了任务参数，并涵盖了各类军事行动。它既不代表一系列特定的场面，也不反映临时的作战条件。所以，计划制订者和程序员应该考虑这一方法的下述含义。

基本的安全态势。作战司令官将在基本的安全态势下完成他们的任务，而基本的安全态势包括反恐战争、正在采取的行动以及其他由美军负责并无法完全摆脱的日常活动。美军因正在进行的反恐战争而陷入了极其困难的局势，而这种局势在可以预见的将来有可能持续下去。因为冲突后行动以及反恐战争有可能长期存在并在激烈程度上发生变化，计划制订人员必须考虑实现作战目标所需的能力。如果形成了基本的安全态势，那么指挥员必须准备其他方案来帮助部队取得胜利，并明确控制新增危险所必需的力量平衡。

规模适当与部署。确定部队的规模需要评估部队数量是否足以应对目前和未来的挑战，并将目前的终极力量和部队/能力之合力

进行优化。确定部队的规模必须考虑部队的配置、地点、分布及对海外驻军的支持。确定部队的规模必须考虑为永久驻军、轮换驻军及前沿部署的临时部队提供持续保障；建设海外基础设施；以及提供资源，包括长期投送及维持这些能力所需的战略启动能力和安全能力。有些危机可能比预计的更困难或者可能会很快升级。减少这一危险并确保军队能够获胜要求部队能够“尽早介入”前沿地区以迅速采取行动，同时依靠突增能力来提供后续部队。

撤出战斗。尽管兵力规划方案假设当面临两场同时发生的战争时，美国会从一些突发事件中撤出，但也可能会出现一些美国不愿意或无法迅速终止的突发事件。有些部队可能会实施长期的稳定行动来重建有利的冲突后安全环境，这样美军就无法撤出战斗。在这样的环境下，一些重要的能力可能无法在后发生的冲突的开始阶段就轻易获得。作战司令官在准备采取行动时必须考虑这种可能性，因为在对不太重要的突发事件实施行动时同样需要拥有许多对战争来说十分重要的能力。

局势的升级。确定部队规模必须考虑这样一个事实，即不太严重的突发事件有可能升级为更为严重的战争。在发生危机期间要拥有更多的军事选择就需要部队的规模能在一定程度上完成各类军事行动，同时保证处理这些突发事件并不妨碍美国进行主要战争的能力。

组建部队和军事转型。部队的规模和设计必须超越目前所采取的行动。部队状况的好坏取决于在相当长的时期内是否能够产生能力、维持能力并对能力实施转型。确定部队的规模必须包括评估正在进行的训练活动对部队的要求，还包括“快速转型”以及其他可能限制作战司令官获得兵力和能力的计划。对可以接受的风险系数进行评估将确定军队必须拥有的能力类型和种类。通过增加这些能力，美军可以满足最为苛刻的一些要求。

2. 风险及力量评估

考虑到目前的军事力量水平和相应资源，本军事战略是可行的。尽管美国的常规军事能力在目前和可以预见的将来将继续保持绝对的优势，我们对美军在各类军事行动中的要求依然相当高。美军要进行反恐战争，在阿富汗和伊拉克实施维护稳定的行动，并确保来自美国的兵力投送以及履行美国在全球范围内的承诺。同时，保持美军长期处于良好状态也需要采取行动来减少风险。指挥员必须准备各种方案来平衡诸如转型、现代化及资金调整等这些要求。如果在较长的时期内无法实现这一平衡，那么本军事战略将越来越难以付诸实施。

目前，美军在高强度冲突以及成熟战区的作战行动中依然保持优势。我们在反恐战争中获得的经验使我们认识到了美军在作战思想方面的优势与不足，这主要表现为两点，即部队的运用以及一些能力还有待于进一步提高。美军依然完全能够实施主要作战行动，并处理一系列不太严重的突发事件。尽管我们在代号分别为持久自由作战行动及伊拉克自由作战行动中成功地调整了兵力，但是未来作战的成功还需要做出进一步、更具实质性内容的变化。另外，安全环境的变化还需要联合部队做出调整。这些变化包括威胁的演变和对盟友及伙伴国能力的评估以提供能力来支持美军的作战要求。

五　关于未来战争的联合构想

联合部队所具备的特性和能力为未来部队的发展提供了基本条件。随着变化和挑战的不断出现，这些特性和能力为编制结构和作战条令的调整奠定了基础。而作为国家力量其他手段的补充，他们也支持国防部所设定的目标。目标就是要获得全谱优势能力，即在各类军事行动中控制任何局势或打败任何对手的能力。

1. 赢得全谱优势

全谱优势是一个宽泛的概念，它涉及如何运用当前的部队，并为未来的联合行动提供构想。实现全谱优势需要美军将军事转型工作集中于一些关键的能力以提高联合部队在所有军事行动中取得胜

利的能力。全谱优势要求拥有联合军事能力、作战概念、功能概念和适应各种条件和目标的重要赋能因素。①

转型调整

国防战略提出“能够为国防部提供转型重点”的8种关键能力。

- 加强情报工作；
- 保护重要的作战基地；
- 强化从太空、国际水域或空域、网络等国际公共空间实施攻击的能力；
- 在敌人阻止的环境下，远距离投送并维持美国军队；
- 采取各种措施使敌人无处藏身；
- 实施网络中心战；
- 提高进行非常规战争的作战能力；
- 增强伙伴——包括国际和国内伙伴的作战能力。

取得全谱优势需要将军事活动与其他政府机构的活动结合起来，与盟友及其他伙伴进行合作，并实施快速转型。通过承认各军种间的相互依赖性并发展有助于减少各组织间隔阂的思想，全谱优势能够加强各军种之间业已存在的相互信任。它要求采用基于能力的建军方法，从而在近期能力和长期要求之间取得平衡，并用全球眼光来看待军事和战略风险。这一综合思想可以确保军事力量迅速展开并在全球范围内同时展开行动，阻止对手方案的实施，并在必要的情况下产生赢得决定性胜利所必需的理想结果。

除了改进联合作战所需的技术手段外，我们还必须检查自己的条令、编制、训练系统、物资供应、领导力准备、人员培训计划以及设施等来确保取得军事优势。这就需要采用更为全面的方法来应

① 赋能因素：指能使部队符合各种等级作战行动之要求的系统和能力。

对当今的威胁并为将来可能出现的威胁做好准备。当前的首要任务是必须缩短研究类项目的研制周期，研制武器并将它们装备部队。这些行动对于快速转型联合部队并实践未来联合作战思想起着极其重要的作用。研究和开发项目对于取得全谱优势同样重要，因为它们为安全环境中的不确定因素提供保护措施。

2. 动议

各军种及作战司令官都在积极行动以确保军事上的优势。美军在进行跨部门和国际合作时必须保持对任何其他国家的优势，并继续为保护美国和赢得反恐战争的胜利创造条件。以下动议代表了其中一些正在采取的行动，而且这些行动能够提高联合作战能力并支持军队转型。

进行体制编制调整。适应性较强的体制编制调整必须建立在更加模块化的基础上，并支持联合部队的快速重新配置以完成特定任务。模块化部队建立在各军种的核心能力之上，并能够提高联合行动的战斗力。体制编制的调整需要采取行动将现役部队和预备役部队进行平衡以维持相应的综合能力。另外，创建常设联合部队总部将为联合特遣部队在各个作战司令部提供核心能力。常设联合部队总部加速了跨军种能力的迅速应用以应对全球范围内的突发事件和各种危机。这些常设联合部队经过精心挑选和严格训练，并配备了精良装备，因此能够在任何突发事件中采取有效行动。同时，建立联合国家能力训练系统可以使联合部队实施战术及战役层面的联合作战训练并获得作战经验。联合国家能力训练系统一旦建立，它将为联合部队提供实战训练并帮助实现作战空间感知功能。这种新的训练能力将使联合部队做好迎接非对称性挑战和一系列不同威胁的准备。

实现跨部门一体化和信息共享。在 5 个地区性和 2 个全球性联合作战司令部设立反恐联合跨部门协调小组会促进跨部门协作。反恐联合跨部门协调小组具有多重功能，它可以极大地提高部门间的信息共享。继续这种实验将支持美军设立和部署“全谱”反恐联合跨部门协调小组的目标，因为这一小组可以利用跨部门的技术优势来解决作战司令官所面临的许多跨国问题。在近期内，美军将加快反恐联合跨部门协调小组的各部门与国防部，进而与其他政府有关部门实现一体化和信息共享，并形成共同的战况感知。跨部门融合会促成包括公共事务和公共外交在内的战略沟通计划的制订。除军事信息战以外，这一战略沟通计划确保主题和信息的统一，强调获胜的重要性，准确确认或反对外界对美军行动的报道，并重申美国目标的合法性。作战司令官必须积极地参与、实施并支持战略沟通行动。

全球信息网格。国防部正在进一步建设一种完全可以相互协作的跨部门全球信息网格。全球信息网格有可能成为实现信息优势和决策优势的唯一最重要的赋能因素。全球信息网格支持创建一种相互合作的信息环境，这种环境可以促进信息共享、合作制订有效的计划，并展开同时发生的两场行动。它将是一套全球相互连接的端对端网络，由信息能力、相关过程以及根据国防政策制定者、战士及后勤人员的需要收集、处理、存储、传播及管理信息的人员等组成。其他的动议包括将作战空间感知系统转型，使其包含作战网络评估概念、多国信息共享、一揽子转型变化以及几场先进概念技术演示等。这些动议分别处理决策所需的信息和知识；以及技术问题、政策问题和编制体制问题；还有创新能力等。这些活动还只是正在进行的、与改进盟友间的信息共享有关的工作的一部分。

制订情报战计划。在动态环境下取得决策优势需要将来自国防部、非国防部机构、执法机构以及多国伙伴的各种情报和信息来源进行协调和综合。情报支持还必须贯穿于各种冲突之中，并且贯穿于各类军事行动，从日常的合作安全和反恐战争的需求，到发起攻击前所采取的行动、危机处理行动和主要作战行动，一直到冲突后维持稳定局势的行动。情报战战略有助于防止冲突和减少突然袭击，并将情报置于满足作战需求的重要位置，因而成为各种行动不可或缺的一部分。情报战计划通过确定行动和战役各阶段的综合情报需求来实施这些战略，具体包括综合情报分析和整理、多渠道情报收集、情报处理，以及支持情报体系等。这些计划还将尽可能广泛地散发和共享相关信息，从而确保这项工作在全国和世界范围内的统一，同时还不会以牺牲安全为代价。通过解决情报战所涉及的各方面问题，这些计划将国防部的情报部门以及其他更广范围的情报系统的工作集中于提供能够形成决策优势的关键信息。

增强海外军事存在态势。一体化的全球军事存在和海外驻军战略为采取增强作战力的行动提供了环境，同时也加强和扩大了美军的伙伴网络。这一战略为调整永久性军事存在和轮换部队、预先配置的武器装备、全球信息来源以及有助于实现这些目标的快速部署及行动能力提供了合理的解释。态势调整必须为赢得反恐战争的胜利提供支持，同时创造条件来确保获得持久和平。增强美军的海外存在和全球存在必须提高地区部队的作战能力，使之具备远征能力以应对地区及全球突发事件。他们必须保持“一定的规模”，并在危机发生时可以迅速部署部队并采取行动，而且不受时间和地点的限制。调整美国海外存在和军事态势必须提高美军处理不确定事件的能力，使他们能够迅速采取行动并让部队做出比过去更快的反应。美国的海外存在还必须改善重要地区的环境并防止冲突的发生。一体化的全球存在以及海外驻军战略有助于加强现有的同盟关系，同时还有助于建立新的伙伴关系。加强地区同盟关系与伙伴关系有助于建立地区性力量平衡，从而给敌对政权或不愿合作的政权施加压力并产生影响。多国伙伴关系通过联合训练、实验和转型为联盟关系增加了机会。一体化全球存在和海外驻军战略可以增加冲突前的选择方案，从而阻止敌人的入侵并控制冲突的升级。同时，还可以为获得持久和平创造条件。

联合领导者的培养。我们将继续改善联合部队职业军事教育，以便为作战人员提供更多的联合作战经历、教育和训练，包括初级和高级军官以及士官等。在高级军官层次，经过修订的基本课程将越来越重视联合的重要性，同时培养高级军官领导联合特遣部队以及指挥其他联合行动的能力。对于初级军官和士官来说，在他们职业生涯的早期融入联合教育和训练可以确保未来的领导者能够更加有效地将战术行动与跨部门和多国伙伴融合起来。

六 结束语

本战略将美军的重点放在了打赢反恐战争以及提高联合作战能力上，同时支持采取措施建立一支具备联合作战能力、以网络为中心、分布较散、并能够取得全谱优势的军队。取得决策优势以及在战场上达成预期效果使联合部队能够在各种军事行动中控制局势。为了取得胜利，美军必须将各军种的现有能力与新的创新能力综合起来，减少作战司令部之间的隔阂，并与海内外伙伴国发展更为紧密的合作关系。

国家军事战略为联合部队确定了具体的任务，从而使指挥员能够评估军事和战略风险。它为计划和项目的调整提供了指导，以便更加有效地产生、利用并维持联合作战能力。另外，它也对作战事务、编制体制问题、部队管理、未来挑战等方面提出了一些见解，并建议采取一些行动以减少风险的产生。

在执行多个全球范围的军事行动以满足这些要求的同时，美军必须保持军队的质量，提高联合作战能力，并实施军事转型以迎接21世纪的挑战。实施本战略需要拥有一支完全根植于创新文化之中真正联合的全谱军队，即现役部队、预备役部队、国防部文职人员以及签约工作人员之间实现无缝融合。本战略的实施需要拥有高素质的人才，即纪律严明、乐于奉献的职业人才，他们个个训练有素，接受过良好教育并处于正确领导之下。

军队的任务

为了实现国防战略所制定的目标，美军在全球范围内展开军事行动以便：

- 保护美国，防止外来袭击和入侵；

- 预防冲突和突然袭击；
- 战胜对手。

如果给予适当的资源，本战略将有助于实现国家安全战略和国防战略所设定的目标，并在长期内有效平衡军事和战略风险。它将使我们应对今天面临的威胁并使联合部队实现转型以迎接未来的挑战。

（节选自苏晓兵、刘学政主编《美国国家战略》，军事科学出版社，2009。）

附录三

2011 年版国家军事战略

这份文件的目标在于，为我们的军队提供推进国家持久利益和实现国防目标的方式和手段，国家持久利益在《2010 年国家安全战略》中已经有详述，防务目标在《2010 年四年防务评估》中已经有详述。《1986 年戈德华特 - 尼科尔斯国防部重组法案》授予参谋长联席会议主席帮助总统和国防部向武装部队提供战略指导的职责。通过联合参谋部以及地区和职能性作战指挥官的协调合作，我们准备了这份文件，提出我们最好的军事建议。

我们的构想是建设一支提供军事能力保卫国家和盟友、促进和平、安全和繁荣的联合部队。当我们的军事力量用于支援或者协同国家力量的其他部分，作为“国家整体”方式的一部分用于对外政策时，才能实现最大的效力。该战略旨在满足美国人民的期待，人民希望他们的军队无论在国内还是在海外，都能展现这个伟大国家的最优秀之处。

国家军事战略强调，联合部队将重新定义美国的军事领导力，调整应对新时代的挑战。它明确了战略环境的发展趋势，解释了我们将应对的方式，并详细阐述了地区和功能的重要问题。该战略将作为年度主席风险评估的基础。我们近期的选择一定会在经济困难的大环境下进行，但是有一点是肯定的，我们的军人及其家庭将是优先保障的对象，因为他们是任何战略都无法分割的组成部分。

该战略还提出了三大主题：

第一，为了支持国家应对复杂安全挑战的努力，联合部队的领导方式常常和我们提供的军事能力一样重要。

第二，不断变化的安全环境需要联合部队深化与我们盟友的安全关系，并为与新的多样化的行为体发展伙伴关系创造机会。

第三，我们的联合必须为不断变化和不确定的未来做好准备，为了阻止和赢得我们国家未来可能会面对的战争，我们需要全频谱的军事力量和特征。

迈克尔·G. 马伦

美国海军上将 参谋长联席会议主席

一 简介

目前，全球战略态势正在发生变化，相对实力重心正在发生转移，同时国际行为体之间的相互联结程度正在深化。这需要美国调整对外政策，综合运用外交、发展和防务的力量。尽管我们的军事力量仍然是国家安全的基础，但是我们必须继续调整我们使用军事力量的方式。所谓领导力，就是我们如何运用全频谱的力量来保卫国家利益和促进国际安全和稳定。

我们国家的安全和繁荣是密不可分的。它们是通过我们在国际秩序中的价值和领导力来维持的。在这个相互依赖的世界里，美国的持久利益正越来越多地与其他国家和非国家行为体联结到一起。全球系统的复杂性和挑战，需要我们——联合部队——重新考虑新的领导方式。

为了支持我们文官主导的对外政策，这一战略承认军队领导层重新定义越来越复杂的战略环境的重要。我们的领导力将强调相互的责任和尊重。贯彻这一战略将需要全频谱的直接和间接的领导方式，我们需要扮演服务者、推动者、召集者以及保证者的角色，有时候还要同时扮演这些角色。

利用军事能力和前沿存在，我们必须在帮助美国政府机构以及

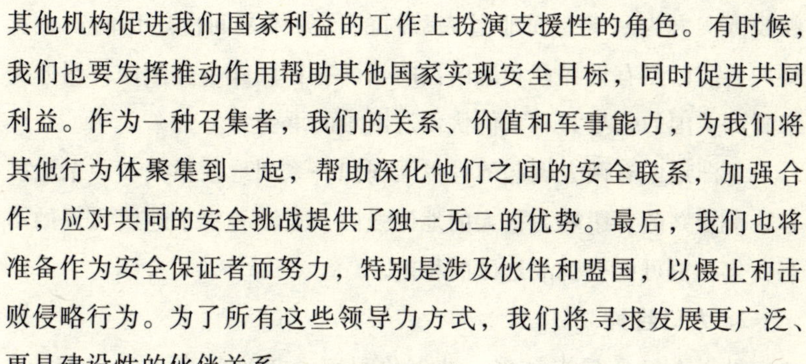

其他机构促进我们国家利益的工作上扮演支援性的角色。有时候，我们也要发挥推动作用帮助其他国家实现安全目标，同时促进共同利益。作为一种召集者，我们的关系、价值和军事能力，为我们将其他行为体聚集到一起，帮助深化他们之间的安全联系，加强合作，应对共同的安全挑战提供了独一无二的优势。最后，我们也将准备作为安全保证者而努力，特别是涉及伙伴和盟国，以慑止和击败侵略行为。为了所有这些领导力方式，我们将寻求发展更广泛、更具建设性的伙伴关系。

我们不要忘了，这个国家在国外仍然处于战争状态，我们正在努力慑止和击败国土所面临的威胁。我们的首要任务是确保美国人民的安全、国家的繁荣和我们的生活方式。在现有的作战环境中，这意味着我们联合部队的每一部分都将致力于获取阿富汗正在进行的战役、与巴基斯坦一起开展安全合作行动以及全世界范围内反对暴力极端主义行动的成功。我们必须继续阻止针对美国及其盟国的攻击，加强国际和地区安全，随时准备慑止和击败在我们实施这些行动时破坏国际稳定的攻击性行为。

我们必须小心管理战争对我们军队的影响，特别是对我们人员的影响，并面向未来建设我们的军队。国防预算面临的形势表明，领导人必须要在现有和未来挑战之间做出困难的选择，制订完善的计划。我们低估了我们的装备和人员持续作战行动所面临的压力和危险。同样，潜在的敌手也低估了我们持续发展的军事力量，低估了我们甘冒危险保卫国家利益的意志。

二　战略环境

1. 概述

尽管许多国家和非国家行为体的影响力日渐增长，但美国仍然是当今世界最强大的力量。力量分布正在发生变化，一个“多节点”（多极）世界正在逐渐形成，以利益驱动的结盟以外交、军事和经济实力为基础，而非过去敌对的行为体之间白热化的安全竞争。目前已经有世界性和地区性的强国存在民族主义倾向，用冲突来测试美国的领导力和我们伙伴对困难的承受力。

亚洲地区有两大崛起的世界强国和一系列地区强国。中东地区有数个新兴的、影响力很大的地区强国。亚洲和中东地区出现的动态变化，很可能会挑战地区的稳定。

2. 人口趋势

世界人口会越来越多，城市化程度会越来越高。到2025年，全球人口将增长约12亿，并新增城市居民10亿以上。大多数的人口增长都将出现在发展中国家。相反在欧洲和亚洲的部分地区，人口预计将会下降，这将对全球共享它们的经济产出带来长期的影响。中东、非洲和亚洲中南部出现的人口增长和城市化将会加重水缺乏的危机，并带来许多管理上的挑战。全球气候变化的影响还不确定，加上靠近沿海地区的人口中心越来越多，都可能会使发展中国家本已偏弱的、应对自然灾害的能力进一步面临挑战。

3. 繁荣和安全

尽管有庞大的国家债务，可能会带来重大的国家安全风险，但是美国在可预见的未来将仍然拥有最强大的经济和军事力量。亚洲地区财富占全球财富的份额将进一步上升。尽管中国面临着一系列国内挑战，但是持续数十年的、强劲的经济增长，大大便利了其持续的军事现代化，并促使其将利益扩展到地区之外。亚洲地区的国家，也因为经济繁荣而大力推进军力增长。北约将仍然是世界最强大的军事同盟，其中一些成员正在削减防务开支，作为更大范围紧缩措施的一个组成部分，但无碍于北约的实力。这些削减可能会影响到伙伴国家对我们集体安全的贡献份额。由于国有公司将控制越来越多的全球碳氢能源，所以能源国家之间的关系将引发地缘政治的忧虑，同时全球能源稀缺的持久挑战可能会使地区争端复杂化。

4. 大规模杀伤性武器

在大规模杀伤性武器扩散和核恐怖主义领域，国家、国家资助的以及非国家敌手之间的相互交叉是最危险的。在亚洲，朝鲜的核能力，再加上可能不稳定的权力交接，对地区稳定和国际非扩散努力都带来了风险。在中东地区，一个核武装的伊朗可能会引发该地区许多国家发展核能力，或者加强常规军力，甚至可能导致地区冲突。中东地区可能会出现多个核武装政权的前景，再加上新兴的安全和指挥控制机制，都放大了冲突的威胁，同时大大增加了误判或者核武器失控进入非国家行为体手中的可能性。

5. 全球公共和全球连结领域

在全球公共空间（海洋、天空和太空的共享空间）确保进入和自由机动的权利，在全球连结领域（网络空间）自由行动的权利，正越来越多地受到国家和非国家行为体的挑战。像犯罪组织、非法商业组织以及恐怖主义团体这样的非国家行为体，在利用公共空间上的利益错综复杂。国家行为体正在发展反介入和区域拒止能力和战略，以限制美国和国际社会的行动自由。这些国家正在快速获取先进技术，如导弹、自动和远程控制平台，这些都会挑战我们从全球公共空间投送力量的能力，增加我们的行动风险。与此同时，太空和网络空间战斗领域的扩展对我们的行动来说越来越关键，给我们善意的行动增加了更多的脆弱性。太空环境正变得更拥挤、对抗和竞争。一些国家正在实施或者预谋进行网络入侵，预示着这个全球连结领域面临的威胁也在增长。由于缺乏国际规则、责任追究困难、进入门槛较低以及发展强大能力相对容易，网络威胁正在不断扩展和恶化。

如今，由国家资助的非国家行为体，以及其他非国家行为体由于获得了以往只有国家才拥有的先进技术，行动范围得以扩展，使得威慑和问责复杂化。他们正在使用技术在全球协调行动，扩散极端主义理念，攻击美国及其盟国。那些政府虚弱、失败和腐败的国家很容易成为恐怖主义的避风港，并容易滋生培育冲突、危及稳定的非国家行为体，特别是非洲和广阔的中东地区。恐怖主义、犯罪网络和海盗破坏着法律规则和信仰，加速了国际体系的暴力化，并挑战着国际社会的反应能力。

三　持久国家利益和国家军事目标

美国的对外政策和国际安全架构必须继续调整适应不断变化的安全环境。《2010 年国家安全战略》重申了美国保持其全球领导角色的承诺，并定义了我们的持久国家利益：

- 美国及其公民、美国盟国和伙伴的安全；
- 一个促进机会和繁荣的、开放的国际经济体系中一个强大的、创新力强的、不断增长的美国经济；
- 在本国和全世界对普世价值的尊重；
- 由美国领导力推动的国际秩序，通过更强大的合作来促进和平、安全和机会，应对全球挑战。

《2010 年四年防务评估》在国防部机构改革上迈出了重要一步，并在今天的紧迫需求和为未来挑战做准备之间重新实现平衡。《四年防务评估》还定义了美军部队结构的主要部分，为联合部队的规模和结构设立了架构，以完成国家的防务目标。《核态势评估报告》强调了涉及核力量的上述问题。

《国家安全战略》和《四年防务评估》确立了我们的国家军事目标：

- 打击暴力极端主义；
- 慑止和击败侵略；
- 加强国际和地区安全；
- 建设未来部队。

在一个多极化的世界里，军事对美国领导层的贡献必须要超越军事力量本身，必须是关于我们运用力量的方式。

在寻求这些目标的过程中，美国的联合部队对美国的领导地位和国家安全作出了关键的贡献。在那些持久紧张已经是常态的环境中，美国及其盟国和伙伴将与其他行为体就影响力开展竞争。我们将同美国的外交努力相配合，阻止这些紧张态势恶化发展成为冲

突。这需要美国的联合部队具有到达能力，并有决心和能力来投送决定性的军事力量。

然而，单单靠军事力量并不足以完全应对我们所面临的复杂的安全挑战。只有当军事力量和国家其他战略手段相结合使用的时候，才会更有效力。战略环境虽然发生了变化，但这一点并未改变。在多极化的世界里，军事对美国领导地位的贡献必须不局限于军力本身，必须和我们使用力量的方式相关。不管我们的领导方式如何，我们必须通过有说服力的力量的例子来展示我们的核心价值。

1. 打击暴力极端主义

美国民众、领土和生活方式的安全是我们最重大的利益。这就是我们在中南亚地区，在暴力极端主义的中心地带，实施战争的原因。在塔利班的庇护下，“基地”组织在阿富汗大力发展，计划并实施了2001 年9 月11 日针对美国本土的攻击，屠杀了3000 多名无辜的民众。“基地”组织高级领导层仍然在巴基斯坦，并意图继续攻击美国及其盟国和伙伴。

这场战争中的国家战略目标是：破坏、摧毁和击败“基地”组织及其在阿富汗和巴基斯坦境内的支持者，阻止他们重新返回这两个国家。要想实现这一目标，美国的联合部队需要同北约、我们的盟国伙伴以及阿富汗和巴基斯坦开展紧密的合作。我们将继续打击塔利班的影响力，同阿富汗政府一起，加大以往暴力主义分子整编与和解的力量，继续加强阿富汗安全部队的战斗力，并帮助巴基斯坦最终击败“基地”组织及其恐怖主义盟友。

暴力极端主义威胁并不仅限于南亚和中亚地区。像阿拉伯半岛、伊斯兰马格布这样的地区也有“基地”组织的存在，索马里、也门以及世界其他地区也会有暴力极端主义的输出。恐怖主义分子远程规划和协调攻击的能力越来越强，有时候会借重全球非法贸易路线扩展他们的行动范围，同时使对他们栖身之处的定位更加困难。不管恐怖主义网络如何复杂，我们将同盟国和伙伴一起，为寻找、逮捕、杀死暴力极端主义分子而做准备，不管他们栖身何处，只要威胁美国公民以及盟国的利益，我们将一往无前。

尽管暴力极端主义短期的行动受到了打击和破坏，但是如果打击极端主义没有一个长期可行的战略，是无法实现决定性的目标的。我们必须继续支持“国家一体”的方式来打击极端主义，与负责任的国家寻求地区合作来瓦解恐怖主义的法律和资源支持。经济发展、治理和法律规则是反恐的真正基石，军事力量应该发挥补充作用。从长期来看，只要民众有了更和平的选择，他们会拒绝极端主义和暴力，暴力主义的思想最终会被唾弃，这种活动必然会销声匿迹。

我们将加强和扩展我们的伙伴关系网络，加强伙伴促进安全的能力。这将有助于减少可能会被极端主义利用生根的、潜在的安全避风港的数量。我们将通过更广泛的国家安全优先事务，整合我们的机构程序，改进机构之间的协调和合作，来建设伙伴关系，使我们的努力网络化。军事关系必须是可靠而有效的，即使经过政治大变动甚至是大破坏之后仍然可以保留下来。

我们将调整打击极端主义工作的威慑原则。虽然直接威胁恐怖主义分子非常困难，但是他们需要进行成本效益计算，依赖一些我们能够施加影响的国家和其他利益相关者。就直接威慑来说，我们可以支持那些负责任的政府或者实体，使针对美国或者盟国的攻击实施起来十分困难或者增加这些实体支持恐怖主义的成本。而且我们必须采取进一步措施来减少恐怖主义分子通过他们的袭击获取的好处。我们将根据指令，为对军事能力频谱范围内的任何攻击做好准备，并在适当的时候，根据国家的选择做出适当的反应。

当我们实施这场艰难的战役的时候，我们将把军事力量的使用和其他力量手段相结合，并遵循精准和有原则的方式。精准并不意味着完美，有原则并不意味着毫不妥协。但是我们必须认识到人群之间战争的内在复杂性。我们一方面要承担使对无辜平民的附带损伤最小化的风险，另一方面也要努力减少让更多的人走向我们对立面的风险。因此，有原则的运用力量与我们的价值观和国际法是相一致的，提高了我们在战略上、战役上获得成功的机会，更有效地促进了我们的国家安全。

2. 慑止和击败侵略

阻止战争和赢得战争一样重要，且成本要低得多。一个繁荣且密不可分的世界需要一个稳定和安全的环境，不能有领土入侵和国家之间的冲突，需要有稳定的市场，需要获得资源和进入网络空间的可靠入口。国家之间传统的或者非传统的冲突都会破坏商业活动，非常粗暴地破坏市场，干扰即时信息系统，而且全球经济密不可分的特征会恶化和放大这些效果。作为面向盟国和伙伴的安全保证者，无论什么时候我们的联合部队都应该做好准备慑止和击败那些威胁到我们国家利益的地区性侵略行为。

慑止侵略

美国希望有一个没有核武器的和平而安全的世界。然而，只要核武器存在，阻止针对美国及其盟国和伙伴的核攻击都将是美国核力量的基本使命。为了支持总统的构想，我们将削减核武器的数量，缩小其用途，同时维持一种安全、可靠和有效的战略威慑态势。联合部队将提供能力慑止侵略，通过我们的核力量和海外导弹防御能力确保我们盟国和伙伴的安全。我们将继续领导发展弹道导弹防御能力以应对有限攻击，我们将在这个领域寻求同盟国和伙伴的合作机会。

我们将反对大规模杀伤性武器的扩散，因为它给我们的国家和其他国家带来了致命的共同威胁。通过机构、盟国的合作，我们将打击核扩散网络、阻击物资的运输、进一步改善核能力，同时确保世界各地核、生物和化学物资的安全。我们将帮助盟国和伙伴发展大规模杀伤性武器探测和销毁能力，以保卫他们自己的人民。作战指挥官们应该实施初步的计划，准备清除大规模杀伤性武器的来源，为总统提供必要的时间和地点的军事行动选项。

我们还必须保持一种强大的传统威慑态势。威慑和保证需要在所有领域全球快速投送力量的能力。因此，无论是轮换还是前沿部署的力量态势，应该通过可以达成的伙伴合作来实现地理上的分散化，作战上的可靠化，政治上的持久化。

我们将支持“国家一体”的威慑方式，综合运用经济、外交和军事手段来影响敌人的行为。消除侵略者通过实现其目标获得的好处，同通过反击威胁来改变侵略者的战略计划，这样做效果一样。最有效的威慑方式在于上述两种“技术”的结合，同时为潜在的敌手提供可以接受、可以选择的行动方案。

我们必须要调整威慑原则来应对 21 世纪的安全挑战。我们只要拥有在恶化环境条件下战斗的能力，拥有确定并击败那些针对我们的系统或者支援性基础设施的袭击能力，才可以加强在天空、太空和网络空间的威慑效果。

击败侵略

我们武装部队的核心使命仍然是保卫国家，赢得战争。因此，我们必须要提供足以击败敌人侵略的能力。通常来说，军事力量必须能够保卫我们国家和盟国，必须能够保卫更大范围的和平和安全。为了遵循国际准则，美国将力求在使用军事力量上同盟国和伙伴相一致，但是保留在必要时候独自行动的权利。在更多的紧急情况发生的时候，军事领导人将向国家领导层提供选项，军队将帮助实现国家目标。

击败敌人的侵略将要求联合部队支持国家应对反介入和区域拒止战略的挑战。反介入战略意在阻止我们向特定地区投送和维持作战力量，同时，区域拒止战略意在限制我们在该地区的行动自由。要击败这些战略，我们的联合部队理论要更好地整合所有领域的核心军事竞争力，整合地理因素和限制。这些核心军事竞争力包括编制员额、多领域力量投送、联合强行进入、在全球公共空间和网络空间呈现对抗状态时维持联合进入的能力、战斗和击败敌人的能力。

联合确保进入全球公共空间和网络空间构成了美国国家安全的

核心要点，将是联合部队的一个长期任务。全球所有国家的安全和繁荣有赖于全球公共空间和全球连结领域。联合部队的前沿部署和维护离不开海洋空间，海洋商业活动也是全球经济体系的基础。天空、太空和网络空间的相互联结领域，使人员、思想、物资、信息和资金的快速大容量交流成为可能，而这对全球经济来说极为关键。这些集体领域非常重要，对联合部队投送和维护力量，阻止和击败侵略的能力来说是互不可分的媒介空间。

为了支持我们的国家利益，联合部队将在全球公共领域和网络空间上推进国际努力，保卫进入权利、维护安全、提供监督和问责，以及促进负责任行为上发挥重要作用。联合部队将遵守公约、法律和规则，从而为集体安全和管理行为作贡献。作为我们战区战略的一个组成部分，我们将通过透明、例行和可以预测的做法来促进公共空间和网络空间的合作。

我们在太空和网络空间行动的能力，对击败侵略越来越重要。美国在太空和网络空间均面临着来自国家和非国家行为体不断增长的、持久的、大范围的威胁。我们必须发展在公共领域不能使用或者不能进入时推进行动的能力。太空和网络空间推动了全球天空、陆地、海洋空间的战斗效力，而且本身也已经逐渐成为战斗领域。

- 太空

我们将支持以“国家一体”的方式来建立和贯彻规则，加强太空态势感知，提升透明度和信息共享。我们将与盟国和伙伴一起合作发展太空能力，帮助盟国提高太空体系面对破坏的承受能力。我们将加强太空体系受到破坏环境下的力量投送行动训练，使得潜在敌手攻击我们太空系统而无法实现其初始目标，我们将维持一系列选项来阻止或者惩罚这样的行动。

- 网络空间

网络空间能力可以帮助作战指挥官在所有领域有效的行动。战略司令部和网络司令部将会同美国政府机构、非政府实体、企业以及国际行为体一起紧密合作，发展新的网络规则、能力、组织和技能。如果大规模网络入侵或者削弱性网络攻击行为发生，我们必须提供大范围的选项来确保我们的进入和使用网络空间领域，使那些恶意的行为者承担后果。我们必须寻求行政和立法部门采取行动，提供新的授权，推进网络空间的有效行动。

3. 加强国际和地区安全

作为一支全球性的力量，美国的利益密切地同更广大的国际体系的安全和稳定联结在一起，这是一个由盟国、伙伴和多国机构构成的体系。我们联合部队的配置、力量和战备水平构成了我们的全球防务态势，为我们提供了无法超越的能力，帮助我们在加强所有地区的安全方面发挥领导作用。我们领导的方式可能会根据我们面对的挑战而有所不同。我们必须要应对即时的挑战，并着手为长期趋势做好准备。

加强国际和地区安全需要我们的力量是全球有效、地区聚焦的。任务可以是快速变化的，我们将继续建设我们的联合部队，使其能够快速地形成能力。我们将改进同步计划，改进地区战区之间的力量流动。在伙伴国家的支援下，我们将保持前沿存在，保持进入公共空间、基地、港口和机场的能力，在全世界各地保卫我们的经济和安全利益。在外国行动时，我们必须充分考虑文化和政治因素。全球态势一方面要保持最强大的力量，履行我们的承诺，另一方面也要为我们提供贯穿于各个领域和各个地区的战略支撑。

北美

我们国家最重大的利益是民众、领土和生活方式的安全。我们将保卫本土，并在支持国土安全方面扮演关键角色。我们将同国土安全部，特别是海岸警卫队一起合作，改善天空、海洋、太空、网络空间和地面感知，帮助确保进入我们大陆和国家的通道的安全。为了对攻击、网络事件或者自然灾害做出反应，我们将重点放在向国土安全部、各州和地方政府以及非政府机构快速提供规划、指挥

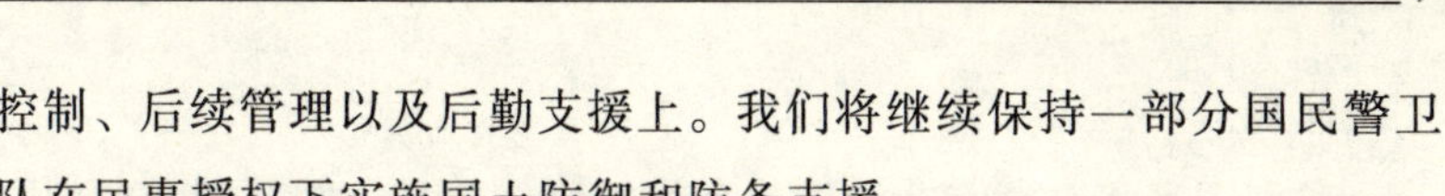

控制、后续管理以及后勤支援上。我们将继续保持一部分国民警卫队在民事授权下实施国土防御和防务支援。

通过与加拿大和墨西哥的合作，我们将继续准备慑止和击败针对我们北美本土的直接威胁。我们将在像不断变化的北极这样的地区安全问题上同加拿大开展合作，并寻求与墨西哥建设更紧密的安全伙伴关系。确保美墨共同边境的安全是我们职责的一部分，我们将帮助墨西哥安全部队打击传统的暴力犯罪组织。此外，要打击非法走私来源和运输区域，我们必须与北美、中美和南美以及加勒比海地区的国家开展合作。

加勒比海、中南美洲

我们国家希望在双边、半球和全球事务上同南美洲开展合作。为此，联合部队将在中南美洲和加勒比海地区帮助加强地区安全合作，促进西半球的安全和稳定。我们欢迎巴西以及其他地区伙伴[如南美防务委员会（South American Defense Council）]建设经济和安全机制的努力。这些努力将加深相互合作，进一步整合伙伴国家的力量成为一个南美洲安全体系，有助于地区稳定。

大中东地区

我们国家在大中东地区有着重大的利益。伊朗政权继续寻求发展核武器，并继续向大中东地区的恐怖主义组织提供支援，是地区稳定最重大的威胁。为了支持和促进我们的国家利益，联合部队将寻求安全合作，帮助加强我们盟国和地区伙伴的防卫能力。我们将支持打击跨国和亚国家级军事组织、打击大规模杀伤性武器及相关物资扩散的努力。我们将保持适当的能力存在，确保盟国和伙伴的安全，阻止伊朗获得核武器。

我们将希望同伊拉克保持长期的伙伴关系，包括安全事务在内。联合部队必须继续转型，将援助伊拉克的重点从国内安全转向国家对外防御。我们将在审慎考虑所有伊拉克人及伊拉克邻居的利益的同时帮助其建设一支防务力量。我们将推动伊拉克进一步加强与邻居之间的安全关系。

非洲

我们国家将继续与非洲发展有效的伙伴关系。联合国和非洲联盟在人道主义援助、维和和能力建设领域扮演着关键的角色，这都有助于保持地区稳定，促进导致冲突的政治紧张态势的解决，推动更广泛的发展。为支持这一目标，联合部队将继续在非洲建设伙伴关系，重点放在那些恐怖主义威胁可能会给我们的国土和利益带来威胁的关键国家。我们将继续在非洲之角打击暴力极端主义，特别是索马里和萨赫勒地区。在其他地区我们也将努力帮助减少无辜平民受到的安全威胁。我们必须确保和鼓励那些已经发挥领导作用促进非洲安全的国家和地区组织。我们将帮助非洲联盟和区域经济共同体（the Regional Economic Communities）发展他们自己的军事能力，包括非洲后备部队，来应对这块大陆的许多安全挑战。

欧洲

北约将仍然是我们国家最重要的多国同盟，继续推动我们与欧洲防务关系的发展。联合部队将继续与之合作打击暴力极端主义，重点放在阿富汗作战行动和对巴基斯坦的支援上。我们还将支持包括太空和网络空间安全、弹道导弹防御、反走私和不扩散在内的新战略概念，寻求任务专业化，发展补充性能力。我们将更多地注意如何调整这个组织，适应其成员国防务支出大幅削减的新情况，确保同盟仍然保有实施全频谱行动的能力。

北约成员国是面向其周边地区的一支稳定力量，发挥作用的区域包括中东、地中海东部、北非、巴尔干半岛以及高加索山脉地区。土耳其在这方面可以扮演独特而关键的角色。我们将积极支持北约盟国同欧洲的非北约国家发展更紧密的军事关系，其中一些国家在过去几十年中为跨大西洋区域的安全作出了可靠的贡献。在加强与欧洲盟国关系的同时，我们也将继续与俄罗斯对话，发展军事关系，在双方成功的战略武器削减谈判的基础上继续推进。我们寻求与俄罗斯就反恐怖主义、反扩散、太空和弹道导弹防御等领域开展合作，欢迎俄罗斯在维护亚洲的安全和稳定方面发挥

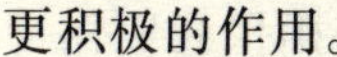

更积极的作用。

亚洲和太平洋地区

我们国家的战略优先性和利益将逐渐出自亚洲和太平洋地区。这一地区财富占全球财富的份额不断增长，推动着区域军事能力不断增长。这引起了地区安全结构的快速变化，给我们的国家安全和领导地位带来新的挑战和机会。尽管这一地区的安全结构仍然以美国的双边同盟体系为基础，但是正变得越来越复杂，其中有正式也有非正式的多边关系，国家之间的双边安全联系也在扩展。

我们希望未来几十年在东北亚继续保持强大的军事存在。我们将与日本自卫队紧密合作，帮助提高他们的区域外作战能力，这个国家正在调整其防务态势。历史证明，韩国是美国坚定的盟友，支持美国在世界各地的安全努力，我们对韩国的安全承诺不会改变，因为朝鲜仍然是地区稳定的巨大威胁。我们将保有朝鲜半岛上联盟部队的作战指挥权一直到2015年，并向韩国提供援助，帮助其承担更多的安全职责。我们将继续帮助日本和韩国加强安全联系，提升军事合作，维护地区稳定。

我们在东北亚地区的存在和对盟国的承诺是维护稳定的关键，我们还必须在东南亚和南亚地区加大注意力和资源的投入。我们将寻求安全机会，支持国家与东南亚国家联盟以及其他多边论坛及组织发展关系。澳大利亚是该地区安全事务上具有领导地位的国家，澳美之间有着共同的价值观，有着长期的历史联系，发展更重要的双边关系有着良好的基础。我们之间的盟友关系将是互用、透明和有意义的联合全频谱行动的典范。

随着亚洲地区军事能力和规模的增长，我们希望有新的方式来促进更大的地区安全合作。利用我们“召集者”的力量，我们将扩大地区多边演习的范围和参与度。我们将就反扩散、保卫全球公共空间、反恐以及其他领域同印度扩大军事合作。我们将扩大与菲律宾、泰国、越南、马来西亚、巴基斯坦、印度尼西亚、新加坡以及大洋洲地区其他国家的军事安全合作、交流与演习，与他们一道应对主权和安全面临的国内和共同的外部威胁。这也将确保我们保持长期和多样化的存在，保持作战进入该地区的能力。最后，我们积极鼓励安全联系的发展，履行对该地区新的盟国和伙伴的安全承诺。这有助于加强地区规则，强调越来越多的职责，加强合作，应对地区安全挑战。

我们希望与中国发展积极的、合作的、全方位的关系，欢迎其扮演一个负责任的领导者的角色。为此，联合部队将致力于深化与中国的军事关系，扩大双边有共同兴趣和共同利益的领域、增进相互了解、减少误解、避免误判。我们将通过与中国在反海盗和反大规模杀伤性武器的扩散方面的合作来促进共同利益，并借助其对朝鲜的影响力来维护朝鲜半岛的稳定。我们将继续密切关注中国军力的发展，以及这种发展对台湾海峡军事平衡的影响。我们仍然担心中国军事现代化的范围和战略意图，担心其在太空、网络空间、黄海、东海和南海的咄咄逼人的态势。为了保卫美国及其伙伴国家的利益，我们将随时准备展现我们的意志，投入所需资源反对任何国家干扰进入权利和使用全球公共空间和网络空间，或者威胁我们盟国安全的行为。

跨国挑战

除了美国的外交和发展努力外，我们还将利用我们“召集者”的力量来促进地区和国际合作，应对跨国安全挑战。对自然灾害和像走私、海盗、大规模杀伤性武器扩散、恐怖主义、网络入侵以及大规模流行病这样的跨国威胁做出反应，最好的办式是通过安全合作，进而产生互惠互利的结果。要应对这些威胁，作战指挥官们需要制订一个初步的，但是可调整的计划，根据地区和地区之间的需要进行调整应对。

战区安全合作和人道主义援助

联合部队、作战指挥官以及军种首长应该积极同美国政府其他机构合作，推进战区安全合作，提升与更大范围伙伴的集体安全努力。我们希望在危机发生之前多机构间和国际社会已经有很强的互通性。当情势需要合作的时候，准备是必不可少的。因此，我们必须要进行更大范围的计划和演习，以覆盖作战指挥官责任领域的交叉地带，应对所有类型的突发事件，支持美国外交和发展努力，帮助降低和控制危机对民众和经济产生的影响。人道主义援助和灾难救助使联合部队强调伙伴的需要，有时候会形成在过去的敌人之间建立信心和信任的机会。这些行动还可以帮助我们获得、维持进入权利，以及支持我们更广阔国家利益的双边和多边关系。我们必须为支持美国政府机构进行国际开发以及其他美国政府机构对人道主义危机做出反应提供支持，做好准备。

安全部队援助包括了一系列计划，通过这些计划我们向国际组织和外国政府提供防务项目和服务，以支持国家政策和目标。为了提高我们安全部队援助的效力，我们的内部程序需要全方位的改革。为了建设更好、更有效的伙伴关系，我们需要更灵活的资源，较少的难以处理的程序。我们希望在部门和计划间有以较少资源的方式来补充更多工作的授权，整合防务、外交、发展、执法和情报能力建设活动。

4. 建设未来部队

我们对领导力的强调，不仅仅局限于力量，还必须要强调我们的价值、人员以及平台和能力。全志愿者组成的部队将仍然是我们最伟大的战略资产，也是我们价值观的最佳体现。此外，我们必须继续寻找创新型和可供性的方式，来提供多种必要的能力，在现代化、规模、能力、态势和风险之间进行艰难平衡的同时，执行该战略。

我们的人员

为了建设未来的部队，我们必须培养那些在更复杂不断变化的环境，思想和创新上均能超过敌人的领导人。他们可以从我们的伙伴那里获得信任、理解和合作。我们面临的持久挑战和“国家一体”的方式都要求我们的领导人，具备灵活、敏捷和可调整的品质，有能力打造一支独特的团队来完成任务。

我们必须更广泛深入地思考到民事—军事融合，认识其中的承诺。当我们的军人志愿服役的时候，都曾宣誓为国尽忠，同时我们也要向他们做出同样的承诺：当他们返回社会的时候，是更优秀的公民。我们必须要保障军人的报酬和福利，提供家庭支援，并照顾好我们受伤的勇士。我们将更多地强调帮助军人发展，使他们从战争中回到本土的时候，可掌握应对突变的能力，顺利地从军人生涯转向平民生涯。通过他们的范例，通过我们老兵的成功，可以激励越来越多年轻的美国人加入我们的行列。在所有这些努力之中，我们必须一以贯之地加强我们与美国社会和价值观的联系。

我们将通过提供坦率而专业化的军事建议、保护好公共资源、严格执行法律来保持民选领导人和公众对我们的信任和信心。军人忠诚于国家宪法所包含的理念，这也为其他国家提供一个范例。我们将继续坚持我们传统的基本价值：文人领军将仍然是共和国的核心原则。我们将仍然是一个与政治无关的机构，并坚守这一立场。

一支全志愿型的部队必须代表它所保卫的这个国家。我们将加强我们对多样性和非政治价值观的承诺，继续以相互尊重的态度来对待其他各方。我们将继续受益于所有美国人的不同观点以及语言和文化技能。我们将培养能够在多机构和多国环境中行动，能够提供与美国其他机构、盟国和伙伴联系的领导人。

我们的领导人是国家承诺照顾受伤老兵及其家庭的承诺的强烈支持者。从军人及其家庭加入军队那一天起，我们就致力于全方位的照顾。但是我们必须在这种承诺和更好地管理不断上涨的健康费用之间实现平衡。我们将把重点放在预防性行动上，最大限度地减少悲剧性的自杀行为、精神创伤、药物滥用、无家可归、国内暴力以及其他挑战。尽管我们非常重视，自杀仍然是每个军种面临的严峻挑战。精神创伤和精神压力同样也变得非常严重，影响到了成千上万的军人。这些问题是我们的人员面临的最大威胁，给我们整个机构带来战略性的风险。

我们必须努力终止那些可能对军种成员、老兵及其家庭造成的负面影响，我们目前提供的计划应该简化程序并降低复杂程度。这是一个只有领导层才能应对的困难而复杂的问题。

为了实现这样的目标，我们将利用其他政府机构和民间机构（社区、州和国家级）的能力，来改进我们的老兵服务保障工作。我们必须把重点放在那些运作效果良好的项目上，取消那些成效不佳的项目。我们必须做得更多，我们只有与公众和私营伙伴开展合作，才能更有效地实现我们的目标。

我们将小心地评估传统的人力系统，特别是在军职、文职和合同人员之间，在现役和后备役人员之间保持适当的平衡。新的网络空间战斗领域的出现需要我们特别关注这一方面。后备部门和现役部门一样重要，它为联合部队提供了战略、战役上的重要力量。因此，维持这样一支重要的作战力量需要我们持续的关注。

我们已经在后备力量的战备水平上取得了很大的进步，这将仍然是一个重点领域。我们所承担的任务越来越多样化，所以也越来越多地与文职同行一起工作。因此，我们后备部队和国民警卫队与此相关的技能和经验也越来越重要。在已经取得进步的基础上，我们必须继续根据行动能力来使用后备部队和国民警卫队，将一支经验有素、装备精良、准备水平高、行动有效的力量用于周期性而可以预见的部署。

力量和准备水平

目前我们的国家和军队都将面临越来越大的预算压力，我们不能假定未来防务预算会大幅增长。当我们调整应对这样的预算前景的时候，我们不能成为一支部队体系庞大，却战备水平低、缺乏训练和所需现代化装备的空虚力量。相反我们仍然需要保有高素质的人员，维持和发展相应的能力，保持稳定而适当的行动节奏来缓解作战、机构、部队管理和未来挑战方面的风险。我们必须继续保持我们在技术领域的优势，确保国家的工业基础能够生产和提供武装力量在任何突发状况中获胜所需的能力和规模。与此同时，我们将研究改进采购程序，审慎选择推进部队现代化计划，以具备成本效益的方式来发展新的装备和技术。

能力

就战争而言，我们的战略重点在于建设模块化、可调整、多用途的力量，可以用于所有类型的军事行动。联合部队将提高其接到指令后快速集结、部署灵活的指挥控制系统的能力，并提高与美国政府其他机构的互用程度。联合部队将越来越多地以精确和可辨别的方式行动，并大力提高自身的安全部队援助能力。联合部队必须大力提高其远征能力，并通过减少大规模的燃料和能源需求，降低后勤支援负担。此外，联合部队必须加强在降级的天空、海洋、网络空间和太空环境中行动的能力。

联合部队必须确保进入、机动自由，并透过所有领域向全球投送力量的能力。

- 陆地

联合部队将能够实施全频谱行动，能够通过适当编组提供一支多样化、裁剪得当、网络化的组织，进行持久的周期性轮换行动。

- 海洋

联合部队将由小型任务裁减和大型多用途的单位、编队和平台混合组成。这将提供在海洋环境中实施多种类型海军行动的能力。

- 天空

联合部队将实施全频谱行动，来获取、维持和确保不受阻碍的领域进入、全球打击、快速全球机动、全球一体化情报、监视与侦察、指挥控制，并获得向遥远的反介入环境投送力量的能力。

- 太空

联合部队将寻求抗毁性的基础设施、太空态势感知、提供自我防卫和重建的选项、维持威胁敌人的对称和不对称的能力、为降级的太空环境中的行动开展训练。

- 网络空间

联合部队将确保军用网络的安全，建设一个生存力强的国防部

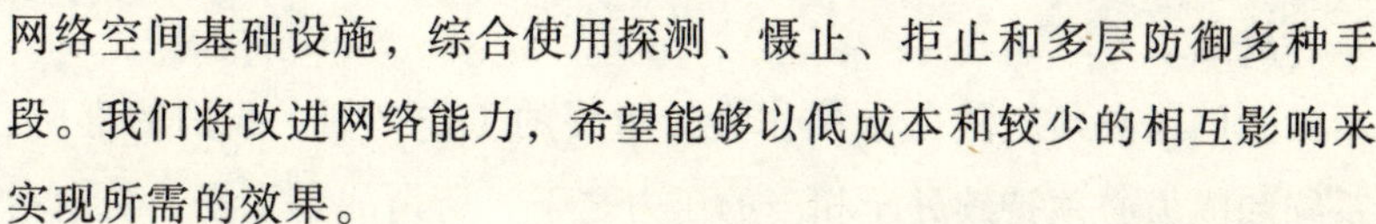

网络空间基础设施，综合使用探测、慑止、拒止和多层防御多种手段。我们将改进网络能力，希望能够以低成本和较少的相互影响来实现所需的效果。

联合核力量将继续通过维持一支可靠的二次打击力量来支持战略稳定。我们将确保我们的核力量保持有效、安全、可靠。我们将保有足够的核力量体系，来应对无法预知的地缘政治变化、技术问题和作战脆弱性。

联合特种作战部队将仍然是一支分散和灵活的作战力量，拥有地区专长和多种能力支持国家的反恐行动和其他任务。我们需要这样的部队。我们将继续发展可以推动特种作战部队成功的其他因素。

在今天以知识为基础的环境中，作战效果的分量不像过去那样仅仅取决于兵力的分配，还有赖于情报、监视与侦察能力的分配。要想以一支规模较小、后勤支援负担少的部队实现所需的精确的作战效果，强大的情报、监视与侦察体系必不可少。我们将在所有领域改进提高信息的共享、处理、分析和分发水平，以更好地支援决策者。我们将维持并提高指挥控制体系的生存能力和恢复能力，并大力提高人力情报能力。为此，我们必须要改变简单提高情报、监视与侦察能力的传统观念，必须要重新评估我们使用和整合情报、监视与侦察资产的方法。联合部队程序必须要有效使用和分析各个军种的所有情报、监视与侦察资产，必须要加强情报、监视与侦察和网络空间行动之间的联系。

如今没有一支军队能够匹敌联合部队的打击、后勤、战略机动、计划和指挥控制能力。我们将开发利用生存力更强的机动基地、海上机动以及创造性使用太空联合作战概念。我们将保持这种优势和规模，并将这些竞争性优势扩展到其他国家上，我们独特的能力将放大他们的努力。向伙伴提供这些能力或者在危机时刻予以帮助，是正确的伙伴建设投资，有助于打造长期的友好关系。

战备水平

我们还必须把战备水平作为最重要的工作来抓，我们的部队、系统和能力必须持续处于相当的压力之下。所谓战备水平，是向指挥官提供和整合相当能力执行其所担负的任务的能力。提高战备水平将有助于提高我们实施全频谱行动的战略实力，这种实力很可能会因为持久的战斗行动而得到削弱。

提高战备水平的短期努力，主要集中在重置装备和重建部队上，有时候最集中体现在那些轮换和远征型部队上。在进行重置和建设的同时，我们还将实施更多全频的联合、联盟、多机构和多国的训练、学习和试验。这种情况下，前沿存在和接触的重要性将更为突出。提高战备水平的长期努力，则主要是发展可以超越新兴威胁的重要能力和相当的规模。如果多种军事行动准备水平进一步下降，我们以可以接受的风险实现国家防务目标的能力就会得到削弱。

我们将开发更有效的方式来评估那些强调联合能力和概念的联合和单位准备水平。我们在保持战备水平应对任务需要的同时，也必须发展衡量各军种联合战备水平，慑止冲突和在紧急时刻做出适当反应的战略概念。我们将会使由需求到能力的程序流畅化，同时满足部队提供者和部队指挥官的需要。

四 结论

这一战略源自于我们对战略环境和在这种战略环境如何推进国家利益的完整的评估结果。它描述了联合部队将如何通过“国家一体”的方式来应对国家安全挑战，来重新定义美国的军事领导力。它呼吁一种广泛的领导力方式组织，扮演服务者、推动者、召集者以及保证者的角色，来应对真正国际化的问题。我们的领导力方式将放大我们具有的能力，使它们和确保希望出现的结果一样重要。我们领导的能力将确定我们将如何通过这一战略反应点来更好地推进美国的国家利益。

这一战略还提了部队转型的方向：由一支长时间从事战斗行动的力量向一支为未来而建设的联合部队转变。因为我们所面临的挑战需要一支灵活、敏捷和可调整的力量，它对人员的强调和装备相当。该战略认识到了我们军种成员的独特之处、与其他政府机构的协同合作，以及对公私伙伴关系的支援，是我们极为重要的优势所在。我们必须继续照顾好军人及其家庭，并继续对他们的长期发展创造条件。这将需要来自国会、民众和军队领导层的有力支持。我们将继续为美国的安全和繁荣作出自己的贡献，继续维护和推进美国在21世纪的持久利益。

（编译：知远/陈传明）

（选自 http：//www.knowfar.org.cn/html/version/201102/17/3056.htm。）

主要参考文献

[1] 朱成虎、赵子聿:《当代美国军事》[M],社会科学文献出版社,2001。

[2] 军事科学院世界军事研究部:《美国军事基本情况(2004年版)》[M],军事科学出版社,2004。

[3] 龚都刚、薛伟:《当代美国海军》[M],海潮出版社,2011。

[4] 〔英〕保罗·艾登著《图解现役顶级战机》[M],李胜机、刘星光译,中国市场出版社,2011。

[5] 萧石忠:《美国空军》[M],人民出版社,2004。

[6] 岳松堂:《美国陆军武器装备发展》简明读本[M],总装备部炮兵防空兵装备技术研究所,2010。

[7] 军事科学院《世界军事年鉴》编辑部:《世界军事年鉴2010》[M],解放军出版社,2011。

[8] 宋华文、耿艳栋:《信息化武器装备及其运用》[M],国防工业出版社,2010。

[9]《世界飞机手册》编写组:《世界飞机手册2011(1~5)》[M],航空工业出版社,2011。

[10] 樊文龙:《世界王牌武器大全集》[M],吉林出版集团有限责任公司,2011。

[11] 李大光:《世界著名战机》[M],陕西人民出版社,2011。

[12]《空军装备系列丛书》编审委员会:《现代空军装备概论》[M],航空工业出版社,2010。

[13] 哀玉春、田小川、房兵：《航空母舰与战争》[M]，国防工业出版社，1997。

[14] 樊吉社、张帆：《美国军事冷战后的战略调整》[M]，社会科学文献出版社，2011年1月。

[15] 马耀邦著《美国批判》[M]，李冬梅译，当代中国出版社，2010年7月。

[16] 汪维余、蔡守军：《美国军事战略思想与军队信息化建设》[M]，新华出版社，2008年12月。

[17] 美国陆军军事学院：《军事战略》[M]，军事科学出版社，1986。

[18] 翟晓敏：《冷战后的美国军事战略》[M]，国防大学出版社，1999。

[19] 周建明：《美国的防务转型及其对中国的影响》[M]，山东人民出版社，2006。

[20] 中国国防科技信息中心：《美军转型指南》[M]，2004。

[21] 中国人民解放军总参谋部军训和兵种部：《美军作战训练转型文件选编》[M]，2006。

[22] 军事科学院世界军事研究部译《美国国防部2006年四年防务审查报告》[M]，军事科学出版社，2006。

[23] 军事科学院外国军事研究部：《备战2020——美军21世纪构想》[M]，军事科学出版社，2001。

[24] 黄柏富：《"9·11"事件后美国国家安全战略文件选编》[M]，军事谊文出版社，2002。

[25] 薛高连：《布什执政时期的美国军事战略调整》[J]，《军事历史研究》2008年第3期。

[26] 美最新版《国家安全战略》"两条路""三要三不"，[EB]新华网，2006-03-17。

[27] 何华：《美军如何进行军事训练》，2009年2月20日《光明日报》，第九版。

[28] 刘春阳、陈新毕:《美军军事训练转型浅析》[J],《工程兵学术》, 2008 年 9 月。

[29] 单红岩、邓可:《美军军事训练转型研究》[J],《海军大连舰艇学院学报》2009 年第 10 期。

[30] 邓万学:《美国军事院校教育的特点》[J],《炮兵学院学报》2007 年第 1 期。

[31] 程丽:《美国军事战略调整变化及对我影响》[J],《周边军情与研究》2011 年第 2 期。

[32] 赵景芳:《美国军事战略调整新动向及其影响》[J],《国防大学学报》2006 年第 6 期。

[33] 焦亮:《美国军事战略调整对国际战略格局的影响》[J],《军事学术》2006 年第 6 期。

[34] 张利英、黄友牛:《美国军事战略的调整及其特征分析》[J],《海军杂志》2005 年第 6 期。

[35] 王寿沛、邓雄鹰:《浅析冷战后美国军事战略的调整》[J],《航空杂志》2008 年第 4 期。

[36] 张军社:《对新版〈美国国家军事战略〉的初步看法》[J],《外国军事学术》2011 年第 3 期。

[37] 姜道洪:《美军军事训练转型主要特点研究》[J],《外军研究》, 2008 年第 1 期。

[38] 邢书成:《解析美军军事训练转型》[J],《军事》2007 年第 7 期。

[39] 杨竹青、聂明:《美军推进军事训练转型的特点及启示》[J],《华南军事》2008 年第 7 期。

[40] 柯春桥:《美军推进军事训练转型的主要做法》[J],《装备》2005 年第 7 期。

[41] 尹跃龙:《冷战后美国军事战略特点及其最新动态分析》[J],《国防大学学报》2003 年第 11 期。

[42] 顾伟:《奥巴马上任后美国军事战略调整》[J],《军事历史

研究》2010 年第 2 期。

[43] 韩旭东:《美国军事战略“巧”调整》[J],《防务观察家》,2009 年 12 月。

[44] 赵颖:《美国军事战略调整的动向》[J],《现代军事》,2002 年 4 月。

[45] 李守林:《美国军事战略调整透析》[J],《国防科技》,2005 年 6 月。

[46] 倪海宁、姚起:《美国新军事战略解析》[J],《世界军事》,2011 年 6 月。

[47] 张建杰、刘小航:《当前美军实行军事训练转型的新特点》[J],《报刊资料》2006 年第 12 期。

[48] 蔡昌军、白群、姜云:《透视美军军事训练转型》[J],《装备》2007 年第 5 期。

[49] 李洪太:《美军积极推进军事训练转型》[J],《外军炮兵防空兵研究》2007 年第 5 期。

[50] 董爱国、唐飞:《美军军事训练转型的主要特点》[J],《现代兵种》2006 年第 10 期。

[51] 林向阳:《美军军事训练转型特点探析》[J],《国防大学学报》2006 年第 9 期。

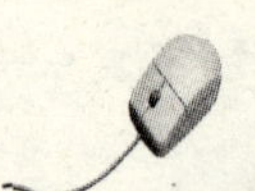

美国研究系列丛书·相关链接

美国是中国最重要的研究对象国之一，美国问题研究对中国各界的重要性自不待言。经过长期筹备，中国社会科学院美国研究所与社会科学文献出版社共同推出美国研究系列著作，有《美国蓝皮书》、《美国研究丛书》、《美国研究译丛》和《当代美国丛书》共四个系列。

《美国蓝皮书》是中国社会科学院美国研究所和中华美国学会编撰的国内首部美国问题研究报告，每年出版一本，旨在对美国的内政外交等诸方面进行跨年度梳理和归纳，并对其来年的走势适当进行预测。《美国研究丛书》收录国内学者关于美国问题的最新专题性优秀研究成果。《美国研究译丛》收录海外美国问题研究的重要著作，为读者提供一个了解、认识美国的域外视角。《当代美国丛书》此次修订出版，依然坚持深入浅出的著述风格，在科学性的基础上兼顾可读性，在全方位、多角度的前提下深入地剖析美国的方方面面。

美国蓝皮书

黄平　倪峰　主编

2011 年 6 月出版

69.00 元

ISBN 978-7-5097-2390-6

9 787509 723906 >

黄平　倪峰　主编

2012 年 5 月出版

79.00 元

ISBN 978-7-5097-3333-2

美国研究丛书

王孜弘　主编

2011 年 6 月出版

39.00 元

ISBN 978-7-5097-2256-5

卢咏　著

2011 年 4 月出版

49.00 元

ISBN 978-7-5097-2119-3

美国研究丛书

樊吉社　张帆　著
2011 年 1 月出版
49.00 元

ISBN 978-7-5097-1974-9

美国研究译丛

〔美〕罗伯特·卡根　著
袁胜育　郭学堂　葛腾飞　译
2011 年 6 月出版
89.00 元(上、下)

ISBN 978-7-5097-2310-4

〔法〕夏尔－菲利普·戴维
路易·巴尔塔扎　于斯丹·瓦伊斯　著
钟震宇　译
2011 年 1 月出版　49.00 元

ISBN 978-7-5097-1996-1

〔美〕尼娜·哈奇格恩
〔美〕莫娜·萨特芬　著
张燕　单波　译
2011 年 1 月出版　39.00 元

ISBN 978-7-5097-1768-4

〔美〕理查德·罗斯克兰斯
顾国良　主编
2010 年 8 月出版　29.00 元

ISBN 978-7-5097-1247-4

〔美〕弗朗西斯·加文　著
严荣　译
2011 年 8 月出版　39.00 元

ISBN 978-7-5097-2463-7

相关链接

更多信息请查询：www.ssap.com.cn

当代美国丛书

朱世达 著

2011 年 6 月出版

59.00 元

ISBN 978-7-5097-2322-7

9 787509 723227 >

刘杰 著

2011 年 6 月出版

49.00 元

ISBN 978-7-5097-2261-9

9 787509 722619 >

何家弘 主编

2011 年 6 月出版

59.00 元

ISBN 978-7-5097-2201-5

9 787509 722015 >

陈宝森 王荣军 罗振兴 主编

2011 年 6 月出版

59.00 元

ISBN 978-7-5097-2412-5

9 787509 724125 >

赵学功 著

2012 年 8 月出版

69.00 元

ISBN 978-7-5097-3550-3

9 787509 735503 >

史静寰 等 著

2012 年 8 月出版

49.00 元

ISBN 978-7-5097-3468-1

9 787509 734681 >

姬虹 主编

2012 年 8 月出版

59.00 元

ISBN 978-7-5097-3643-2

9 787509 736432 >

朱成虎 孟凡礼 主编

2012 年 8 月出版

49.00 元

ISBN 978-7-5097-3680-7

9 787509 736807 >

刘澎 著

2012 年 8 月出版

49.00 元

其他

黄平　胡国成　赵梅　主编
2011 年 6 月出版
189.00 元（上、下卷）

ISBN 978-7-5097-2289-3

黄平　主编
2009 年 7 月出版
39.00 元

ISBN 978-7-5097-0835-4

陈宝森　著
2007 年 4 月出版
45.00 元

ISBN 978-7-80230-433-8

姜琳　著
2008 年 3 月出版
39.00 元

ISBN 978-7-80230-984-5

〔美〕史蒂夫多尔蒂　著
2008 年 10 月出版　30.00 元

ISBN 978-7-5097-0359-5

〔美〕伊曼纽尔·沃勒斯坦　著
谭荣根　译
2007 年 7 月出版　29.00 元

ISBN 978-7-80230-703-2

周建明　王成至　主编
2010 年 3 月出版
248.00 元

ISBN 978-7-5097-1182-8

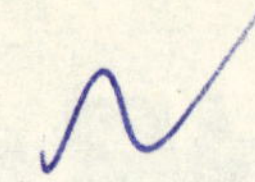

图书在版编目(CIP)数据

当代美国军事/朱成虎，孟凡礼主编. —修订本. —北京：社会科学文献出版社，2012.8
(当代美国丛书)
ISBN 978-7-5097-3680-7

Ⅰ.①当… Ⅱ.①朱… ②孟… Ⅲ.①军事-概况-美国-现代 Ⅳ.①E712

中国版本图书馆CIP数据核字(2012)第177657号

·当代美国丛书·
当代美国军事(修订版)

主　　编/朱成虎　孟凡礼

出 版 人/谢寿光
出 版 者/社会科学文献出版社
地　　址/北京市西城区北三环中路甲29号院3号楼华龙大厦
邮政编码/100029

责任部门/编译中心(010)59367139　　责任编辑/段其刚　张金勇　房　强
电子信箱/bianyibu@ssap.cn　　责任校对/白桂和
项目统筹/祝得彬　　责任印制/岳　阳
经　　销/社会科学文献出版社市场营销中心(010)59367081　59367089
读者服务/读者服务中心(010)59367028

印　　装/北京季蜂印刷有限公司
开　　本/787mm×1092mm　1/20　　印　　张/18.4
版　　次/2012年8月第1版　　字　　数/316千字
印　　次/2012年8月第1次印刷
书　　号/ISBN 978-7-5097-3680-7
定　　价/49.00元